HEALTH AND SPORTS

健康与体育

主编/杜喜亮

山东人民出版社
国家一级出版社 全国百佳图书出版单位

编委会成员

主　编	杜喜亮
副主编	孙文永　李晓君　纪克玲　吴帮杰　姜　立
编　者	吴帮杰　高　波　韩　威　左文琪　秦　杰　薛海涛　姜　立　郭志君　满如晶　李　亮　谢鲁峡　滕春霞

前 言

体育是我国教育事业的有机组成部分。在现代社会中,“健康第一”是人人明白的道理,体育课是学校教学的基本组织形式,是学校必修的基础课,在各技工院校强调培养核心能力的同时,体育健康核心能力的培养也尤为重要,身体是革命的本钱嘛!

为了贯彻《中共中央国务院关于深化教育改革,全面推进素质教育的决定》,为了适应技工院校体育课程改革和教材建设,依据教育部颁发的《全国高等学校体育课程教学指导纲要》,根据现在技工院校学生身心健康的需求,我们编写了本教材。目的在于更有效地指导推进技工院校的素质教育。

本教材体育理论的内容较简练,简要地介绍了技工院校感兴趣的健康与体育。在技能内容的选择上力求适应技工院校学生的身心发展特点和需求,满足学生不同喜爱和不同运动水平的需要,既照顾了一般发展的需求又重视特殊发展的可能,体现了健康与体育的理念。教材主要介绍了健康与体育知识、体育与保健知识、运动卫生损伤,田径、篮球、排球、足球、毽球、羽毛球、健美操、武术以及体育游戏等大众体育运动的技能,既有群众性、时尚性,又有传统性、民俗性。

本书的编写是个艰辛的探索过程,在此过程中我们得到了各方面的热情支持、鼓励和帮助,出版社的编辑人员为此也付出了艰辛的劳动。在此,我们一并表示衷心的感谢。对于在本教材中未标明的被引用者的姓名和论著的出处,我们在此表示歉意,并同样表示感谢!

限于作者水平与时间仓促,书中不免有疏漏和错误之处,请广大教师和读者批评指正。

编 者

2016 年 6 月

目　录

第一章　健康与体育

第一节　健康与体育

一、健康概述

(一)健康的含义

健康是一个历史概念,由于不同历史阶段对健康的科学认识存在差异,人们对健康的定义也往往是不同的。以往人们认为,健康就是指身体无疾病,无不适。随着物质生活水平的提高和科学技术的发展,这种单纯从生物医学角度看待健康的消极健康观已成为历史,取而代之的是“生物——心理——社会”模式、全方位地把握人类健康问题的积极健康观。联合国世界卫生组织给健康下的定义是:不仅仅是没有疾病,而且包括在身体、心理和社会方面的良好状态。其基础在于机体的组织器官机能正常,并掌握适应物质和精神环境,以及健康生活的科学规律。从这个定义中不难看出,如今的健康观念发生了以下几点变化:首先,改变了健康的指向。旧有的健康观念指向疾病和痛苦,新的健康观念指向多维状态。其次,涉及人的生命活动的生物、心理、社会三个基本层面,健康科学的着眼点扩大了,也为科学健康的发展开辟了广阔的前景。第三,从人的社会属性层面,看到了心理、精神和社会因素对健康的影响。第四,不再把健康看作是生活的最终目的,而看作是争取使生命更高尚、更丰富、更幸福的必要物质条件。

1989 年,世界卫生组织给健康重新下了定义:“健康不仅仅是躯体没有疾病,而且还具备心理健康、社会适应良好和道德健康,只有具备了上述四个方面的良好状态,才是一个完全健康的人。”这个定义更加全面、科学、完整、系统,因为它不仅对人类的健康状态做出了准确的判断,而且对人类健康的内涵表述得更加深刻。

1992 年,世界卫生组织在《维多利亚宣言》中提出了健康的四大基石——合理膳食、适量运动、戒烟戒酒、心理平衡。世界卫生组织的口号是:“健康的一半是心理健康!”

1. 身体健康是指具有强大的体力和体魄。主要包括生理功能状态良好,没有疾病,能抵御各种疾病的侵袭——身体发育匀称,体重标准,能适应自然环境的变化。

2. 心理健康是指在心理上能够控制自己,能够正确地对待外界的客观影响,并处于平衡状态。

3. 保持良好的社会适应能力是指能够控制建立良好的人际关系,有适应各种复杂环境及其变化的能力。表现为尊重自己和尊重他人,言语举止适合年龄特征,能够适应社会上可能出现的问题,具有辨别是非的能力,遇事冷静思考,能够乐观地生活。

4. 道德健康是指能够做到不损人利己,接受社会公认的社会准则,并以此来约束自己的言行;具有为他人的健康和幸福而做出自己的奉献的思想与行为;具有辨别善恶、美丑、荣辱、是非的能力。

(二)健康的标准

1978 年世界卫生组织(WHO)对是否健康给出了十项标准:

1. 处事乐观,态度积极,乐于承担责任,不挑剔。
2. 善于休息,睡眠良好。
3. 应变能力强,能适应各种环境变化。
4. 对一般感冒和传染病有一定的抵抗力。
5. 体重适当,体态均匀,身体各部位比例协调。
6. 眼睛明亮,反应敏锐,眼睑不发炎。
7. 牙齿洁白,无损坏,无疼痛感,牙龈正常,无蛀牙。
8. 头发有光泽,无头屑。
9. 肌肤有光泽,有弹性,走路轻松,有活力。
10. 足趾活动性好,足弓弹性好,肌肉平衡能力好,脚没有疼痛、没有拇指外翻。

健康不仅仅指没有疾病或疼痛,而且是一种身体上、精神上和社会上的完全良好状态。也就是说,健康的人要有强壮的体魄和乐观向上的精神状态,并能与其所处的社会及自然环境保持协调的关系并具有良好的心理素质。

(三)健康的要素

关于对健康的认识,美国学者劳森还提出了“健康五要素”。他认为,个体健康应当在身体、精神、智力、情绪、社交五个方面都处于健康和完美状态，只有达到这种状态才可以称之为真正的健康。

1. 身体健康：身体健康不仅指无疾病，而且还包括具备充足的体能。后者是一种满足生活需要并有足够大能量完成各种活动、任务的能力。具备这种能力既可以预防疾病，也可以增进健康，提高生活质量。

2. 精神健康：精神健康主要包括理解生活基本目的的能力，以及关心和尊重所有生命体的能力。

3. 智力健康：智力健康是指在长期的学习和生活中，大脑始终保持活跃状态。有许多方法可以使大脑活跃敏捷，如听课、与朋友讨论问题和阅读报刊书籍等。努力学习和勤于思考还能使人有一种成就感和满足感。

4. 情绪健康：情绪涉及我们对自己的感受和对他人的感受。情绪健康的主要标志是情绪的稳定性。所谓情绪稳定性，是指个体应对日常生活中人际关系和环境压力的能力。当然，生活中偶尔情绪高涨或情绪低落均属正常，关键是在生活的大部分时间里要保持情绪稳定。

5. 社交健康：社交健康是指形成与保持和谐人际关系的能力。此能力将使人在交往中有自信感和安全感。与人友好相处，也会使人少生烦恼、心情舒畅。

健康的五要素相互联系、相互影响。例如：身体不健康会导致情绪不健康，精神上的不健康会引起身体和智力的不健康等。

（四）健康公式

有关专家经过研究后，得出了一个健康公式：

健康 =（情绪稳定 + 运动适量 + 饮食合理）/疾病 =（懒惰 + 嗜烟 + 嗜酒）

以上公式说明，有益于健康的是“长寿三要素”，公式中分子越大身体越健康，分母越大身体越差。

计算体重适宜程度的公式——体重除以身高的平方，如下：

[体重（kg）]/[身高（m）× 身高（m）] = 体重指数

（1）不到 18.5，偏瘦。

（2）介于 18.5 和 20.9 之间，苗条。

（3）介于 20.9 和 24.9 之间，适中。

（4）超过 24.9，肥胖。

（五）青春期少年心理健康

对于每一个人来说，青春期是一生从稚嫩到成熟的关键阶段，在这一阶段培养和保持正确的心理健康尤为重要。应该做到以下几点：

1. 心理特征与年龄相符合。青少年的认识、情感、意志等心理过程,以及个性特征,要符合年龄增长的规律。既不能像童年时的心理那样简单、幼稚,也不同于成年人那样成熟,而是表现出青少年应有的特点,这是心理健康的基本条件。

2. 保持乐观而稳定的情绪。乐观而稳定的情绪有助于提高学习和工作效率。在困难和逆境中,乐观而稳定的情绪会增强自信心。乐观而稳定的情绪是心理健康的重要标志。

3. 热爱学习。学习是青少年时期的主导活动,是为步入成年进入社会打基础的。明确学习目的,培养对学习的兴趣,就会把学习看作是一种乐趣而积极主动地学习。这样,学习就不会成为负担,不仅不会因此增加心理的压力,而且有益于心理健康。

4. 建立良好的人际关系。在家庭、学校及各种环境中,要与父母、老师、同学保持融洽的关系。在与人交往中,要平等待人,尊重和理解他人,乐于助人。要和同学建立正当的友谊,寻找自己的知心朋友。在家庭、学校和其他场合中,努力做一个受大家欢迎的人。

5. 自我调节,适应环境。对自己所处的环境不满意或遇到不幸、挫折时,一些人往往会产生忧郁、焦虑、悲痛等不良情绪,失去心理平衡。这时应采取积极的态度,疏导情绪,调整自己对现实的期待,使自己能够面对现实,以最适当的态度适应环境和处理问题,增强自己的耐受力。

6. 接受自己的性身份。青春期少年要正确认识和对待自己的性身份,做符合自己性别身份的事,并对自己是男性或女性感到满意,决不因为自己的性别而产生自卑感。只有自觉认识和正确对待自己的性身份,才能愉快地接受自己的性别,保持良好的心理状态。这也是青春期少年心理健康的一个重要标志。

(六)亚健康

世界卫生组织认为,亚健康状态是健康与疾病之间的临界状态,各种仪器及检验结果为阴性,但人体有各种各样的不适感觉。这是新的医学理论和观念,也是社会与科学发展、人类生活水平提高的产物,它与现代社会人们的不健康生活方式及所承受的不断增大的社会压力有直接关系。亚健康状态的诸多表现,在中医理论中属“虚劳症精气不足型”。中医运用填精、补气、升血、强神、壮肾阳的手段,来调理人体阴阳气血和心、肝、脾、肺、肾五脏功能,使之恢复正常状态,克服“虚劳症”,常常精选如黄芪、人参、地黄、当归、枸杞子、大枣等具有补气血、壮肾阳、滋阴精、生津液、固卫表、安五脏、强精神、活血脉等作用的中药材,针对各种不同的“亚健康”严谨配伍、辨证施治。

二、身体健康

为了使体育锻炼更有效地促进身体生长发育，增进机体健康，避免不合理的体育活动给身体造成不良影响，在体育教学和自身锻炼中要了解和掌握必要的身体健康的依据和自我监督的内容。

（一）身体健康的依据

1. 年龄和性别

不同年龄阶段的人，有不同的解剖生理特点，但同一年级的学生年龄差距不大，可不必再分年龄组。青春期开始后，男女生在身体形态、各器官系统和身体素质的发展方面都存在着显著的性别差异。因此，男女学生应分班或分组上体育课。

2. 健康状况

根据既往患病史和对身体全面检查材料的分析，得出健康状况正常或存在某些缺陷的结论。对系统或器官的病变及其严重程度作出诊断和评价，并估计体育活动对病变的影响，有利于确定适宜的体育活动的项目和运动量。

3. 发育状况

根据体格检查的结果，综合评定身体发育程度，并得出发育正常或较差的结论。体格检查的指标较多，每个指标只反映身体发育的某一方面的情况，但人体是一个统一的整体，身体发育的各项指标之间存在着一定的相关联系，必须把几项指标结合在一起来评定人体的发育状况。

4. 功能状况

主要是心脏血管系统功能检查，并对其功能水平做出正确评价。由于安静时人体心血管系统变化的差异不易明显表现出来，因此，一般常用定量负荷试验，比较负荷前后心血管功能指标（如心率、血压）的变化情况，对心血管功能做出恰当判断。定量负荷的大小应根据不同年龄、性别、健康状况和训练水平进行选择。此外，根据需要也可作其他器官系统的功能检查。

（二）身体素质和基本运动能力

通过了解运动史和进行身体素质测试，掌握学生或自身的力量、速度、耐力、柔韧、灵敏等身体素质发展情况，以及了解跑、跳、投、悬垂、支撑、负重等运动能力，得出相应结论。

在学校进行健康分组时，切忌只凭某一方面的材料分组，而应综合考虑以上各项材料，可由医生和体育教师共同参与分组。

（三）身体健康分组

1. 基本组

基本组由身体健康、发育良好、功能正常或健康与发育状况有轻微异常、但功能检查结果良好，且有一定基础的人组成。按规定的教学大纲进行教学，在一定的时间内，要求学生通过体育锻炼标准，在全面锻炼的基础上，鼓励学生参加学校体育代表队和参加比赛。

2. 准备组

准备组由身体发育和健康状况有轻微异常，但功能检查结果无明显改变，平时又较少参加体育活动的人组成。可按规定的教学大纲进行教学，但进度要放慢些，活动强度也要小一些，不能参加专项训练和剧烈比赛，通过体育锻炼标准的期限也要适当延长。

在教学中，基本组和准备组一般统一指导和练习。但准备组学生可免去活动强度最大的部分或较高难度的动作内容，并适当增加间歇次数。

3. 医疗体育组

医疗体育组由发育或健康状况有明显异常（如脊柱畸形、小儿麻痹后遗症、先天性心脏病等）和伤病初愈后体质较弱的学生组成。他们应按特殊的体育教学大纲进行体育教学，或学习大纲中的个别项目，或进行医疗体育。

（四）身体健康的自我监督

自我监督（Self - supervision）是体育运动参加者在运动过程中，特别是训练时对自己身体的健康和功能状况经常进行观察和自查的一种主要方法。它是体格检查材料的重要补充，也是间接地评定运动负荷大小、预防运动伤病，及早发现过度训练的有效措施，并为合理安排体育教学或自我训练提供重要的依据。

自我监督的内容包括主观感觉和客观检查两个方面。

1. 主观感觉

（1）一般感觉

它是人体功能状况，尤其是中枢神经系统功能状况的反映。身体健康的人，总是精力充沛、活泼愉快的。但在患病或过度训练时，就会感到精神萎靡不振、软弱无力、倦怠或容易激动等。

（2）运动心情

运动心情与精神状况是密切相连的。一个心情愉快、乐意参加运动的人，若出现对运动不感兴趣，表示冷淡或厌倦，则可能是训练方法不当或疲劳的表现，也可能是过度训练的早期指征。

(3)不良感觉

在剧烈运动或比赛后由于机体疲劳，多数人都有肌肉酸痛、四肢无力等不良感觉，这是正常的生理现象，经过适当的休息后，这些现象很快消失，训练水平越高，这些现象消失得越快。但是，在运动中或运动后，除了上述现象外，还有头疼、头晕、恶心、气喘、胸痛或其他部位的疼痛时，则表示运动过度或健康状况不良。

(4)睡眠

经常参加运动的人，睡眠应该是良好的，表现为入睡快、睡得熟、少梦或无梦，醒后精神抖擞、精力充沛。如出现失眠、屡醒、多梦或嗜睡，次日清晨精神不振，则说明身体状况不佳或训练的方法和运动量不适合或不合理。

(5)食欲

体育运动过程中，能量消耗较多，所以经常参加运动的人，一般食欲都较好。但运动结束后立即进餐，则食欲较差。如果在正常进食时间内，出现食欲减退、容易口渴等现象时，可能与过度训练或健康状况不良有关。

(6)排汗量

发汗是人体蒸发散热的一种方式。运动时人体排汗量的多寡，常与运动负荷、训练水平、饮水量、气温、气湿、风速及衣着有关。如果其他因素相同，人体的排汗量将随运动负荷的加大而增多，又随训练水平的提高而逐渐减少。当饮水量增加、气温增高、空气湿度加大时，排汗量也会相应增多。在适宜的外界条件和运动负荷下，若出现大量排汗，甚至发生夜间盗汗等反常现象时，则可能是近期运动负荷过大或身体功能状态不良、健康状况下降的反应。

2. 客观检查

(1)脉率

在自我医务监督中，常用清晨卧位脉率来评定训练水平和身体功能状况，据调查，清晨卧位脉率若下降或不变，即说明功能反应良好，训练有潜力；若每分钟增加 12 次以上，说明机体反应不良，可能与睡眠不好或患病等情况有关，必须分析原因并及时处理。在排除其他原因后，清晨卧位脉率经常保持较快的水平，则可能与过度训练有关。此外，清晨脉率与自我感觉之间也有一定关系。有人调查，当清晨脉率每 10s 增加 1 次时，有 20% 的人自我感觉不良；若每 10s 增加 2 次时，有 40% 的人自我感觉不良；若每 10s 增加 3 次时，有 60% 的人自我感觉不良。若发现脉搏节律不齐或停跳现象时，必须做进一步检查。

在测量清晨卧位脉率时，一般记录 10s 内的脉搏次数，但需求其稳定值，即连续两次测量的数值是一样的，否则重测；也可测量 30s 内的脉搏次数，然后再计算出每分钟的脉率数。

在自我监督中,检查脉率变化的规律时,还必须注意年龄、性别差异和体温状况。一般人的心率,男性为60~80次/min,女性为70~90次/min,正常值为60~100次/min。年龄越小,心率越快:婴儿为120~140次/min,5岁为80~90次/min,14岁为70~80次/min。脉率与呼吸频率之比为4:1。脉率与体温间的关系也非常密切,体温每升高1℃,脉率增加8~12次/min。

(2)体重

每次运动后,体重常会下降,运动强度越大,运动持续的时间越长,则体重下降的幅度越大。

当参加系统的体育运动后,体重变化的情况可分为三个阶段。第一阶段的体重有逐渐下降的趋势,这是由于机体失去过多的水分和脂肪的结果。这个阶段一般持续3~4周,在此阶段内,体重一般下降2~3kg,即相当于自身总重量的3%~4%,对体型较胖或参加系统训练前较少活动者,体重下降的幅度还要大些。进入第二阶段时,体重处于稳定状态。在此期间,运动后减轻的体重在1~2天内得到完全恢复,这个阶段持续5~6周以上。以后进入第三阶段,即因肌肉等组织的逐渐发达,体重有所增加,并保持在一定的水平上。

在进行自我监督时,每周可测量体重1~2次,每次测量应在一天的同一时间内(最好是早晨)进行。若条件允许,要做到空腹,排空大小便,女性穿短裤背心,男性穿短裤。此外,还可测定运动前后的体重变化,以观察运动对机体的影响。如果出现体重"进行性下降",并伴有其他异常特征时,可能是过度训练或患有其他慢性消耗性疾病。儿童少年的体重随年龄增长而增加,倘若体重增加缓慢并与年龄不相称,甚至体重下降时,应查明原因。

3. 运动成绩

坚持进行合理锻炼或训练,运动成绩和身体机能逐渐提高或保持在较高的水平上,动作的协调性好。如果照常锻炼或训练而成绩没有提高甚至下降,动作协调性破坏,熟练的动作不能完成,则可能是功能状况不良的反映或是早期过度训练导致。

在学校体育教学中,教师要引导和培养学生自我监督的意识和习惯,学生也应明确自我监督的重要意义,掌握自我监督的基本知识,为具有健康的体魄和树立"终身体育"的健康观念打下坚实的保障基础。

三、心理健康

(一)青春期心理健康

青春期,是指从儿童过渡到成年的阶段。发育期的生长突增,就标志着青春期的开始。同学们现在正处于这样一个一生中最为关键的时期。青春期所发生的一系列形态、生理、生化以及心理和行为的改变程度，对每一个人来说，都是其一生中其他年龄阶段所不能比拟的。尤其是生殖系统(它是全身最后发育的一个系统)，在青春期迅速发育而达到性成熟。这些迅速的发育变化容易在心理上引起困扰和波动，虽不一定导致严重的异常，但若不及时地给予相应的处理，也会引起麻烦，甚至影响一生的健康、学习、工作和行为，严重者还可能危及家庭和社会。因此，注重青春期的心理卫生是十分重要的。为了讨论的方便，先就青春期的生理变化作一概述。

1. 青春期的内分泌作用

青春期人体结构和机能上的巨大变化，是在激素的作用下发生的。在青春期，大脑的一部分——下丘脑和垂体所分泌的激素几乎和成年人相同。导致身体出现一系列的惊人变化：衣服很快变小了，食量突然增加，突然发现跑得快了、跳得高了，突然有一天发现自己爱想心事了，心中开始有一个不愿让任何人进入的秘密空间了……这些变化如海底暗流一样，正在不经意间迅速地发生着——你感觉到了吗？其实这正是生长素、促甲状腺素、促性腺素等激素的分泌都达到新水平的表现。其中生长素直接作用于全身的组织细胞，可以增加细胞的体积和数量，促进个体生长。促甲状腺素分泌增加所引起体内甲状腺素水平的增高，可以增进全身的代谢过程。促性腺素刺激卵巢中滤泡的发育和睾丸中精子的生成。

2. 青春期体态的性别差异

青春期的体格发育在起止早晚、突增幅度和变化的侧重部位等方面都有明显的性别差异。女性在 9 ~ 10 岁时身高、体重、肩宽、骨盆宽的发育水平都超过同龄男性，15 岁左右男性各项发育水平的指标又超过同龄女性。到 18 岁时男性在上述四项指标的绝对值上都较女性达到更高水平。最后形成男子身体较高、肩部较宽、女子身体丰满、髋部较宽的不同性别体态特点。

发育的早晚，也可引起体型上的变化，早发育的停止发育也早，成年后可能比晚发育的矮而胖，所以，到成年常常形成肩窄、骨盆宽的体型。发育期晚则往往长成肩宽、骨盆窄的细长型。因此在这一时期，特别要注意合理饮食，加强体育锻炼。

3. 生理机能逐步增强

脑的重量和体积在青春期前已接近成人，脑细胞分化机能达到成人水平，这种质量上的提高，为个体适应外界的复杂变化提供了物质基础。同时，由于社会实践越来越多，增进了脑的内部结构和机能的不断分化和迅速发展。这些变化都使青少年的记忆力、理解力和思维能力有很大的提高。同时，心脏再次迅速增大，心肌变厚,心功能显著提高,这对适应各种活动的增加十分重要。

4. 生殖系统发育成熟

胎儿自 14 周开始,才出现较明显的性别差异。直接促使男性性成熟的主要器官是睾丸。睾丸可分泌雄激素,它的主要作用是刺激男性附性器官和第二性征发育,并维持正常性欲。在青春期雄激素分泌明显增加,刺激性器官明显发育,男性性成熟后,可出现遗精。正是由于精子细胞的不断生成,"遗精"才成了在进入青春期后,男同学在生理上性成熟的一个标志性的信号。与此同时,第二性征开始出现。男性性成熟的发展顺序是:睾丸发育→声音变化→出现遗精→身体最大成长率→长出体毛→长出胡须。包括开始长出小痘痘,即"青春痘"。以上的这些生理变化再正常不过了,都是你开始走向成熟的表现,大可不必大惊小怪。

从以上不难看出,青春期的确是人体从童年向成年过渡的人生关键时期。今天咱们的中职学生正处于这一时期。随着青春期生理的变化,青少年的心理也同时发生了相应的变化,如:认识到自己不再是小孩子了,喜欢独立行事,喜欢交友往来,性意识开始萌发,对异性产生好奇、兴趣。这时的少男少女,往往憧憬着新的生命历程,内心世界与来自社会的外部环境常常发生矛盾冲突,面临着人生课题的许许多多疑问和困惑。因此,正处在告别童年、开始步入青春期的同学们,怎样顺利度过青春期而健康成长,这是你们必需认真对待的问题。要知道,一个人的身体素质、思想品德、理想情操、知识才能等等都将在青春期基本形成。

步入青春期的学生,身体各器官和性机能发育逐渐成熟,有独立参与社会活动的要求。这时,心理健康发育就越发显得重要,但往往由于青少年社会阅历浅,思维分析能力、判断能力都比较差,并且还缺乏两性社会道德规范方面的知识,不少人因性问题而困惑、疑虑和苦恼,甚至误入歧途,做出自己后悔莫及的傻事或错事。青少年应把自己充沛的精力用于提高身体素质、科学文化素质和思想品德素质。迈好青春的第一步可以说是青少年自我保护健康成长的迫切需要。

如何解决这些问题呢?同学们应首先了解自身身体变化的情况和有关问题,并懂得正确认识和对待这些生理变化。在心理方面,懂得如何使自己的心理保持健康状态,并养成良好的心理卫生习惯。在道德方面,应知道遵守哪些规范,养成良好的性道德行为习惯。提高自我保护能力和自我控制能力。青春期自我保护,必须要提高自身素质,抵制外部消极影响,辨别社会上存在的不良现象,如性传播疾病问题、毒品问题,能够自觉抵制社会环境中的不良影响,利用社会环境中的有利条件保护自己的健康成长。

与青春期心理健康有关的最敏感的话题之一就是青春期性心理。青春期性心理产生,一般会受到来自性发育的自然本能作用的影响:青少年对自身性器官的变化、性机能的产生，对自己和异性身体的变化十分敏感和重视，好奇的有之，不安的有之，随之也会产生对性知识的探知欲望。这种本能，将促使性意识的萌发和发展。两个字，正常！但是，我们所处的是一个大千世界，好人坏人，好事坏事都有，而且其中相互之间的关系错综复杂，对于同学们来说，要善于选择对自己有利的社会环境，积极参加各种有益的文娱活动，特别是要接受正确的信息，警惕并抵制不良社会风气的影响，自觉抵制社会上各种不健康书籍、网页和音像制品的潜在威胁。如有疑惑，建议大家最好向家长，老师请教，特别是学校一般有心理教师，并非只有心理有疾病的学生才能去求助。

青春期是从童年到成年的过渡时期，在生理、心理上有许多变化，如情绪容易波动、爱慕异性、兴趣易转移等。这都是正常现象。青少年的心理是否健康，主要体现在以下七个方面：

(1)与别人相似。人与人之间都彼此相似。当听到月亮时，联想到太阳或星星，都是正常的反应。但联想到死亡，就让人难以理解。这种情况出现多了，就应注意他的心理状态是否正常。如果一个人的想法、言语举止、嗜好、服饰等，与别人相差太大，那么他的心理可能不够健康。

(2)与年龄相符。人的行为是随着身心的发育而变化的。不同年龄的人，在思维、兴趣、行为上都有不同。青春期，应当精力充沛、活跃好动。而少年老成的学生，从心理卫生的角度来看，实际上是不太健康的。

(3)善于与人相处。每个人都生活在社会中，都是社会的一个成员。一个人不可能脱离社会而单独存在。在青春期，社交范围扩大。在交往中，互相取长补短，培养互助合作精神，丰富群体生活经验，锻炼适应他人的能力。对已，要求严格一些；对人，则要学会宽容。

(4)乐观进取。情绪愉快表示心理健康。乐观的人，对任何事物都积极进取，无论遇到什么困难都不畏惧，即使遇到不幸的事情，也能很快地适应，而不会长期沉陷于忧愁苦闷之中。相反，多愁善感、情绪经常忧郁的人，心理上是不健康的。而且，情绪愈低，心理不健康的程度也愈重。

(5)适度的反应。每个人对事物的反应速度与程度都不相同，但差别不会太大。如一个人的反应偏于极端，那么心理就不健康。如学生因考试失败而一时不悦，是正常的现象；但若他为此而几天不吃饭，甚至有轻生的意念，就可能是心理不健康。当然，对考试失败无动于衷的学生，心理也未必健康。

(6)面对现实。心理健康的人，都能面对现实。遇到困难，他们总是勇于承认现实，找出问题所在，设法解决。相反，心理不健康的人，由于不能适应环境，往往采取逃避现实的方法。这些都不能解决实际问题，只能达到自我欺骗的效果，久而久之,还会发展成病态。

(7)思维合乎逻辑。心理健康的人无论做什么事都按部就班,有条不紊,专心致志,有克服困难的决心和毅力,而不是三心二意,有头无尾。他们的思维合乎逻辑,说话条理分明,而不是东拉西扯,随说随忘。对学习的承诺即如此。

心理健康的五条标准

①正确认识现实。看问题能持客观的态度。

②自知、自尊与自我接纳。能客观地评价自己,不过分地显示自己也不刻意地取悦别人。既接纳自己的优点也正视自己的缺点。一个人如果连自己都不喜欢,又怎么谈得上喜欢别人。

③自我调控的能力。能调节自己的行为,既能克制自己的冲动,又能调动自己的身心力量,在实践中实现自己的更高级目标。

④与人建立亲密关系的能力。关心他人,善于合作,不为了满足自己的需要而苛求于人。这种人一定有知心的朋友和亲密的家人。

⑤生活热情与学习效率。人人都会有苦恼,但心理健康的人能从学习与生活中寻得快乐。

除以上标准外,心理健康更需要内外兼顾。所谓兼顾内外是指:对外,要人际关系良好,行为符合规范。对内,基本需要获得满足,心理机能正常。与此相反的是两种人,一种人只顾自己需要的满足,不顾社会规范,为了达到自己的目的,什么都可以干。这种人一般具有反社会的人格。另一种人千方百计让自己的行为符合学校和家长要求,但又感到苦恼,因为自身的心理需要没有得到满足。比如有的同学,很努力地学习,即使星期天也从来不外出活动。不是他不想活动,不想玩,而是按照外界的观念,一玩就不像乖孩子了。久而久之,他的学习效率反而降低了,心理状态也自然不会好。为什么呢？因为只有行为既符合外界的规范,又能满足自己的心理需要,才是心理健康人的特征。我们的同学就面临一个被动学习转为主动学习的问题,同学们的生活要有一定的条理性,要学会安排自己的学习与生活,比如制订学习计划、学习目标等。

希望同学们能正确地面对发生在自己和同学身上的种种青春期的特征变化,正确地面对、正确地认识、正确地解决,从而让自己的心理健康成长,顺利度过"青春期"这个影响你一生的心理断乳期。一句话:春天的事情春天做,秋天的事情等到秋天再做。

(二)人际交往中不可取的心理

良好的心理素质,是人们进行广泛社交活动的必要条件,也是语言技巧、交际才能得以充分发挥的前提。相反，心理状态不佳，会形成某些隔膜和屏障，在一定程度上阻碍了人们结交朋友和适应社会。因此，我们在工作生活中应该注重提升自身修养，努力克服以下人际交往中的病态心理。

自卑心理：有些人容易产生自卑感，甚至瞧不起自己，只知其短不知其长，甘居人下，缺乏应有的自信心，无法发挥自己的优势和特长。有自卑感的人，在社会交往中办事无胆量，习惯于随声附和，没有自己的主见。这种心态如不改变，久而久之，有可能逐渐磨损人的胆识、魄力和独立个性。

怯懦心理：主要见于涉世不深、阅历较浅、性格内向、不善辞令的人。怯懦会阻碍自己计划与理想的实现。怯懦心理是束缚思想行为的绳索，理应断之、弃之。

猜疑心理：有猜疑心理的人，往往爱用不信任的眼光去审视对方和看待外界事物，每每看到别人议论什么，就认为人家是在讲自己的坏话。猜忌成癖的人，往往捕风捉影，节外生枝，说三道四，挑起事端，其结果只能是自寻烦恼，害人害己。

逆反心理：有些人总爱与别人抬杠，以此表明自己的标新立异。对任何事情，不管是非曲直，你说好他偏偏说坏，你说一他偏说二，你说辣椒很辣，他偏说不辣。逆反心理容易模糊是非曲直的严格界限，常使人产生反感和厌恶。

排他心理：人类已有的知识、经验以及思维方式等，需要不断地更新，否则就会失去活力，甚至产生副效应。排他心理恰好忽视了这一点，它表现为抱残守缺，拒绝拓展思维，使人们只在自我封闭的狭小空间内兜圈子。

作戏心理：有的人把交朋友当作是逢场作戏，往往朝秦暮楚、见异思迁，且喜欢吹牛。这种人与人之间的交往方式只是在做表面文章，因而常常得不到真正的友谊和朋友。

贪财心理：有的人认为交朋友的目的就是为了“互相利用”。因此他们只结交对自己有用、能给自己带来好处的人，而且常常是“过河拆桥”。这种人际交往中的占便宜心理，会使自己的人格受到损害。

冷漠心理：有些人对与自己无关的人和事一概冷漠对待，甚至错误地认为言语尖刻、态度孤傲、高视阔步，就是自己的“个性”，致使别人不敢接近自己，从而失去了很多的朋友。

(三)与异性交往的意义与方法

男女同学之间交往的好处至少可以表现为以下几个方面：

智力方面：男、女生的智力类型是有差异的。男女生经常在一起互相学习、互相影响，可以取长补短，差异互补，提高自己的智力活动水平和学习效率。

情感方面：人际交往的情感是丰富而微妙的，在与异性交往中获得的情感交流和感受，往往是在同性朋友身上寻不到的。这是因为两性的情感特点存在差异,女生的情感比较细腻温和,富于同情心,情感中富有使人宁静的力量。这样,男生的苦恼、挫折感可以在女生平和的心绪与同情的目光中找到安慰;而男生情感外露、粗犷、热烈而有力,可以消除女生的愁苦与疑惑。

个性方面:只在同性范围内交往,我们的心理发展往往会变得狭隘,远不如既与同性又与异性交往更能丰富我们的个性。广泛的人际交往,可以使差异较大的个性相互渗透,相互补充,使性格更为豁达,情感体验更为丰富,意志也更为坚强。

我们都有过这种体验:有异性参加的活动,较之只有同性参加的活动,我们一般会感到更愉快,活动的积极性会更高,往往玩得更起劲,干得更出色。这就是心理学上的"异性效应"。当有异性参加活动时,异性间心理接近的需要就得到了满足,于是,彼此间获得了不同程度的愉悦感,激发起内在的积极性和创造力。尽管健康的两性交往对我们的成长有诸多好处,但是我们要把握好两性交往的尺度,防止"过"与"不及"。

那么,该如何与异性正常交往呢?

首先,要端正态度,树立健康的交往意识,淡化对对方性别的意识。思无邪,交往时自然就会落落大方。

其次,要广泛交往,避免个别接触,交往程度宜浅不宜深。广泛接触,利于我们认识、了解更多的异性,对异性有一个基本的总体把握,并学会认识异性的内在。有的人外表高大帅气,但交往中会发现他华而不实;有的人学习成绩顶呱呱,却恃才傲物、颐指气使。如果只进行有限的小范围个别交往,难免会"只见树木,不见森林",对异性的了解不但有限,还可能失之偏颇。所以,利用每一次集体活动的机会,有意识地在更广阔的人际范围内进行交往,是十分有必要的。

最后,交往关系要疏而不远,若即若离,把握好两人交往的心理距离,避免让彼此感到过于亲密和引起心绪波动的接触。如果我们在交往中发现对方的苗头不对,要调整自己的态度,使交往恢复到波澜不惊、心静如水的状态。这样更有利于我们的成长。

(四)中等职业学校学生心理健康的问题

1. 心理健康的涵义和标准

(1)心理健康包含两层意思。一是没有心理疾病,这就像身体没有病症是身体健康的基本标志一样;二是具有积极发展的心理状态,这是心理健康的本质条件,它要求个体没有不健康的心理倾向,能够以积极乐观的态度对待社会自然环境和自我内在环境。

(2)心理健康的标准。根据心理学家的研究以及中职学生的实际情况,中等职业学校学生心理健康的标准有以下几条:智力正常;情绪乐观良好;意志健全;

人际关系和谐;自我意识明确,自我评价正确;能适应社会生活。

2. 中职学生心理健康问题的几种表现

(1)自我意识方面。自我意识是心理健康的核心,一个人是否具有良好的心理素质,最重要的是看他是否能自我接受和认可,就是看他有没有成熟的自我意识和健康的自我形象。中职学生由于正处于青春期发育的关键时期,其身体生理方面的变化决定了他们会过分注重自己的身高、体重、体形、外表、衣着等,因为自己某一方面不如别人,就往往会产生自卑、自暴自弃、自信心不足等心理;有的人不切实际地高估自己,往往会产生目空一切、骄傲自大、得意忘形的后果,致使人际关系(也就是俗话说的人缘)受损;也有的人会觉得周围的人不喜欢自己,难以找到知心朋友,从而感到孤独和寂寞。

(2)学习方面。由于职业学校在培养目标、教学方法等方面有自身的特点,中职学生在学习方面往往会产生诸如学习成绩不理想、专业学习兴趣不高、个人爱好与职业选择冲突等许多不适应,从而导致他们在学习过程中目标不明、动力不足,进而产生厌学情绪,影响他们在其他方面的正常发展,对他们顺利完成学业造成了极大的障碍。

(3)人际交往方面。中职学生在校学习期间,要和老师同学以及社会上的特定人员接触、交往、沟通,建立良好的人际关系,来促进自己的学习和进步。但是在人际交往过程中。由于其在认知情绪和人格等方面因素的影响,容易产生主观的好恶、恐惧、愤怒、嫉妒、自卑、自负等情绪,表现为:根据自己的喜好推断、判定别人应有的符合自己愿望的议论和行为表现;害怕见生人甚至老师、领导,人多时紧张不安、语无伦次;由于某一问题或现象不能满足自己的愿望或目标时产生攻击行为或将其压抑在心底,不能通过正常的途径加以释放、调解;因为做事不成功或无法超越别人时产生羞愧、怨恨情绪,导致失控行为发生;不能正确地认识自己,过分看重别人对自己的看法,总觉得己不如人,或者因过高估计自己的能力而自命不凡、傲气十足、唯我独尊、虚荣心强。

(4)恋爱交友方面。中职学生在校期间为了满足生理和心理上的需求,往往会选择交异性朋友,甚至恋爱,但是由于其年纪尚小,生理心理没有完全成熟,所以在这一时期的交友恋爱以及日常生活中会有以下表现:

早恋:受不良书刊及影视作品的影响,使学生过早进入谈情说爱阶段,从而导致学习不专心、上课走神、神思恍惚、精神萎靡;同时由于年轻无知和好奇心作祟,处于恋爱阶段的中职学生往往会做出出格举动,过早品尝爱情禁果。由于思想单一,行动盲目,恋爱过程中的分手会导致自杀等极端行为出现;相互攀比的心理和争风吃醋会导致“决斗”、群殴等事件的发生。

交友:与社会不法分子或不法团伙以及校内团伙结交勾结,达到引人注意、受人保护、报复打架的目的。

(5)就业方面。三年中职学习生涯结束,面临就业,由于在校期间各种因素的影响,部分中职学生的学习成绩特别是专业技能方面不能达到国家教学大纲要求的标准,使他们在择业、面试过程中被淘汰的风险增加,甚至在走上工作岗位后由于在职业道德方面的严重欠缺致使不能遵守单位规章制度,违反纪律,没有集体观念,不能为单位利益着想,遭到单位的辞退,对他们的心理造成极大的损害,产生自卑、自暴自弃甚至报复心理,从而对个人、对社会造成无法弥补的损失。

3. 中职学生产生心理健康问题的原因

(1)生理因素

中职学生的年龄一般在14~18岁,处于青春期发育的中后期,正在经历人生的第三个"发育高峰期"。在此期间,中职学生的心理发展也在经历一个由不成熟到成熟、不定型到定型的发展过程。处于青春期中后期的中职学生,其体形(包括身高、体重等)、骨骼、肌肉、生理机能都要发生明显变化,这些变化对中职学生的心理发展也会产生显著的影响。

①形体变化对心理发展的影响。中职学生的身高体重增长变化迅速,对中职学生心理的潜影响比较大。一般来说,男生的身高体重增加使他们有成熟感和成就感,会给他们带来自信和力量,而女生对身高的增加比较祈盼,对体重的增加则比较恐慌,因为女生都希望自己拥有苗条的身材,使自己更具魅力。体态较胖的女生在与人交往的过程中会有自卑感,会影响其自信心的树立。

②生理机能变化对心理发展的影响。正常情况下,随着年龄的增长,中职学生的循环、呼吸系统不断健全发展,能够适应中职学生激烈的体育运动和紧张的学习生活,满足他们追求多姿多彩校内外生活的需要。如果其循环、呼吸系统发育不完善,便会显示出身体外表方面的病态,阻碍心理的健康发展,进而直接影响学习成绩的提高和其他各方面的完善。

(2)家庭因素

家庭环境对人的一生都会产生重大影响,特别是一个人幼年时在家庭环境中形成的人格结构对其成年以后的心理发展更会产生深远的影响。家庭环境因素包括家庭内部人际关系、父母长辈人格特征、父母养育方式等。良好的家庭环境意味着家庭和睦,家庭里有尊老爱幼的优良传统,父母具有科学民主的养育方法等。父母长辈以自己的一言一行影响和感化着自己的子女,对自己子女养成良好的性格特征起关键的作用;而家庭里经常吵闹,夫妻不和,父母教育孩子的方式简单粗暴等则可能导致子女成年后形成抑郁、焦虑、胆怯等性格特征,对子女的未来发展极其不利。婴儿出生后即会与父母建立联系，产生依恋感，婴儿对母亲的依恋行为可分为安全依恋型和不安全依恋型。心理专家们的研究显示，安全依恋型有助于儿童养成健康的心理，不安全依恋型则会导致儿童产生心理障碍。国外有专家学者对家庭关系对儿童心理健康的影响做过调查，结果表明，如果家庭内父母具有温暖的情感、更多的合作和支持态度以及经常鼓励的言行，则在这种家庭环境下成长的儿童会具有正常的人格和健全的心理，子女会表现出宽容、上进、积极的行为。反之，如果家庭内父母过分保护自己的孩子或经常拒绝孩子的要求，缺少温暖的情感，则孩子会表现出焦虑、抑郁、强迫和恐怖等症状。父母养育子女的方式对子女人格的形成也有重要影响。一般来说，如果父母的养育方式是民主型，则子女会表现得宽容大度、情绪稳定；如果父母的养育方式是溺爱型，则子女会表现得利己、自私、骄横，缺乏独立意识；如果父母的养育方式是专制型，则子女会表现得消极、懦弱、缺乏自信。所以，从一个人的性格特征和为人处事方式可以看出家庭环境在其各种心理问题中的影响。

（3）学校因素

中职学生从初中时期起，就踏上了应试教育的道路，学习压力大，家庭、学校、社会期望值高，学生心理负担重。同时，为了能考上重点高中，学校里非主科的教学安排大大减少，严重影响了学生的全面发展，致使学生的许多发展课程向后推延，心理发展没有达到应有的水平，主要表现为缺乏独立生活能力、和人沟通难、情绪不稳定、意志薄弱、挫折承受能力低等。进入中职学校后，他们又遇到了一些新的问题，比如：学习内容改变明显，课程增加，对所选择的专业不能很快适应，学习时间紧、任务重，学习压力增大等。因多数学生在当初选择专业时的盲目性或过分听从家长、教师的话而选择了与个人兴趣爱好不符合的专业，入校后出现心理苦闷、消极悲观、学习动力下降等现象。

（4）社会因素

目前，我国社会正处于东西方文化交汇、多种价值观念冲突的时代。中职学生由于正处于青春期发育的中后期，思想活跃，接受新生事物的能力强，很容易受到外界的影响。他们在中小学接受的是中国传统的文化道德教育和重义尚礼、讲究集体利益高于私人利益的传统美德教育。随着改革的深入和学生知识的增加、接触面的扩大，西方世界的重利尚法、注重竞争、讲究个人利益的观念慢慢地渗透到他们的思想中，影响着他们对世界、对人生、对未来的看法。面对中国传统文化和价值观念与西方文化和价值观念的冲突，年轻的中职学生面临着选择。在选择的过程中，他们常常会感到茫然、疑惑和不知所措。在个人利益与个人主义、个性发展与个性放纵、自我意识与自我中心等问题上的艰难选择使他们感到困惑。但是，中职学生的年龄特点决定了他们对新鲜和新奇事物的好奇心理使他们乐于接受外来文化，而辨别能力弱则意味着他们更容易被西方文化中的糟粕所浸染。西方文化中的很多观念与中国社会现实格格不入，使中职学生陷入混乱、压抑、紧张的心理状态，长期的心理压抑和心理冲突必然要产生相应的心理问题。

所以，中职学生要正确评价自己，充满自信。不苛求自己，不追求十全十美，不为自己存在缺点、不足而焦虑、沮丧，不以己之长来比人之短，也不以己之短比人之长，要扬长避短。增强心理调适能力和对社会生活的适应能力，预防和缓解心理压力。同学间互相学习、互相启发、互相促进。学会逆向思维，换位思考，从正反两方面去看待事物，以乐观的态度去适应新的环境。通过锻炼人际交往能力、竞争和合作的能力，发挥自主性和创造性。树立崇高的、远大的理想，将来一样成为家人的骄傲，国家的有用人才。

四、体育运动对健康的影响

（一）体育运动对身体健康的影响

1. 体育锻炼对新陈代谢的影响

体育锻炼可以提高脂质代谢速度，使血液中胆固醇的含量降低，有利于预防动脉硬化症的发生。体重超重、脂肪超量是心脏疾病、高血压、糖尿病和某些癌症的隐患。节食可以降低脂肪，但这样做有很多弊端，节食破坏了肌肉组织，而肌肉是机体唯一有能力消耗大量脂肪的组织。锻炼能消耗脂肪并避免失去肌肉组织，还能使机体形成更多肌肉，并帮助保持理想的体重和脂肪百分比，有利于保持更健美、更健康的体态。

血脂包括胆固醇和甘油三酸酯，它们都和心脏疾病有关，血液中胆固醇的水平是判断心脏疾病的一个重要参照。胆固醇是类固醇的一种，存在于动物组织中。它不是机体所必需的营养素，因为在肝脏内可以由脂肪酸、碳水化合物和蛋白质的分解产物合成。全胆固醇有两种主要形式：低密度脂蛋白胆固醇（LDL）和高密度脂蛋白胆固醇（HDL）。LDL 是导致冠状动脉阻塞的最危险的胆固醇形式；HDL 是一种有益的胆固醇，它可以从动脉中收集胆固醇并把它送到肝脏，然后从身体中排出。体育锻炼能降低 LDL，使 HDL 上升，从而可延缓动脉粥样硬化的发生与发展。

甘油三酸酯构成了运送和储存脂肪的形式，高水平的甘油三酸酯会引起心脏病、糖尿病和高血压。体育锻炼是降低甘油三酸酯水平的有效方法，在锻炼后几小时内体内甘油三酸酯水平就会降低，很明显，定期、适度的锻炼会使机体甘油三酸酯水平明显下降。体育锻炼可增强输送葡萄糖的能力，这种作用是通过减少体重和脂肪水平，增加胰岛素和葡萄糖的输送而实现的，所有这些都能降低患糖尿病的危险。

2. 体育锻炼对运动系统的影响

骨密度是与健康素质有关的指标之一，健康的骨骼密实而坚韧。当骨骼缺钙时，骨密度会下降，孔隙增多，容易出现骨折。体育锻炼时，骨的血液供给得到改善，骨的形态结构和性能都发生良好的变化，骨密质增厚使骨变粗，骨小梁的排列更加整齐而有规律，骨骼表面肌肉附着的突起更加明显，这些变化使骨变得更加粗壮和坚固，从而提高了骨的抗折、抗弯、抗压缩和抗扭转等方面的能力。

体育锻炼既可增强关节的稳固性，又可提高关节的灵活性。关节稳固性的加强，主要是增强了关节周围肌肉的力量，同时与关节和韧带的增厚也有密切的关系。关节灵活性的提高，主要是关节囊韧带和关节周围肌肉伸展性加大的结果。人体的柔韧性提高了，肌肉活动的协调性加强了，就有助于适应各种复杂劳动动作的要求。体育锻炼可使肌纤维变粗，肌肉体积增大，因而肌肉显得发达、结实、健壮、匀称而有力。正常人的肌肉约占体重的35% ~40%，而经常从事体力劳动和体育锻炼的人，肌肉可占体重的45% ~55%。体育锻炼可使肌肉组织的化学成分发生变化，如肌肉中的肌糖原、肌球蛋白、肌动蛋白和肌红蛋白等含量都有所增加。肌球蛋白、肌动蛋白是肌肉收缩的基本物质，这些物质增多不仅能提高肌肉收缩的能力，而且还使三磷酸腺苷（ATP）酶的活性增强，供给肌肉的能量增多。肌红蛋白具有与氧结合的作用，肌红蛋白含量增加，则肌肉内的氧储备量也增加，有利于肌肉在氧供应不足的情况下继续工作。

体育锻炼有助于增强肌肉的耐力。因为体育锻炼可使肌纤维内线粒体的大小和数量成倍增加，同时在锻炼时还使肌肉中的毛细血管大量开放（安静时肌肉每平方毫米内开放的毛细血管不过80条左右，剧烈运动时开放数可增加到2000 ~3000条）从而产生更多的能量。因此，长期坚持锻炼，可使肌肉的毛细血管形态结构发生变化，出现囊泡状结构，增加肌肉的血液供应量。体育锻炼能保持肌肉张力，减小肌萎缩和肌肉退行性变化，保持韧带的弹性和关节的灵活性，使脊柱的外形保持正常，从而能够减少和防止骨骼、肌肉、韧带、关节等器官的损伤和退化。

3. 体育锻炼对心血管系统的影响

在世界范围内，心血管疾病已经成为危害人类健康的杀手。研究表明，适宜的体育锻炼对心血管的形态结构和机能都会产生不同程度的积极影响，对预防和治疗心血管疾病有重要作用。

心脏的效率：体育锻炼改善了心脏肌肉的收缩能力，心脏每次跳动泵出的血液增多，使心脏能以较低心率来满足锻炼的需要。如血液循环身体一周，一般人需21秒,常运动的人只需10~15秒,剧烈运动时只需6~8秒。体育锻炼还可以使安静时脉搏徐缓和血压降低。通常人安静时脉搏每分钟70~80次,经过长期体育锻炼后,可使安静时脉搏减慢到50~60次。耐力运动员甚至可达到每分钟40次;脉搏频率的减少能使心脏收缩后有较长的休息时间,为心脏功能提供了储备力量,这样当人体进行激烈运动时,心脏就能承受大运动量的负荷。在激烈运动时,经常锻炼的人每分钟脉搏可达200次以上而无明显不适,而一般人在180次就会出现面色苍白、恶心等不适症状。在进行运动时,经常锻炼的人每分钟脉搏次数增加较少,而恢复较快;不常进行体育锻炼的人脉搏次数增加较多,恢复也慢。

心脏大小:长期体育锻炼可使心肌纤维增粗、心壁增厚、心脏增大,并以左心室增大为多见,而且训练水平越高,这种变化越显著。如19~20岁常运动和不常运动的人,心脏重量和纵横径是不同的:常运动的人心重0.5kg,横径13.5cm,纵径15.3cm;不常运动的人心重0.3kg,横径12.2cm,纵径14.6cm。这样,不但使心脏具有更大的收缩力,而且还能增加心脏的容量,从而使心脏的每次搏动输出量和每分钟输出量增加。如不常运动的人每搏输出量为50~70ml,经常参加体育锻炼的人每搏输出量可达80~100ml。

对血管结构的影响:体育锻炼影响血管的结构,改变血管在器官内的分布。动物试验证明,体育锻炼可使动脉血管壁的中膜增厚,平滑肌细胞和弹力纤维增加。动物试验还证明,体育锻炼能使骨骼肌的毛细血管分布数量增加,分支吻合、丰富。这些变化都有利于改善器官供血,增强物质与能量的交换。研究还证明,体育锻炼能够反射性地引起冠状动脉扩张,使冠状动脉口径增粗,改善冠状动脉循环,心肌的毛细血管数量增加,心肌中肌红蛋白含量也增高,可以增强心脏在缺氧条件下的工作能力,对预防冠心病有着重要的意义,也是延缓冠心病发展的重要因素。体育锻炼可以促使身体大量储备着的毛细血管开放(这些毛细血管安静时常处于关闭状态)。这对于增强人体组织细胞的物质代谢过程,特别是脂质代谢,都起着良好的作用。

凝血:当血液中可溶性纤维蛋白被转为不溶解的纤维蛋白时,就会形成凝块。从事体育锻炼可增强血液中抗凝血系统的功能,降低血中尿酸含量,预防血小板的聚集,避免发生血管栓塞。

血液成分:正常成人,男子每立方毫米血液中含有红细胞450~550万个,女子含有380~460万个,红细胞内含大量的血红蛋白,它具有运输氧和二氧化碳的重要作用。正常成人男子每100ml血液中含有血红蛋白14克左右,女子含有12.5克左右。在体育锻炼的影响下,血液的成分及生化方面都可发生改变。适量的体育锻炼,首先使血红蛋白和红细胞数量增加,这就增加了血液的溶氧量,前苏联学者研究证实,长期锻炼可使机体碱储备增加,因而也增加了血液的缓冲性,在进行强烈的肌肉活动时,虽有大量代谢的酸性产物进入血液,血液也能在比较长时间内保持正常反应,而不致造成酸性产物对各器官组织的刺激。经过长期的体育锻炼,在完成定量工作时,心血管机能变化呈现以下特点:

(1)动员快。完成一定工作劳动时,能迅速动员心血管的机能活动,以适应机体承受负荷的需要。

(2)潜力大。在极度紧张的劳作中,心血管系统可发挥最大的机能潜力,充分调动人体的储血力量。

(3)恢复快。在体力活动之后,虽然心血管机能变化很大,但能很快恢复到安静状态的水平。

4. 体育锻炼对呼吸系统的影响

运动时要消耗能量,体力活动愈剧烈,氧的消耗就愈多,于是呼吸活动就会通过各种调节方式明显得到加强。运动对呼吸机能的作用是复杂的,除能最大程度地改善人体的吸氧能力,降低呼吸中枢对乳酸与二氧化碳的兴奋性,并增强人体对缺氧的耐受力外,还能促使呼吸机能出现“节省化”。实验证明,由于运动员呼吸机能的高度发展,呼吸和动作配合的协调完善,进行定时活动时,呼吸系统各项指标的变化都比一般人要小。

体育锻炼对提高呼吸机能的作用,主要表现为有效地增加毛细血管的数量和密度,改善生理无效腔,使呼吸肌发达,收缩力增强,最大通气量和肺活量增大,呼吸差加大。如一般人呼吸差为6~8cm,经常锻炼的人为9~16cm;安静时,一般人呼吸频率浅而快,男子每分钟为16~20次(女子要比男子快1~2次),而经常锻炼者呼吸深而缓,每分钟8~12次;一般成人男女肺活量为2500~4000ml,而经常锻炼的人可达4500~6500ml;一般人最大通气量为每分钟80升左右,最大吸氧量为2.5~3.5,只比安静时大10倍,而经常锻炼的人每分钟通气量可达100~120,最大吸氧量可达4.5~5.5,比安静时大20倍。

此外,由于长期坚持锻炼,负氧债量大,对缺氧耐受力强,氧的吸收利用率也较高,调节呼吸的节奏和形式的能力也较强。

5. 体育锻炼对消化系统的影响

体育锻炼会加大对体内营养物质的消耗,这就需要更多能量来补充,长此以往使整个机体的代谢增强。另外体育锻炼对消化器官的机能有良好的作用,它能使胃肠的蠕动加强,消化液的分泌增多,改善肝脏、胰腺的功能,因而使消化和吸收的能力提高,为人的健康和长寿提供了良好的物质保证。在进行体育锻炼时,不要食后立即进行比较激烈的运动，更不要在比较激烈的运动后立即进食。因为在激烈运动时，大脑皮层运动中枢兴奋占优势，以致减弱和抑制了其他部位的活动，使消化中枢处于抑制状态，从而减弱了胃肠的蠕动，并减少了消化液的分泌，这样对消化系统有不良影响。

6. 体育锻炼对人体中枢神经系统的影响

运动是在神经系统控制下进行的，人在进行运动时，在中枢神经系统的统一支配下，必须动员人的其他系统和有关器官的参与，如大脑皮层调节心脏及血管系统，加快全身的血液循环，及时供给能量和氧气，及时排出汗液和二氧化碳。与此同时，长期体育锻炼可以改善和提高中枢神经系统的工作能力，使中枢神经及大脑皮层的兴奋性增强，抑制加深，使得兴奋和抑制更加集中，从而改善神经系统的均衡性和灵活性，提高大脑分析和综合的能力，增强机体适应变化能力和工作能力。如经常从事体育锻炼的人和运动员灵活性高、反应速度快、反应时间短、耳聪目明、精力充沛，这正是神经系统功能提高的表现。另外，科学研究还证明，有氧代谢运动对促进心理健康有一定作用，锻炼时体内分泌的一种激素——内啡呔具有强烈的镇痛作用，因此经常参加跑步锻炼，可以提高神经系统的兴奋性，抑制低落情绪，减少痛苦感，使人在运动之后精神状态良好，周身轻松、精力充沛。国外有学者说："有氧运动是天然的镇静剂。"此话非常中肯。

7. 体育锻炼对提高人体免疫能力的影响

从预防医学的角度出发，可把体育锻炼看作是一种增强人体非特异性免疫的手段。免疫系统对运动的应答反应受多种因素的影响，一般认为，适宜负荷的运动会增强免疫功能。有研究发现，运动训练 4 ~ 8 周的小鼠抗体反应增强，感染细菌后存活率高于对照组，对接种的肿瘤生长的抑制作用有所增强。人体研究发现，中度肥胖的妇女进行 6 周的步行运动锻炼后，呼吸道感染的发病率明显下降。

免疫系统是人体的一套防御体系，其组成包括免疫器官，如胸腺、脾、淋巴结等；免疫细胞，如淋巴细胞（T 细胞、B 细胞、K 细胞、NK 细胞等）；免疫分子，包括免疫球蛋白和细胞因子等。适度运动能对机体免疫功能产生良好的作用，这是由于运动直接刺激机体的免疫系统，免疫系统通过其复杂的识别系统感受运动时机体内环境的变化，从而激发一系列免疫反应，包括产生特异的抗体、增强 NK 细胞的活性、白细胞和致敏的淋巴细胞增多、免疫调节因子 IL－1、IL－2、IL－6、肿瘤坏死因子（TNF）等细胞因子释放，维持机体内环境新的稳定。长期反复适宜的运动负荷刺激，可使机体的免疫状态始终维持在一个较高的水平。研究发现一次适宜的有氧运动后，体内的白细胞数量有显著性增加，免疫球蛋白（LGG、A、M）水平也都有显著性增加，这可能与体育锻炼增加机体的抗病能力有关。一般来讲，一次运动对免疫系统机能的影响作用是暂时的，只有经常参加体育活动才能对免疫系统产生持久的作用，从而增强机体免疫功能，预防疾病的发生。

8. 体育锻炼可延缓衰老、延年益寿

延年益寿是人类自古以来的愿望，为了解决衰老问题，专家们对于衰老发生的机理曾经提出许多假说，但迄今为止种种学说没有一个能独立、圆满地阐明衰老发生的根本原因。近年来，一个引人注目的领域"衰老与免疫"正在出现，在研究过程中发现，除了经典的免疫防御作用外，机体免疫系统还具有监视和杀伤体内出现的癌变细胞及清除体内衰老死亡细胞的功能，即所谓免疫监视和免疫自稳作用。已有的研究结果表明，胸腺是人的"寿命之钟"，假如把只有3～4月龄的小鼠胸腺切除，小鼠马上就会变得老态龙钟，寿命从原来的3年缩短到6个月。由此可见，胸腺与寿命的长短是密切相关的，衰老是免疫能力降低所致。

我们知道，胸腺是具有免疫功能的组织之一，被认为是中枢免疫器官，它是被称作免疫活性细胞之一的T细胞的培训站，这种T细胞越多，免疫功能就越好，人就不易生病和衰老。体内免疫细胞大家族中的其他一些细胞的变动，也可使机体失去平衡，比如有一类专门杀伤癌细胞的NK细胞，在机体衰老时也往往出现功能的下降和数量的改变。60岁以下的老人发生肿瘤的机会显著增多，往往就是因为NK细胞变化造成的。近年来还发现免疫细胞具有感觉功能，能感知机体感觉系统所无法感知的诸如病原体的侵入和肿瘤的发生等一些危及生命的有害刺激。免疫细胞的减少势必影响机体对这些有害刺激的感知，从而加速衰老的发生和发展。因此有些学者提出了免疫衰老假说，即免疫功能的逐渐下降，比如胸腺的萎缩、T细胞和NK细胞的损耗，促进了正常机体老化。

研究观察表明，运动能够推迟机体免疫系统的衰老。有人做过这样的实验，一组年龄为65～75岁的老年人以50%最大摄氧量的运动强度（大约运动时最高心率为130次/分钟）持续跑步45分钟，即可明显提高外周血中T细胞、NK细胞以及由B细胞分泌产生的抗体水平，并持续到运动后6小时左右。如果能长期坚持这种强度的运动锻炼，持续到6周左右，安静状态下外周血NK细胞和T细胞分别较锻炼前增加33%和57%；锻炼持续到15周左右，血清抗体水平也发生了改变，可较锻炼前提高约20%。对动物也进行过类似的观察，让大鼠从18月龄开始进行运动训练，一组是让大鼠做每日一次的温和的低强度跑台训练；另一组是让大鼠做每日二次的大强度疲劳性训练，经过为期一两个月的训练后，前者T细胞、NK细胞、血清抗体水平以及T细胞、NK细胞的功能与同龄对照组相比均有明显改善，免疫器官重量胸腺指数和脾脏指数也较对照大鼠有所提高；然而后者的各种免疫指标不但未见改善反而出现相反的变化。仔细分析两个实验，我们可以总结出，适宜的运动强度与时间和能持之以恒的体育锻炼，可以促进机体免疫系统功能的提高，推迟免疫器官的老化，而过大强度运动量会抑制免疫系统的机能。因此，在运动健身时，如果要想达到延缓衰老、延长寿命的目的，那就要把握住适宜的运动强度和时间，把运动看作是一种娱乐活动，而不能把它当作一种负担。唯有如此，才有可能对人的健康和长寿产生潜在效果。

（二）体育运动对心理健康的影响

英国著名的教育家洛克有句至理名言："健康的心理寓于健全的身体。"现代社会给人们带来的紧张、竞争和超负荷的心理负担，以及社会问题给人们造成长期心理失衡（即：心理不健康）。学生心理健康问题是不容回避的客观事实，学校一定要高度重视学生心理健康教育，过去我们对促进学生心理的全面发展重视不够，研究不多，现在我们以发展的眼光和身体健康整体观来看待这个问题。

1. 心理健康的学生要具有以下几个方面的特征：

那么，青少年心理健康的标准是什么呢？综合国内外各种观点，多数学者认为应具备以下条件：

（1）智力正常。智力是人进行生活、学习、工作的最基本的心理基础，也是一个人与周围环境取得动态平衡最主要的心理保障。心理健康的人都具有正常的或超常的智力，智力落后则属于心理不健康的范畴。

（2）适当的调节情绪能力。主要表现在：积极情绪多于消极情绪，使自身保持乐观、向上的心态；情绪反应适度，有适当的引发原因，反应强度与引发情境相符合；能有效控制情绪的质、量、度，使其能在适当时间、场合恰如其分地表达。

（3）自我评价恰当。自我评价是人对自身环境以及与周围事物的一致看法，其一致的标准为：对自己的认识比较接近现实，不产生自我同一性混乱；能愉快地接受自己，对自己的生活、学习、现状和未来有一定程度的满足感和发展感；以积极进取的人生观作为个性的核心，把自己的需要、愿望、目标和行为统一起来。

（4）有健康的性格和人际关系。主要表现为自信、自尊，能以主人翁的态度积极参加促使集体目标实现的各种活动，勇于接受各项任务；能与他人友好交往，关系和谐，能建立互信、互敬、互爱的积极的人际关系；既能客观地评价他人，也能正确地对待自己，对于自己的潜能和长处竭力发扬光大，对于自己的缺点和不足之处也能努力改正克服；为自己制定的目标，能符合社会的要求或力求与社会的要求相一致。一个心理健康的学生应基本具备以上几个方面的特质。但就目前国内学生的情况来看，还存在着心理问题，影响着中学生正常的生活。

2. 体育运动对中学生心理健康的促进作用

（1）体育运动可以消除心理障碍。如自信心不足、恐惧症、抑郁症等等。国外在对抑郁症进行心理治疗时，常布置家庭辅助治疗，让患者多参加各种体育运动。因为，参加体育运动对心理障碍具有治疗效果。

(2)体育锻炼有助于培养合作与竞争意识。竞争通常是一种激发自我提高的动机形式。合作，则是一种集体齐心协作的活动。在体育活动中，竞争和合作是交替或同时出现，表现出了竞争与合作的特点。竞争与合作对于培养中学生勇于进取、激发个人动机、树立团结意识，提高工作效率、形成健全的个性起到积极作用。

(3)提高学生的智力，培养学生坚强的意志品质。体育学习和认知活动一样，依赖于学生的知觉、记忆、思维、注意等综合认识能力，因此坚持参加体育活动，可以改善一个人的智力和提高学习效果；经常进行体育活动，可以让大脑获得充足的氧气，使脑力得以快速恢复；良好的体育教育和运动训练还能提高人的注意力、观察力、判断力、记忆力、思维反应和想象能力，从而为学习活动提供有效的保证。体育教学过程是融知识、技能、情感、意志和团结协作为一体的教育过程，通过体育活动可以使学生情绪稳定、性格开朗、疲劳感下降等。

(4)协调人际关系，消除身心疲劳。每周锻炼1至2次的学生，其学习成就欲求更高；每周锻炼4次以上的学生，人际关系适应能力更强，问题行为更不容易出现。人际关系不好的人常常抑郁寡欢、孤僻，缺乏生活的乐趣，而体育活动总是在一定的社会环境中进行，人们在运动中能够较好地克服孤僻，忘却烦恼和痛苦，协调人际关系，扩大社会交往，提高社会适应能力。研究人员发现，外向性格比内向性格的社会需要更强烈，这种需要可通过集体性的体育活动得到满足。由此可见，体育活动在增进人们的相互交往，克服孤僻感，培养心理反应能力等方面具有重要作用。

3. 加强体育锻炼，促进学生心理健康的有效策略

选择适宜的体育锻炼项目。选择适宜的体育锻炼项目对发挥体育锻炼积极的心理效应有着重要的意义，不同的体育项目有着其内在的独特意义，对于正在成长期的青少年来讲，选择正确的运动项目能不断发挥优点，克服自身的缺点。

(1)性格内向，不善于交往的同学可以选择足球、篮球、排球等集体项目。坚持参加这些集体项目，可以帮助其慢慢地改变孤僻性格，逐步适应与同伴交往，并热爱集体；游泳、溜冰、拳击、摔跤等项目的活动能帮助人们不断克服各种胆怯心理，去战胜困难。

(2)不够果敢、处事犹豫不决的同学，要多参加乒乓球、网球、羽毛球、拳击、跨栏、跳高、跳远等体育活动。在这些项目面前，任何犹豫都将延误良机，长期锻炼能帮助你增强果断的个性特征。

(3)遇事易急躁,感情易冲动的同学,应多参加下棋、太极拳、慢跑、长距离步行、游泳和骑自行车等缓慢而持久的项目,这一类体育活动能帮助你调节神经活动,增强自我控制能力,稳定情绪,使容易急躁、冲动的弱点得以改善。

(4)缺乏自信心的同学,那就得事先选择一些简单、易做的活动如跳绳、俯卧撑、广播操、跑步等体育项目。坚持锻炼一段时期,信心自然能逐步得到增强。

(5)遇到重要的事情容易过度紧张而导致失常的人,就应多参加公开激烈的体育比赛,特别是足球、篮球、排球等项目。因为赛场形势多变,比赛紧张激烈,在这种激烈的场合中接受考验,遇事就不会过分紧张,更不会惊慌失措,从而给学习带来益处。

教育要树立和贯彻"健康是人发展的根本"的观念,开展健康体育,如制定关于体育锻炼的课程表,增加学生体育课,动员师生开展丰富的体育活动,鼓励学生参加运动队,加强运动和心理方面的健康教育等;同时,设法增加学校的运动设施,为青少年进行体育锻炼提供环境支持。

第二节 健康与运动保健

一、运动保健常识

(一)体质与营养素

人体获得和利用食物的综合过程称为营养(nutrition)。营养是保证人体正常生长发育、进行各种生理活动的重要因素。有机体的存在及各种生理活动、体力活动的进行都依赖于体内的物质代谢过程,机体必须不断地从外界摄取一定的物质,获取能量,满足机体的需要。

营养素是指在体内被吸收,具有供给热能,或构成机体组织,或调解生理的功能,为机体进行正常代谢所必需的物质。人体所需要的营养素有蛋白质(protein)、脂肪(fats)、糖(saccharide)、维生素(vitamin)、矿物质(mineral)和水(water)六大类。营养素通常来自于食物,但任何一种食物不可能包含全部营养素,不同食物中营养素的种类和含量也不相同,而任何一种营养素也不具备所有营养功能。因此,人体要从多种食物中获得所需要的各种营养素。

1. 蛋白质

蛋白质是由碳、氢、氧、氮、硫、磷等元素组成,是人体唯一的氮元素供应源。构成蛋白质的基本单位是氨基酸。

(1)蛋白质的营养功用

①构成和修补机体组织

蛋白质是构成细胞的主要成分，占细胞内固体成分的80%以上。肌肉、血液、骨、软骨以及皮肤等都由蛋白质参与组成。组织的新陈代谢和损伤的修补都必须依靠蛋白质。

②调节生理功能

蛋白质与体内许多生理功能有关。蛋白质是体内缓冲体系的组成部分，有维持酸碱平衡的作用；血浆蛋白能维持细胞的正常渗透压；球蛋白形成抗体；某些氨基酸是合成能源物质（磷酸肌酸）和神经介质（乙酰胆碱）的主要部分。此外，对代谢过程起催化和调节作用的酶和激素以及运输氧和二氧化碳的血红蛋白等重要物质都由蛋白质构成。

③供给热能

蛋白质的主要功能不是供给热能，但由于机体内旧的或已破坏的蛋白质发生分解，在分解代谢中，可释放部分能量供机体利用。食物供给过多的蛋白质也将被分解、氧化而放出能量。1kg 蛋白质在体内氧化分解放出16.74kJ 热量。

蛋白质是人体生命活动的重要物质。当蛋白质长期供给不足时，机体会发生蛋白质缺乏症。人体缺乏蛋白质时，首先影响肠粘膜的吸收功能，出现消化吸收不良，慢性腹泻等症状；肝脏功能下降，致使血浆蛋白合成障碍，血浆蛋白浓度下降，可出现浮肿；酶的活性降低，球蛋白减少，机体的抵抗力下降；肾上腺皮质功能减退，机体的应激能力降低；儿童、青少年则生长发育迟缓、消瘦、体重过轻甚至出现智力发育障碍；成年人则表现为疲倦、体重下降、肌肉萎缩、贫血等。

血浆蛋白质含量是评定人体蛋白质营养状况的简易指标。正常成人血清蛋白（TP）的含量为6.0% ~8.0%，白蛋白（ALB）为3.5% ~5.5%，球蛋白（GLB）2.0% ~3.0%。

(2)蛋白质的供给量和来源

①供给量

膳食蛋白质的供应量主要是以各类人群的需要量，并与机体的活动强度、肌肉数量的多少、年龄及不同的生理状况等条件有关。过多的蛋白质进入机体后，经肝脏分解为尿素等物质排出，所以每天应适量摄取。蛋白质的供给量一般成人应占热能供给总量的10% ~12%；儿童少年为12% ~14%。正常成人每千克体重供给1 ~1.5g 为标准。当利用生物价较低的蛋白质时，摄入量应相应提高。

②来源

蛋白质主要来源于食物中的肉、鱼、蛋、乳和豆类。其蛋白质含量一般为

10%～20%。奶类:鲜奶为1.5%～4%,奶粉为25%～27%;蛋类为12%～14%;干豆类20%～24%;谷类一般含6%～10%。粮谷类含蛋白质较少,但往往由于食用量较大,也成为人体蛋白质的主要来源。

2. 脂肪

脂肪由碳、氢、氧三种元素组成。是由1分子甘油和3分子脂肪酸组成的甘油三酯,又称中性脂肪。构成脂肪的脂肪酸包括饱和脂肪酸(saturated fatty acid)和不饱和脂肪酸(unsaturated fatty acid)。有少数不饱和脂肪酸,在体内不能合成而必须由食物供给,称必需脂肪酸(essential fatty acid EFA),如亚油酸。

(1)脂肪的营养功用

①构成机体组织

脂肪是组织细胞的重要组成成分,在维持细胞结构、功能中起重要作用。如脑组织和中枢神经组织内部都含有鞘磷脂,细胞膜是由磷脂、糖脂和蛋白质组成的类脂层等等。脂肪组织在体内储存(皮下、内脏、关节周围),有供能、调节体温和支持、保护脏器的作用。

②供给热能

脂肪是一种含热量很高的营养素,1g脂肪在体内氧化分解可产生37.66kJ的热能。

③供给和促进脂溶性维生素的吸收和利用

脂溶性维生素A、D、E、K多含在脂肪中,富含脂肪的食物可供给脂溶性维生素。此外,脂溶性维生素必需溶解在脂肪中才能被机体吸收和利用。

④增加食物的美味和饱腹感

脂肪可使食物酥松、香脆,增进人们的食欲。可延迟胃容物的排空,有较强的饱腹感。

(2)脂肪的供给量和来源

①供给量

膳食中脂肪供给量受季节气候、饮食习惯等条件的影响,脂肪摄入差异较大。为满足人体必需脂肪酸、脂溶性维生素、热能的需要及饱腹感,每日食物中有50g脂肪即可,一般认为由脂肪提供热量占每日摄入总热量的17%～20%左右,不宜超过30%。在炎热的环境下可适当减少,寒冷环境或重体力活动可适当增加。

②来源

脂肪主要来自动物性食物,如猪油、奶油、鱼油、牛油、羊油、骨髓、蛋黄。植物性食物中也含有丰富的植物性脂肪如芝麻、大豆、菜籽、花生等。

3. 糖

糖又称碳水化合物,由碳、氢、氧三种元素组成。就其分子结构的简繁可分为单糖(葡萄糖、半乳糖、果糖)、双糖(蔗糖、麦芽糖、乳糖)与多糖(淀粉、糖原、纤维素与果胶)。除纤维素与果胶外,其他的糖类都能被机体吸收利用,其功能基本相同,主要区别在人体内被消化吸收的速度不同。所有的糖类都须在消化道内被分解成单糖,才能被机体所吸收利用。

(1)糖的营养功用

①供给热能

糖是热能最经济和重要的来源,1g 糖在体内产生 16.74kJ 的热量。用糖作为供能物质有许多优点:容易消化吸收、分解产热快、氧化时耗氧量少(氧化 1g 糖需氧 0.8L,氧化 1g 脂肪需氧 1.96L,氧化 1g 蛋白质需氧 0.94L)。并且糖在有氧和无氧条件下都能分解释放出热量。

②维持中枢神经系统的功能

糖是大脑唯一的能量来源,是维持中枢神经系统正常生理功能的重要物质。脑组织本身没有能量储备,全靠血糖供应,大脑每天需糖约 100～120g。当血糖浓度降到正常值以下时,脑组织可因供能物质不足而出现头晕、昏厥等低血糖症状。

③构成机体的重要物质

糖是构成机体的重要成分之一,参与许多生命活动。细胞膜中含有糖蛋白,结缔组织中含有粘蛋白,神经组织中含有糖脂,核糖和脱氧核糖是核酸及核蛋白的重要成分。糖是糖蛋白、粘蛋白和糖脂不可缺少的成分。

④促进蛋白质的吸收和利用

糖对于蛋白质在体内的代谢过程有重要的作用。当糖与蛋白质同时食用时,在体内储留的氮比单独摄入蛋白质时要多,摄入蛋白质后,体内游离氨基酸浓度增高,而氨基酸在体内进一步代谢或在体内重新合成机体需要的蛋白质都需要较多的能量。所以,摄入蛋白质的同时摄入糖类 ,可以增加 ATP 的形成,有利于氨基酸的活化及蛋白质的合成,此种作用即为糖蛋白质的作用(protein sparing action)。

⑤保护肝脏

糖可增加肝糖原的储存,维护和加强肝脏功能;葡萄糖醛酸直接参与肝脏的解毒功能;糖与蛋白质合成糖蛋白,保持蛋白质在肝脏内的储备。

⑥抗酮作用

脂肪在体内的正常代谢,必须有糖的参与才能完成,否则血中酮体将增加,影响机体的正常功能,所以糖有抗生酮作用(antiketogenesis)。

⑦维持心肌和骨骼肌的正常功能

当机体缺糖时，心脏和骨骼肌工作能力下降。骨骼肌中缺乏糖储备，则出现耐力不足现象；心肌缺糖，则出现心绞痛症状。

⑧维持肠道的正常功能

纤维素与果胶，一般不能被机体消化吸收和利用，但能刺激肠胃道蠕动，促进消化液分泌，有助于正常消化与排便功能。根据研究，在膳食中含有大量维生素的人群中，出现结肠炎和结肠癌的机会较少。

（2）糖的供给量和来源

①供给量

糖的供给量与消耗量应按工作性质和劳动强度而定，劳动强度越大、时间越长，糖的需要量就越多。一般情况下，糖占每日总热能供给量的60%～70%。通常成人每日每千克体重约需4～6g，运动员则需8～12g。体内糖储备很少，大约为300～500g，因此，必须每日从膳食中摄取。

②来源

糖的主要来源是粮食、豆类和根茎类食物，它们含有大量的淀粉和少量的双糖、单糖。此外，水果、瓜类也含有少量的糖，并含较多的果胶和纤维素。

4. 维生素

维生素是维持正常生命活动和生理功能必需的一种营养素。它的种类很多，目前已知的有30多种。按其溶解性质，分为脂溶性与水溶性两大类。脂溶性维生素（fat－soluble vitamin）主要有维生素A、D、E、K，水溶性维生素（water－soluble vitamin）主要有维生素B_1、B_2、C及PP等。

维生素的主要作用是调节物质代谢，保证人体正常的生理功能。它在体内不能合成或合成量甚微，不能满足需要。此外，维生素在体内的储存量很少，因此必须经常从食物中摄取。各种食物所含维生素的种类和数量差异很大，而且有的维生素的性质很不稳定。当膳食中某种维生素长期缺乏或不足，或在食物加工和烹调过程中受到破坏，可引起代谢紊乱以及出现病理状态，形成维生素缺乏症（avitaminosis），这不仅影响运动能力，而且危害健康。

（1）维生素A

①营养功用

维持正常视力

维生素A与正常视觉有密切关系，是眼内感光物质视紫质的主要成分，对正常视力有重要作用。若维生素A缺乏，则视紫质的合成受到影响，在黄昏或光线较暗时失去正常视力，称为“夜盲症”（night blindness）。

维持上皮组织的功能

维生素 A 与上皮细胞的正常形成有关，它参与组织间质的合成，对细胞起粘合和保护作用。当维生素 A 缺乏时，可以影响黏膜的正常结构，引起上皮组织的改变，使上皮细胞角化增殖，上皮干燥，角膜受到损害，呼吸道抵抗力下降，形成皮肤角化和毛囊角质丘疹等。

②供给量和来源

供给量

人们习惯于将胡萝卜素与维生素 A 等同看待。因为胡萝卜素在体内可转变为维生素 A，1μgRE（视黄醇当量）=6μg 胡萝卜素，所以在体内与维生素 A 具有相同的生理功能。我国营养学会推荐维生素 A 的每日供给量婴儿为 200μgRE，儿童为 300～750μgRE，成人为 750μgRE，对视力要求高的人，需要量较多。若长期摄入过量的维生素 A 制剂，可引起储积中毒，表现为激动、厌食、头发稀疏、头疼、耳鸣、肌肉无力、肝脾肿大、腹痛腹泻等症状。

来源

维生素 A 仅存于动物性食品中，以肝、蛋、鱼肝油、奶油和牛奶为最好。胡萝卜素在有色蔬菜和水果中含量最多，如韭菜、油菜、胡萝卜、菠菜、杏、柿等。

（2）维生素 D

①营养功用

维生素 D 对骨骼形成极为重要，它不仅可以促进钙和磷在肠内的吸收，还作用于骨骼组织，使钙和磷最终成为骨的基本结构，促进骨骼肌及牙齿的正常发育。

当维生素 D 缺乏时，钙的吸收受到障碍，血液中钙、磷的浓度降低，钙和磷不能在骨组织内存积，骨与牙齿的发育受到影响，甚至骨盐再溶解而发生骨质脱钙。维生素 D 缺乏可导致佝偻病（rickets）或骨质软化症（osteomalacia）。

②供给量和来源

供给量

维生素 D 的最低需要量尚难肯定，因为皮肤形成维生素 D_3 的量变化较大。维生素 D 的需要量还与钙、磷摄入有关。在钙、磷供给充足的条件下，成人每日获得 300～400 国际单位的维生素 D 即可，使钙的储留量达到最高程度，以上数量的维生素 D 也易通过阳光紫外线的照射而获得。6 岁以下儿童，以及孕妇和哺乳期妇女，由于对钙、磷的需要量增多，维生素 D 需要量也增多，其供给量为每日 400 国际单位，相当于 10μg。

来源

含维生素 D 最丰富的食物有动物肝脏、鱼肝油和禽蛋等。奶类、瘦肉含维生素 D 不高，故 6 岁以下的儿童补充适量的鱼肝油，有利生长发育，但不可过量。对成人来说，经常接受日照使皮肤中的7－脱氢胆固醇转变为维生素D，即能满足机体需要。

(3)维生素E(生育酚)

①营养功用

维生素E(tocopherol)是很强的抗氧化剂，在体内维持细胞膜的完整性，保护细胞免受自由基损害。能保持红细胞的完整性，维持红细胞的数量和红细胞生存的正常时间(缺乏可致红细胞的数量减少和生存时间缩短)。维生素E能提高人体活动能力，其原因可能是维生素E能减少组织的耗氧量，减少氧债，改善循环尤其是微循环，提高生物氧化过程，改善肌肉营养。缺乏维生素E可引起肌肉营养不良或其他组织的某些病变。此外，据报道，维生素E还有抗衰老作用。

②供给量和来源

供给量

我国推荐青少年、成人每日供应10 mg，孕妇与老人为12 mg，当膳食中的不饱和脂肪酸增加时，维生素E的供给量也随之增加。

来源

维生素E广泛分布于动植物组织中，较好的来源为麦胚油、棉籽油、玉米油、芝麻油和花生油等。莴苣叶、柑橘皮、肉、蛋、鱼肝油、奶中也含有α－生育酚。

(4)维生素B_1(硫胺素)

①营养功用

维护神经系统的机能

神经组织所需的能量主要依靠糖供给，维生素B_1(thiamine)有辅助糖代谢的作用。当维生素B_1缺乏时，糖代谢障碍，最先影响的是神经组织。神经功能减弱，可出现感觉异常，肌力下降，肌肉酸痛等周围神经炎症状。维生素B_1严重缺乏时，全身功能受到影响，心肌营养代谢失调，心脏功能下降，出现心悸、气促、胸闷和下肢水肿等心功能不全症状。

辅助糖代谢

维生素B_1在体内与焦磷酸结合成硫胺焦磷酸酯，是一种辅羧酶，参与代谢中丙酮酸的氧化脱羧反应，在糖代谢中起重要作用。当维生素B_1缺乏时，糖代谢至丙酮酸阶段就不能进一步氧化，从而造成丙酮酸在组织中堆积，影响机体正常功能，机体的能量供应也受到影响。

促进能量代谢

维生素B_1可促进糖原在肝脏和肌肉中聚积，在能量代谢过程中可加速糖原和磷酸肌酸的分解，有利于肌肉活动。

加强胃肠的蠕动，促进消化液分泌

维生素 B_1 可抑制胆碱酯酶对乙酰胆碱的水解作用。乙酰胆碱是重要的神经介质，它促进肠胃的正常蠕动和消化液分泌。当维生素 B_1 缺乏时，乙酰胆碱受胆碱酯酶的破坏增加，使神经传导受影响，从而使肠胃的活动减弱，消化液分泌减少，食欲下降，消化功能出现障碍。

②供给量和来源

供给量

维生素 B_1 的需要量与机体热能总摄入量成正比，即机体能量消耗越多，维生素 B_1 供给量也相应地增加。一般成人每日的需要量为 1.5～2 mg。按热能消耗量计算，每消耗 4184kJ 的热能需 0.5～0.6 mg的维生素 B_1，如大强度运动或过度脑力劳动、高温、缺氧或膳食中糖的摄入量增加时，维生素 B_1 的需要量相应也增加。摄入量过多时，可以从尿中排出。长期过量摄入也可引起身体不良反应。

来源

维生素 B_1 广泛存在于天然食物中，含量丰富的食物有粮谷类，豆类，酵母及硬壳果，动物肝、肾、脑，瘦肉及蛋类。粮谷类食物维生素 B_1 主要存在于胚芽和表皮部分。此外，在绿叶蔬菜和水果中也含有维生素 B_1。

(5)维生素 B_2(核黄素)

①营养功用

维生素 B_2(riboflavin)是身体中许多重要辅酶的组成成分，它们与特定蛋白质结合，形成黄素蛋白。黄素蛋白是组织呼吸过程中不可缺少的物质。维生素 B_2 还与体内铁的吸收、储存与动员有关，若机体中维生素 B_2 不足，则物质代谢紊乱，将出现多种病症，如唇炎、舌炎、阴囊炎、脂溢性皮炎、缺铁性贫血(iron－deficiency anemia IDA)等。

②供给量和来源

供给量

维生素 B_2 需要量与蛋白质摄入量有关，生长发育、创伤恢复、妊娠与哺乳时蛋白质需要量增加，维生素 B_2 的需要量也增加。婴儿 0.4～0.6 mg，儿童 0.6～1.2 mg，成人 1.3～1.7 mg，孕妇及哺乳期妇女 1.8～2.0 mg。

来源

动物性食物一般含维生素 B_2 较高，其中以肝、肾和心为最多；奶类、蛋类、豆类及绿叶蔬菜含量也较多。

(6)维生素 C(抗坏血酸)

①营养功用

促进生物氧化

维生素 C(ascorbic acid)是一种活性很强的还原物质,参与体内多种氧化还原反应;提高组织的生物氧化过程,促进物质代谢,从而提高机体的工作能力。

保持细胞间质的完整

维生素 C 促进组织中胶原的形成,是合成细胞间质的必需物质,结缔组织、骨组织、牙釉质中的胶原及毛细血管的细胞间质,都由胶原蛋白构成。

促进造血

维生素 C 能将食物中的三价铁还原为二价铁,有利于机体吸收利用。

降低血胆固醇含量

维生素 C 在体内将胆固醇转变为能溶于水的硫酸盐而增加排泄;参与肝中胆固醇的羟化作用,以形成胆酸,从而降低血中胆固醇含量。

参与解毒及提高机体的抵抗力

维生素 C 在体内可保护酶系统免受毒物的破坏,从而起到解毒作用;维生素 C 能促进抗体生成,促进血细胞的噬菌能力,从而提高机体对疾病的抵抗力。

②供给量和来源

供给量

维生素 C 的需要量与工作性质、年龄、身体健康状况有关。一般成年男子每日需 75 mg,女子为 70 mg,儿童少年及受伤患病的人群需要量相对增加,运动员每日需要量在 100 mg以上。

来源

维生素 C 主要含于植物性食物中,分布较广,几乎所有的蔬菜和水果中都含有维生素 C。

(7)维生素 PP(尼克酸)

①营养功用

维生素 PP(nicotinic acid)为辅酶Ⅰ与辅酶Ⅱ的组成部分,参与糖、脂肪酸和蛋白质的代谢过程,在热能物质的能量释放上起重要作用,是氧化还原反应的递氢体,为细胞呼吸所必需;维生素 PP 在固醇类化合物的合成中起重要作用,以降低体内胆固醇水平。

②供给量和来源

供给量

成人每日需要量为 15 ~ 20 mg,即维生素 B_1 的 10 倍。

来源

维生素 PP 广泛存在于动、植物性食物中,含量较丰富的有酵母、花生、稻谷、豆类及动物内脏。维生素 PP 往往与维生素 B_1、维生素 B_2 同时存在。

5. 无机盐

无机盐也称矿物质。人体组织几乎含有自然界存在的各种元素。目前已发现 20 余种矿物质是构成人体组织、维持生理功能、进行生化代谢所必需。在体内含量大于 0.01%(100 mg/kg 体重)的无机盐称常量元素,如钙、磷、钠、钾、镁、氯和硫。小于 0.005% 的称微量元素(microelements),如铁、铜、锌、氟、锰等。无机元素与其他有机的营养物质不同,它不能在人体内合成,除了排出体外,不会在代谢过程中消失。这些物质在人体内相对稳定,并起着十分重要的作用。

(1)钙

①营养功用

构成骨骼及牙齿

骨骼和牙齿是人体中含钙(calcium)最多的组织,占体内总钙含量的 99%,若缺乏,骨骼和牙齿的生长或维持正常状态都会受到影响,可发生软骨病。

维持神经和肌肉活动

钙是细胞膜、软组织及细胞外液的组成部分。维持神经肌肉的兴奋性、神经冲动的传导,心脏的正常搏动。

促进体内某些酶的活性

钙对许多参与细胞代谢的大分子的合成和转变的酶有调节作用,如琥珀酸脱氢酶、三磷酸腺苷酶、脂肪酶及一些蛋白质分解酶等。

参与凝血过程

钙有激活凝血酶的作用,若缺乏则凝血受影响。

②供给量和来源

供给量

我国规定钙供给量标准,婴幼儿每天 400 ~ 600 mg,儿童每天 600 ~ 1000 mg,青少年每天 1000 ~ 1200 mg,成人每天 800 mg。

来源

钙的良好来源是奶类制品,不但含量高,而且吸收率也高。蔬菜、豆类、海带、小虾米等均含有丰富的钙。钙与草酸结合则不能吸收,脂肪过多也妨碍钙的吸收。

(2)磷

①营养功用

构成骨及牙齿

磷也是构成骨与牙齿的主要成分。人体内磷总量的 85% ~ 90% 存在于骨及牙齿中,其余 10% ~15% 与蛋白质、脂肪、糖及其他有机物结合,分布于几乎所有的组织细胞中。

参与物质能量代谢

磷是体内许多酶的重要成分,在物质代谢中有重要作用。一切肌肉活动、神经系统的活动以及糖和脂肪的代谢,都需有磷的化合物参加。如三磷酸腺苷、磷酸肌酸都是磷的化合物。机体的能量消耗愈大,磷的消耗愈多。

维持血液的酸碱平衡

磷在血液中以磷酸盐的形式存在,磷酸盐能与氢离子结合,并从尿中以不同形式、不同数量的磷酸盐排出,从而调节体液的酸碱度。

②供给量和来源

供给量

磷的需要量随年龄增长而下降。我国没有提及供给量标准,可能是食物中广泛存在磷,从摄食中即能得到满足。据研究,维持平衡时需要磷量为 520 ~1200 mg/d。

来源

磷广泛存在于动植物组织中,一切富含蛋白质的食物中都含有磷,如蛋类、肉类、鱼类等,豆类和绿色蔬菜含磷量也较高。

(3)铁

①营养功用

铁是血红蛋白、肌红蛋白,细胞色素 A 以及某些呼吸酶的构成成分,参与体内氧与二氧化碳的转换、交换和组织呼吸过程,与细胞内生物氧化有密切关系。若缺乏,可引起缺铁性贫血。

②供给量和来源

供给量

我国建议成年男子每日铁供给量为 12 mg,成年女子为 18 mg,孕期和哺乳期妇女为 28 mg。

来源

含铁较多的食物有动物肝脏、动物全血、畜禽肉类、蛋黄、豆类、绿色蔬菜、五谷的外皮及胚叶部分。此外,在做菜时最好用铁锅,且醋、西红柿等酸性食物还可使铁锅的铁质溶解,增加食物中铁的供给量。

(4)锌

①营养功用

酶的组成成分或酶的激活剂

锌是人体许多重要酶的组成成分，已知含锌的酶不下80种。RNA聚合酶、DNA聚合酶呈现活性也需要锌的参与。

促进生长发育与组织再生

锌是调节DNA复制、转译和转录DNA聚合酶活性所必需，与蛋白质和核酸的合成，细胞生长、分裂和分化等各过程都有关。胎儿的生长发育也非常需要锌。锌对于促进性器官和性机能的正常发育是必需的。

促进食欲

锌可能通过参加构成一种含锌蛋白，即唾液蛋白而对味觉与食欲发生作用。

促进维生素A的代谢及生理作用

锌在体内有促进视黄醛的合成和构型转化的作用，参与肝中维生素A动员，维持血浆维生素A浓度的恒定，对于维持正常暗适应能力有重要作用，锌对于维护皮肤健康也是必需的。

参与免疫功能

主要在于维护与保持免疫反应细胞的复制。

②供给量和来源

供给量

不同膳食中锌的吸收率不同（12%～59%），按吸收率为20%计算，我国规定1～9岁儿童每日供给量为10 mg，10岁以上人群为15 mg，孕妇、哺乳期妇女为20 mg。

来源

锌来源广泛，主要存在于畜禽肉、肝脏、牡蛎、蛋类、鱼、乳类、豆类、谷类等食物中。

（5）氯化钠

①营养功用

维持细胞外液的渗透压，影响水的动向，对维持体内水分、防止水分丧失有重要作用；参与维持体内酸碱平衡；氯是胃酸的主要成分，氯化钠与肌肉活动关系密切，缺乏时肌肉软弱无力，易于疲劳，大量丢失可导致肌肉痉挛，这与氯离子减少引起神经肌肉的应激性增高有关。此外，膳食的氯化钠还有调味作用，可增进食欲。

②供给量和来源

供给量

氯化钠的摄入量与饮食习惯有关，而且个体差异很大。成人每日需氯化钠8～15g。在炎热的气候或剧烈运动等大量出汗的情况下，氯化钠的需要量增加，排汗1L约需补充氯化钠3g。

来源

主要是食盐，在一般食物中含量很少。

(6)水

水是人体内含量最多的成分，各器官都含有水，它占成人体重的57%～60%。水是维持人体正常生理活动的重要物质。人体与外界环境交换的物质中，以水为最多。人体若丢失水分超过体重的10%以上，生命活动将无法维持，水对人类的生存来说是最为重要的营养素之一。

①营养功用

水是细胞和体液的重要成分

它参与体内许多代谢过程，体内各种生理生化反应都是在以水为介质的环境中进行的，水是良好的溶解剂，能溶解许多营养素，既有利于物质的消化、吸收、运输和废物的排除，又有利于体内物质代谢的进行。

参与维持体温的恒定

水的比热高，能吸收较多的热量，以保持体温不至于发生明显的波动。体内物质代谢产生的热量可通过汗液蒸发散热，使体温维持恒定。

水是润滑剂

水的黏度小，可使摩擦面润滑，减少损伤。体内各关节、肌肉、体腔、呼吸道和器官等处都能分泌润滑液，有良好的润滑作用。

维持脏器的形态和机能

人体将水与蛋白质、黏多糖和磷脂等相结合而形成胶体，使脏器维持一定的形态和坚实性，保持正常的机能。

②供给量和来源

供给量

水的供给量随年龄、体重、气候及身体活动情况而异。正常成年人每天需水2000～2500ml，不同年龄的人每天需水量不同，10～14岁每日每公斤体重需水50～80ml，而成人每日每公斤体重需水40 ml。一般水的出入量应保持平衡。

来源

体内水的主要来源是饮料水、食物水和代谢水。代谢水为糖、脂肪、蛋白质在体内氧化所产生的水。100g蛋白质在体内氧化可产水41ml，100g糖产水55ml，100g脂肪产水107 ml。

(二)合理营养

营养是学生生长发育、保持良好体质状态的物质基础。青少年摄入的营养不仅要能够补充日常学习、生活的大量消耗，而且还要能满足生长发育的需要。合理的营养可促进学生体质的增强，而营养不良会导致发育受阻、传染病的发病率增高、学习效率下降等体质衰弱的症状。因此，营养对学生体质起着极其重要的作用。

1. 青少年对热能和主要营养素的需要量

青春发育期是儿童发育到成年的过渡时期，年龄大致在 10～20 岁，女性比男性约早 2 年。这是发育突飞猛进和性成熟的阶段，是一生体格、体质、心理和智力发展的关键时刻，是人类对热能和营养素需要最多的阶段，对热能和营养素的不足也最敏感。

(1)热能

青春期体内合成代谢增加，机体对热能的需要达到一生中的高峰。热能如供给不足，易发生营养不良，体重低下；摄入过多又可引起肥胖等问题，故热能供给要适宜。我国青少年每日热能供给量女性为 9623～10041kJ，男性为 10041～11714 kJ。由于儿童发育成熟期不一，个人活动量不同，故考虑青春期热能需要时务必注意个体差异。

(2)蛋白质

青春期机体组织、肌肉增长很快，性器官迅速发育，接近成人，因此需供给充足、优质的蛋白质。供给量为每天 80～90g，供热比为 13%～15%，此时期的蛋白质需求是一生的高峰。在迅速生长的青春期中，机体蛋白质代谢对热能不足尤为敏感，热能摄入不足，膳食蛋白质主要消耗在糖原异生作用上而不能用以合成组织。因此，要保证热能充足，使机体获得氮平衡。

(3)矿物质

青春期由于骨骼、肌肉、红细胞等迅猛增长，对矿物质尤其是对钙、铁、锌的需要增加。

①钙

一般成人骨重量约 45% 是在青春期获得，此阶段钙营养状况良好，有助于骨密度的提高，可延缓老年时骨质疏松的发生、发展。我国建议钙供给量：12 岁为每天 1000 mg，13～15 岁为每天 1200 mg，16～17 岁为每天 1000 mg，18 岁为每天 800 mg。

②铁

青少年不论男、女都需要更多的铁合成大量新的肌红蛋白与血红蛋白。男性每增加体重需 42 mg/kg，女性为 31 mg/kg。但女性月经来潮，一次月经平均 40ml，可损失铁约每天 1.2 mg，因而青春期铁的供给量女性高于男性。

③锌

由于生长迅速及性的成熟，锌对青春期人群尤为重要。锌缺乏使生长发育迟缓，性发育不佳，食欲不振，味觉和嗅觉异常。我国建议供给量为每日 10～15 mg。

④维生素

维生素 A 的供给量为每天 800μgRE，维生素 E 每天为 8～10 mg，维生素 C 每天 60 mg，B 族维生素与热能代谢有关，故供给量随热能增加而增加。

2. 饮食供给

(1)膳食组成

青春期需要热能及丰富的营养素，供给的饮食既要有适宜的体积，又要有饱腹感。膳食组成要有适当粮谷类食物和一定动物性食物、豆类及蔬菜，其中绿叶菜应占一半以上。世界各地均有青春期缺碘、铁、钙、锌、维生素 A 等的报道，所以饮食要多样化，不偏食、不择食，以获得全价营养。对于零食要防止摄入过多，并注意适当选择。同时也不应因过于注重体型而忌食。

(2)膳食安排

与学龄儿童相似，要安排好一日三餐。尤其注意早餐要提供足够热能以满足上午学习的热能消耗，午餐供热应为全日总热能的 35%～40%。考试期间应提高膳食质量，多供给优质蛋白质及类脂，特别是卵磷脂及维生素 A、B_1、B_2 及 C，以补充高级神经系统紧张活动的特殊消耗。在运动锻炼较强时也要增加蛋白质、矿物质与维生素的供给。

3. 营养与学生体质的增强

人体只有通过平衡膳食(balanced diet)才能达到增强体质的目的。具体来说，应从下列几方面注意及考虑：

(1)水和电解质的平衡

维持水和电解质的平衡，对保持良好的体质和较高的体力、运动能力来说，是十分重要的。

成人体重约 55%～60% 是水，而青少年体内水占体重的比例要高于成人。出汗、呕吐或排泄均可导致脱水。相反，过量饮水又可导致水中毒。当大脑发出身体需水的口渴信号时，实际上已有脱水发生。脱水可导致低下的热能调节、血液中水分的损失，并且增加了钠和钾的浓度。电解质浓度的变化则又可改变心脏和神经肌肉系统的机能表现。此外，血液中水的损失还会使血压降低。

因此，学生应该避免在出现口渴时才去急剧、过量饮水，而应该定时定量饮水以保持体内水和电解质的平衡。

(2)理想的身体质量

身体质量(body mass)可分为瘦组织(主要为肌肉和器官)和储存脂肪两部

分。由于身体质量指数(body mass index BMI)与个体健康有很大的相关性,并且精确度高,因此目前广泛采用BMI[体重(kg)/身高(m^2)]作为体质的评判指标。一般BMI在20 kg/ m^2 至25 kg/ m^2 之间为理想状态;而低于20 kg/ m^2 则意味着身体脂肪储备过少,可能阻碍生长发育以及降低运动能力等;另一方面,如果BMI在25 kg/ m^2 至30 kg/ m^2 之间时,则可判为超重;而大于30 kg/ m^2 时则判定为肥胖。

身体的胖瘦对健康影响较大,维持理想的身体质量是学生必须关注的问题。学生应该正确地综合评判热量的摄取及消耗量,并及时调整热量的摄取量与消耗量的比重,直至改变饮食习惯,包括进餐的次数和食品的结构等。

(3)促进发展身体的瘦成分

肌肉是身体中可发生较大变化的主要成分。体育锻炼即可促使肌肉的蛋白质合成,也可促使其分解。若要保持和促进肌肉蛋白质的合成,从而获得肌肉组织增生,只有通过饮食获得氨基酸,特别是充足的必需氨基酸才能得以实现。科学的膳食应包括足够的高质量蛋白质和充足的热能供给,用以保障氨基酸生成肌肉之用,这一膳食结构在学生期的生长发育中尤为重要。

(4)糖类

所有膳食中的糖类,无论是单糖或多糖,它们的能量代谢是等价的。糖既是能量物质,也是脂肪和氨基酸的必需中间体。因此,对于大多数人来说,膳食中应有合理足量的糖供给,以使肌肉和肝脏具有充足的糖原储备。但应注意人体对碳水化合物的过量摄入可导致体重增加,同时也可并发蛋白质的过量消耗。

(5)氧运输

合理饮食,应为人体提供一定的微量元素,尤其是铁和铜等微量元素。它们是合成血红蛋白所必需的。在红细胞内,血红蛋白可与氧结合,并将其运输到人体的各种组织细胞中。由于缺铁而造成机体不能有效合成足够的血红蛋白而导致的贫血称为缺铁性贫血。在中小学时期,尤其是青春期前后及女学生的初潮期内,此类贫血极易发生,应特别予以重视。从多种食品中摄取营养,不挑食、不偏食,是预防微量元素缺乏的有效方法。

(6)骨密度

人类终生都在不断地进行破骨和成骨的作用过程,大约7～10年骨骼将完全被更换一次。骨是由无机基质和有机基质构成的,骨的发展依赖于身体活动、营养和遗传特性。营养因素直接影响着骨密度的高低,食物中钙、维生素D和氟化物等是构成骨的无机基质的主要物质,而食物中微量元素则是构成有机基质中骨胶原的必要因子。此外,负重锻炼和激素生成增加均可以刺激骨的成骨过程,从而增加骨密度。

(三)在体育运动中怎样注意饮食卫生

体育锻炼提高消化器官的功能,使吃下去的东西能更好更快地被消化吸收。但应注意以下几点饮食卫生要求,否则将会引起慢性肠胃疾病。

1. 运动和吃饭时间要安排得当。如在剧烈运动后很快就吃饭,往往食欲很差,再好的饭菜也不想吃,因为运动刚结束时,大脑皮层的运动中枢和交感神经仍处在高度兴奋状态,情绪还很紧张,消化腺的分泌仍受到一定程度的抑制,所以不想吃饭。在这种情况下,即使勉强吃下去,食物也不能很好地消化,久而久之,就会引起消化不良,患慢性肠胃病。一般来说,运动后休息大约 20 ~ 30 分钟以后,再吃东西是比较合乎健康要求的。

2. 饭后立即进行剧烈运动,对肠胃的影响更大。因为,饭后胃肠的活动和消化腺的分泌加强,消化液分泌增多。如果在这时进行剧烈运动,则会引起交感神经兴奋和肾上腺激素大量分泌,进而使肌肉小动脉扩张,毛细血管大量开放,血液较集中供应运动器官,而减少了胃肠的血液供给。同时,胃肠的活动也减弱,消化液的分泌也减少,胃壁松弛无力,食物得不到充分地搅拌和消化,就会拖长食物在胃里停留的时间,以致发酵酸化,吐酸水。胃液减少,胃的防腐能力就降低了,这又是消化道易被感染患病的原因。因此,饭后应稍事休息再运动。

3. 饭后和运动后不要大量吃冷食。饭后大量吃冷食,首先会使肠胃血管突然收缩,使供给肠胃的血液突然减少,致使消化受到阻碍。其次消化液必须在一定的温度下才起作用,胃肠温度突然降低,它的能力也随之下降,结果食物难以消化,日久就免不了得肠胃病。运动刚刚结束时,由于体温升高,大量流汗,无克制力的人往往为了一时痛快便大吃冷饮食,结果肠胃因受到刺激而功能紊乱,引起腹泻、腹痛等病症。

4. 不能乱吃零食。按时吃饭能使消化器官有规律地工作,是维护肠胃健康的一个重要措施。乱吃零食,就破坏了消化器官的规律性活动,到了吃饭的时间,消化机能反而下降,这就会抑制正常的进食活动。吃的零食如果是甜食或油腻的食物,则更会降低食欲。在这种情况下,若勉强进食,食物则因消化液的减少和肠胃蠕动缓慢无力而难以消化。但水果可加强消化腺的活动,并能供给维生素,不在此例。

5. 运动后要合理饮水。激烈运动后,常使人感到格外口渴,有些人只图一时痛快,在运动后大量饮水,这是不科学的。因为运动时,胃肠道血管处于收缩状态,血液供应暂时减少,这时大部分血液都流向肌肉了,以便供应运动时肌肉所需要的养料和更快地带走废物。如果这时大量饮水,由于胃肠血管收缩,吸收能力减弱，使人感到胃部沉重闷胀，影响呼吸。在运动结束后，心脏的负担在逐渐减轻，如果这时大量饮水，一部分水经胃吸收进入血液之中，循环血量有所增加，不但给心脏和肾脏增加了负担，而且还会进一步加快出汗，使体内盐分排出过多。运动后的口渴，并不一定真正表示人体缺少水分，这主要是由于运动时呼吸加强，水分蒸发较快和唾液分泌减少变稠，致使口腔、咽喉、呼吸道和食道上的粘膜比较干燥，因而产生不舒服的感觉。这时只要漱漱口，湿润一下口腔粘膜，再有意识的克制一下，那么口渴的感觉就会减轻。

6. 长时间运动应及时补水。如果人体在进行长时间的运动，特别是在夏天，不仅消耗大量热能，同时也失去大量水分。机体内的水分减少，会影响正常的生理机能和工作能力。当失水量占体重的 4～5% 时，可使肌肉工作能力下降约 20%～30%，当失水量为体重的 10% 时，会引起循环衰竭，从而导致机能下降。主要体征是心率加快，体温升高。因此，及时补充水分是十分重要的。补充水分的方法最好是少量多次。运动中每 15～20 分钟饮水 100～150 毫升，这样既可及时保持体内水的平衡，又不增加心脏和胃的负担。若大量饮水后仍然继续运动，水在胃中晃动，使人不舒服，并可引起呕吐。关于水中饮料的成分，含糖量一般不宜过高。据研究，夏天饮料的糖浓度不宜超过 2.5%，冬季可适当增加到 5%～15%，以维持血糖水平。

如果在体育锻炼中不注意科学饮食，则会严重影响锻炼者的身体健康。这是因为运动时大量血液流入运动器官。消化器官内的血液量相对减少，胃液分泌减少，消化系统的功能处于相对的抑制状态。如果运动后立即进餐，必然影响食物的消化和吸收，长此以往，会造成消化不良或其他消化道疾病。

二、体育卫生

体育锻炼是促进身体生长发育、增强体质、防病抗老的一种积极手段，但是，要使体育锻炼真正达到预期效果，还必须要讲究科学。不同年龄和性别的人有不同的特征，在身体的解剖结构和生理上具有自身的特点。对于体育锻炼必须要从各自的身体实际情况出发，做出科学合理的安排，根据其不同的身体解剖生理特点提出相应的体育卫生要求，才能保证其体育锻炼收到良好的效果，并防止运动伤病和意外事故的发生。

（一）青春发育期

1. 青春发育期身体形态的发育

青春期生长发育的特点，归结起来，有三大变化：身体外形的变化、生理机能的增强、生殖器官发育成熟。

首先是身体外形的变化。

人从小到大，总是不断地生长发育，但时快时慢，有起有伏。这个“起伏”在一生当中，有两次最为突出，医学上叫作生长高峰。第一次生长高峰是在胎儿至出生后2岁，短短的21个月，却是身高体重飞速增长的时期。第二次生长高峰是青春期，不仅身高体重增长迅速，而且身体内部也有质的变化：

身体迅速长高。青少年进入青春期，身高长势惊人，每年增高6～8厘米，有的达到10～11厘米。青春期前，每年只增高3～5厘米。女孩身高增长开始得早，停止得也早。第一次月经前后，生长速度最快，一般长到19～23岁停止；男孩要长到23～26岁才停止。身高是反映骨骼发育状况的重要标志。青少年时期如果几乎不见长高，或比同年龄的标准身高相差太多，就要考虑发育上的问题了。

体重明显增加。青春期体重增加的速度也很快，每年平均增加5～6公斤，甚至8～10公斤，而成年期每年增加不到5公斤。男女之间10岁以前体重相仿，10岁以后女孩猛增。到了15岁以后，女孩体重缓慢增加；而男孩到了14～15岁以后身体的重量才迅速增加。体重的增加，反映出身体的骨骼增粗，肌肉变发达及内脏器官增大等综合发育的程度。

第二性征的出现。所谓性征是指区别两性的一些特征。男女两性的这个区别，主要是生殖器官不同，它是区别男女的主要性征，通常称为第一性征。自青春期开始，男女之间还出现性别上的其他差异称为第二性征或副性征。男性表现为喉结突出，长胡须，体格高大，发音低沉，阴毛和腋毛先后长出，肩宽胸廓由儿童时期的圆形变成扁圆形，构成了青春期男子的雏形。女性表现为乳房发育突出，骨盆增宽，皮下脂肪加厚，阴毛和腋毛长出，音调高而尖细等。男女第二性征的出现，标志着青春期的来临。

2. 青春发育期身体机能的发育

脑的发育。青春期的脑重量和容量增长有限，脑神经细胞也基本上不再增多。然而，重要的是脑发生质的变化。随着参加实践活动的增多，脑的内部结构和机能不断分化，迅速发展。如思考能力进一步加强，理解、分析、判断能力加强，记忆更加深刻牢固等。由于大脑兴奋性较强，抑制能力较差，情绪容易激动，意志和思维能力仍较薄弱，容易疲劳。只有到20～25岁以后，才能发展到和成人一样。因此，青春期青少年应该加强锻炼，把脑、神经机能的发展推向更高的阶段。

心脏的发育。在人的一生中，心脏有两个快速发育时期。第一次在出生后两周内，第二次在青春期。到30～40岁，心脏大小才固定下来。青春期心脏功能和成人有差距，成人每搏输出量是60～70毫升，一个12岁的少年，平均每搏输出量只有41毫升，只有成年人的2/3。

青春期的脉搏次数也有特点。年龄越小,心跳越快,脉搏次数也越多。这是由于年龄小,脑、神经还不健全,兴奋性大;还由于心脏的每搏输出量较少,而全身的需要量大,只能增加心跳次数来补偿。心跳过快,容易疲劳,耐久力差。因此,应注意积极参加劳动和体育锻炼,使心脏肌肉发达,收缩力增强,增加每搏的输出量。

由于人体血管的发育先于心脏,年龄越小,血管发育超过心脏发育的程度越大,血管内的阻力越小。所以少年的血压比成年人低,而且年龄越小血压越低。青春期以后,心脏发育超过血管的发育,加之内分泌的影响,血压也随之升高。

肺的发育。在人的一生中,肺也有两个快速发育时期,第一次在三足月的婴儿期,第二次在青春期。青春期时,肺和呼吸肌的发育极为迅速,肺的呼吸能力增强。如肺活量在 10 岁时只有 1400 毫升,而 14 ~ 15 岁时,就增至 2000 ~ 2500 毫升。

3. 青春发育期的身体素质增强

身体素质是指人体在运动中所表现出来的机能能力。反映身体素质的指标有:速度、耐力、力量、灵敏度、柔韧性和协调性等。身体素质的发展有其生理功能基础,又与运动能力密切有关。

青春期素质发育特点如下:

(1)素质发育有阶段性

男孩的素质发育分三个阶段,第一阶段 7 ~ 15 岁,为快速增长阶段,15 岁时各项素质增长量均达总增长量 80% 以上;第二阶段 16 ~ 20 岁,进入缓慢增长阶段;第三阶段 21 ~ 25 岁,是一生中素质发育高峰期,而且发展平稳。女孩素质发育分四个阶段,第一阶段 7 ~ 12 岁,为快速增长阶段,12 岁时多数素质增长量达总增长量的 90% 左右;第二阶段 13 ~ 16 岁,有相当一部分女孩素质发展呈停滞状态,少数女孩甚至下降;第三阶段 17 ~ 20 岁,又进入缓慢增长阶段;第四阶段 21 ~ 25 岁,素质发育趋向稳定。女孩 13 ~ 16 岁出现素质发育停滞下降现象,可能与性发育、性成熟有直接关系。随着第二性征的出现和月经初潮的到来,身体形态、生理机能和内分泌迅速变化,需要有一定的时间进行调整。并且由于乳房、阴毛、腋毛等性征的出现,女孩会产生一些心理卫生问题,此时多数女孩爱静不爱动,活动量普遍减少。在青春期健康教育的同时,合理安排体育锻炼,男女分组,克服不利的心理因素,提高女孩参加锻炼的积极性和自觉性,会逐渐改变这种下降趋势。

(2)素质发育有一定顺序

男孩一般先是速度、耐力、腰腹肌力量的增长,其次是下肢爆发力,比较缓慢的、增长最晚的是臂肌静止耐力。女孩 12 岁前与男孩相同,12 岁后腰腹肌力量和臂肌静止耐力显著落后，甚至出现增长停滞或下降。原因是青春期女孩肌肉力量的增长相对落后于体脂肪的增加，肌肉力量增加慢，因此以上两项素质指标发展较慢。

(3)素质发育有男女差异

男女素质发育有一定差异，12 岁之前性别差异不明显，12 岁以后有显著的性别差异，年龄愈大这种性别差异愈加明显。18 岁时女孩的臂肌静止耐力只有男孩的1/3，腰腹肌力量是男孩的2/3，下肢爆发力是男孩的3/4，速度和速度耐力相当于男孩的4/5。

(二)青春发育期的体育卫生要求

人的身体需要经常锻炼，尤其是在青春期，越锻炼越强健。体育锻炼能使身体发育快而好；能提高身体的“储备力”；能增强身体的抗病力。但是，只重视体育锻炼，不注意体育卫生是不可取的。为了做到心中有数，有针对地进行锻炼，取得好的效果，防止锻炼中发生不必要的伤害事故，必须重视体育卫生。

青春期的形态发育、身体素质和机能的发展，在不同时期、不同性别之间均存在着明显的差异。因此，在安排体育锻炼内容采用的方式、方法，以及运动负荷等方面，应该根据具体情况区别对待。

1. 男生锻炼特点

青年期的肌肉生长，有明显的变化。初期肌肉的增长速度落后于骨骼，为适应骨骼的生长，肌肉必然也要向长发展，因此肌肉的纤维比较细长，肌力和耐力较差。快速发育期过后，骨骼和肌肉的增长日趋协调，肌肉纤维逐渐变粗，肌肉在身体中的比例逐渐增大。

12 岁男孩肌肉重量为体重的 30%，背肌力是 50～60 千克，而十八岁的男青年肌肉重量则可增到 40% 以上。背肌力可以达到 120～130 千克；运动员的肌肉重量可以占体重的一半以上，背肌力可以达到 150 千克。这个关键时期要选择力量性项目，如单杠引体向上、举重物、双杆臂屈伸、推铅球等，对发展肌肉力量是很有现实意义的。

青年期的各种素质，除了柔韧性素质以外，其他均比少年儿童期为佳，均随年龄的增长而逐步提高，19 岁至 22 岁达到最好水平。23 岁以后开始缓慢下降。青春期的各项身体素质中，速度和耐力发展较早，所以要抓住时机，以 50 米至 1000 米的短跑、中长跑，游泳，滑冰练习，最为适宜。男生青春期，内分泌活动增强，变化复杂，各种器官发育快，大脑皮层机能明显增强，可以进行较为复杂，运动量较大的单杠、双杠以及球类活动。男生又因神经系统发育快，有时不稳定，容易兴奋，往往过高估计自己。针对这种特点就要在各种球类和游戏中注意培养实事求是、友好相处、团结协作、遵守纪律的心理,还要注意量力而行。总之这个时期,除了抓住发展肌肉力量练习和提高心肺功能的训练外,其他项目没有什么限制,只要注意科学性、全面性和经常性就可以了。

2. 女生锻炼特点

青春期的体育锻炼与童年、少年相比大不一样,与男生更不能相比。一般说来,女生从 14 岁到 17 岁阶段,由于性发育生理的变化,使参加体育锻炼的积极性受到一定影响。除柔韧性素质外,其他素质包括力量、耐力灵敏、速度等都不及男生,女青年的力量只有男青年的 2/3,速度和耐力为 4/5,弹跳力为 3/4。女子身高较矮,躯干较长,脊骨间的软骨较厚,关节灵活,盆骨较宽,重心较低,皮下脂肪较多,心肌收缩量相对较弱。每分钟心率较男生快 10 次左右。肺活量女生平均在 3000 毫升左右,男生则达到 3800 毫升左右。女生容易在心理上对自己估计不足,缺乏信心。

因此,在确定运动量负荷方面,要制定符合女生特点的标准。在选择运动项目,要突出女生喜欢的项目,如有节奏性的活动、舞蹈、艺术体操等。其他合适女子的项目也都可以从事锻炼,只是要注意运动负荷。

3. 月经与锻炼

月经是健康女子的正常生理现象,根本不用恐惧和害羞。行经期间整个身体都会发生一系列的变化,这时不仅生殖器官会发生一系列改变,身体的适应能力也较低下,反应也较迟钝,容易呈疲劳状态。月经期间,流血过多或过少都不好。月经期,如果做激烈运动,如打球、短跑、长跑、游泳比赛等都不利于身体成长。剧烈的体育活动,会使全身血液循环加快,盆腔里的血液循环也会加快,这样生殖器官更加充血,会造成流血量过多或经期过分延长的后果。

另外,在月经期,固定生殖器官的韧带也因充血而变得松弛,这时做剧烈运动,可能把韧带扭伤而造成子宫移位,影响月经周期的正常。如果长期下去,可能引起盆腔炎、贫血等疾病,所以在月经期间不应该参加剧烈体育活动。可是,月经期间也不是什么运动都不能做,恰恰相反,做些轻微的劳动和运动,不但不会影响健康,反而对健康有益。

“痛经”时,做课间操、打羽毛球、做适量活动会促进盆腔的血液循环,会减轻腰酸背痛、小腹疼痛的症状,同时可以使经血排出顺畅。坚持参加轻微的体育活动,适量运动往往可以使痛经症状缓解,乃至完全消失。

在青春期,有很多人喜欢穿又瘦又紧的内衣,把胸部裹得紧紧的,把腰勒得细细的,这样做有害无益。束胸会使胸廓舒张受限,活动不能自如,严重地影响胸部发育,影响肺活量,对心脏的活动也很不利。长久束腰,使腹部肌肉的发育受到限制。所以,一定要废除束胸这种不科学、不卫生的习惯。

青春期的体育卫生是重要的问题。重视体育卫生,在体育锻炼中实施,对促进青少年身心健康,增强体质,无疑是有重要意义的。

“生命在于运动”,而运动必须有一定的规律性,只有掌握体育锻炼的一般生理卫生知识,科学地进行体育锻炼,才能起到健身强体、防病治病的作用。

(三)如何准备体育锻炼

体育锻炼可以增强体质、提高人体的健康水平,已被大量科学实验所证实。随着现代生活水平的提高,余暇时间的增多,人们越来越意识到参加体育锻炼的必要性和可能性。但是,人们在从事体育锻炼前经常遇到一个共同问题:怎样进行体育锻炼?对于一般人来说,在开始参加体育锻炼前,除了进行一般的身体检查和必要的咨询外,首先要做好以下准备:

1. 培养锻炼兴趣

在从事体育锻炼前,应首先培养锻炼者对体育活动的兴趣,这是长期进行体育锻炼的前提。培养体育锻炼兴趣的方式有很多,如观看体育比赛、与亲朋好友进行体育活动等。有了浓厚的体育锻炼兴趣,就能自觉地投入到体育锻炼之中,从而取得理想的体育锻炼效果。

2. 选择活动项目

在进行体育活动时,除根据自己的兴趣选择活动项目外,还要考虑体育锻炼者自身的条件。青少年活泼好动,可以选择一些强度较大、带有游戏性质的活动项目,如打篮球、踢足球、爬山、游泳、健美操等;老年人身体机能较差,应选择一些活动量相对较小而且不容易出现运动损伤的活动项目,如太极拳、跑步等;对于一些为预防或治疗某些疾病而进行的康复性体育活动,则应根据锻炼者的身体状况选择锻炼项目,并且应在医生或运动医学工作者的指导下进行。同时,锻炼者还应根据不同的季节、气候条件确定体育锻炼项目,如冬季可进行长跑、足球、滑冰等运动,夏季可进行游泳、篮球、排球等活动。总之,运动项目可多样化,选择的运动项目要对整体机能产生良好影响。

3. 确定运动强度

为增强体质而进行的体育锻炼主要是为了提高人体的健康水平,而不是为了创造运动成绩,所以体育锻炼的强度不宜过大,特别是中老年人和体育康复者更应如此。体育锻炼中控制运动强度最简单的办法是测定体育锻炼时的脉搏。虽然不同年龄和体能状况的人在体育锻炼时的最佳脉搏有所不同,但对一般体育锻炼者来说,体育锻炼时的脉搏控制在140次/分钟左右较为合适。由于体育锻炼时运动强度相对较小,因而运动的持续时间则应相对较长。每天至少应在半小时以上。对于刚参加体育锻炼的人来说，一开始锻炼的时间宜短不宜长，以后随身体机能的适应，锻炼时间可逐渐加长。

（四）体育锻炼前要做好准备活动

体育锻炼前进行充分的准备活动对于体育锻炼者来说是非常重要的，有些体育活动爱好者就是由于不重视锻炼前的准备活动而导致各种运动损伤，不仅影响锻炼效果，而且影响锻炼兴趣，对体育活动产生畏惧感。因此，每个体育活动爱好者在每次锻炼前都必须做好充分的准备活动。

1. 准备活动的主要作用

（1）提高肌肉温度，预防运动损伤。体育锻炼前进行一定强度的准备活动，可使肌肉内的代谢过程加强，肌肉温度增高。肌肉温度增高，一方面可使肌肉的粘滞性下降，提高肌肉的收缩和舒张速度，增强肌力；另一方面还可以增加肌肉、韧带的弹性和伸展性，减少由于肌肉剧烈收缩造成的运动损伤。

（2）提高内脏器官的机能水平。内脏器官的机能特点之一为生理惰性较大，即当活动开始，肌肉发挥最大功能水平时，内脏器官并不能立即进入"最佳"活动状态。在正式开始体育锻炼前进行适当的准备活动，可以在一定程度上预先动员内脏器官的机能，使内脏器官的活动一开始就达到较高水平。另外，进行适当的准备活动还可以减轻开始运动时由于内脏器官的不适应所造成的不适感。

（3）调节心理状态。体育锻炼不仅是身体活动，而且是心理活动，现在越来越多的研究认为心理活动在体育锻炼中起着非常重要的作用。体育锻炼前的准备活动即可以起到这种心理调节作用，接通各运动中枢间的神经联系，使大脑皮层处在最佳的兴奋状态投身于体育锻炼之中。

2. 如何进行准备活动

一般来说，进行准备活动时主要应考虑准备活动的内容、时间和量。

（1）内容。准备活动可分为一般准备活动和专项准备活动。一般准备活动主要是一些全身性身体练习，主要包括跑步、踢腿、弯腰等，一般准备活动的作用是提高整体的代谢水平和大脑皮层的兴奋状态，减少运动损伤的发生；专门性准备活动是指与所从事的体育锻炼内容相适应的运动练习，如打篮球前先投篮、运球，跑步前先慢跑等。除非进行一些专门性运动和比赛，一般人体育锻炼时只需进行一般性准备活动，即可进行正式的体育活动内容。

（2）时间和量。准备活动的量和时间随体育锻炼的内容和量而定，由于以健身为目的的体育锻炼量较小，所以准备活动的量也相对较小，时间不宜过长，否则，还未进行体育锻炼身体就疲劳了。半小时的体育锻炼，其准备活动的时间一般为 10 分钟左右。气温较低时，准备活动的时间也适当长一些，量可大一些。气温较高时,时间可短一些,量可小一些。

(3)时间间隔。与运动员正式参加比赛不同,一般人进行准备活动后就可马上从事体育锻炼,运动员准备活动后适当的休息是为了使身体机能有所恢复,以便在比赛中创造优异成绩。而一般人参加体育活动是为了增强体质,不是创造成绩,所以准备活动后接着进行体育锻炼即可。

(五)怎样选择体育锻炼的时间

参加体育锻炼的时间主要根据个人的生活习惯、身体状况或工作性质而定,一般很难统一。但就多数体育锻炼者来说,体育锻炼的时间多安排在清晨、下午和傍晚。不同的锻炼时间有不同的特点,练习者可根据自己的实际情况选择。

1. 清晨锻炼

许多人喜欢在清晨进行体育锻炼,这首先是由于清晨的空气新鲜,早锻炼有助于体内的二氧化碳排出,吸入较多的氧气,有利于加强体内的新陈代谢,提高锻炼的效果;其次,清晨起床后大脑皮层处于抑制状态,通过一定时间的体育锻炼,可适度提高大脑皮层的兴奋性,从而有利于一天的学习与工作。经常参加体育锻炼的人多有这样的体会;如果清晨不进行体育锻炼,一天都觉得无精打采,提不起精神;再者,早锻炼时,凉爽的空气刺激呼吸道粘膜,可增强机体的抵抗力,以适应外界环境的变化,不易发生感冒等病症。所以有人说,早晨动一动,少闹一场病。对于清晨时间较宽松的离退休老同志来说,清晨不失为理想的锻炼时间。但是,由于清晨锻炼多在空腹情况下进行,所以运动量不要太大,时间也不宜长。否则,长时间的运动会造成低血糖,不仅影响锻炼效果,而且会使身体产生不适。另外,对工作学习紧张、习惯于晚起床的人来说,没有必要每天强迫自己进行早锻炼。

2. 下午锻炼

主要适合有一定空余时间的人进行体育锻炼,特别适合大、中、小学的师生,经过一天紧张的工作后,下午进行一定强度的体育锻炼,不仅可以增强体质,而且可使身心得到调整。下午进行体育锻炼时,运动强度可大一些,青年学生可打球、做游戏,老年人可打门球、跑步。对心血管病人来说,下午运动最安全。医学研究表明,心血管的发病率和心肌劳损的发生率均在上午6~12时最高,所以,为了避免这一"危险"时间,运动医学工作者认为,心血管病人适宜的锻炼时间应在下午。

3. 傍晚锻炼

晚饭后也是体育锻炼的大好时光,特别是对那些清晨和白天工作、学习十分忙碌的人来说尤为如此。傍晚进行适当的体育锻炼,既可以健身强体,又可以帮助机体消化吸收。傍晚运动的主要形式为散步,北方一些地区在傍晚集体扭大秧歌,也适合中老年人的活动特点。傍晚进行体育活动的时间可长可短,但一般不要超过 1 小时,运动强度也不可过大,心率应控制在 120 次/分钟内。强度过大的运动会影响胃肠道的消化吸收。同时,傍晚锻炼结束与睡觉的间隔时间要在 1 小时以上,否则,会影响夜间的休息。

(六)体育锻炼时如何控制运动量

体育锻炼时,合理控制运动量是影响运动效果的重要因素之一。活动量太小,达不到锻炼身体的目的;运动量过大,又会引起过度疲劳,影响身体健康。所以,每位体育运动爱好者在开始体育锻炼前就应学会监测运动量的方法。体育锻炼中常见的监测运动量的方法有以下几种:

1. 测运动时脉搏

在体育锻炼时或体育锻炼后,立即测 10 秒钟的心率和脉搏,就一般体育锻炼者来说,运动后即刻的心率最好不要超过 25 次/10 秒。脉搏次数过快,主要是发展机体的无氧代谢能力,这对一些专项运动员来说是十分重要的,但对提高身体的健康水平意义不大,而且运动量过大会增加心脏负担,可能会出现一些意外事故。即使是特殊需要,体育锻炼者运动时的心率也不要超过 30 次/10 秒。

2. 根据年龄控制运动量

年龄与体育锻炼中的运动量有密切的关系,随着年龄的增加,人体的运动能力逐渐下降,体育活动量也应随着减小,现在体育活动中经常用“180 - 年龄”的值作为体育锻炼者的最高心率数,即 30 岁的人在进行体育锻炼时其心率数不要超过 150 次/分,而 70 岁的人参加体育锻炼时的最高心率不要超过 110 次/分,这一公式已广泛应用到以健身为目的的体育锻炼之中。

3. 根据第二天“晨脉”调节运动量

“晨脉”是指每天早晨清醒后(不起床)的脉搏数,一般无特殊情况,每个人的晨脉是相对稳定的。如果体育锻炼后,第二天晨脉不变,说明身体状况良好或运动量合适;如果体育锻炼后,第二天的晨脉较以前增加 5 次/分以上,说明前一天的活动量偏大,应适当调整运动量;如果长期晨脉增加,则表示近期运动量过大,应该减少运动量,或暂时停止体育锻炼,待晨脉恢复正常时,再进行体育锻炼。

4. 主观感觉

体育锻炼与运动员的运动训练不同,其基本原则为:锻炼时要轻松自如,并有一种满足感,这也是锻炼者进行运动量监测的一项主观指标。如果锻炼后有一种适宜的疲劳感,而且对运动有浓厚的兴趣,则说明运动量适合机体的机能状况;如果运动时气喘吁吁、呼吸困难,运动后极度疲劳,甚至厌恶运动,则说明运动量过大,应及时调整运动量。

体育锻炼对身体机能是综合刺激，身体机能的反应也是多方面的，锻炼者可根据自身条件对身体机能进行综合评价，必要时，则应在医务工作者的监督下进行。

（七）体育锻炼时要注意合理的呼吸方法

体育锻炼时掌握了合理的呼吸方法，可以有效地强化锻炼效果。对于体育爱好者来说，掌握合理的呼吸方法应注意以下几方面的问题：

1. 采用口鼻呼吸法，减小呼吸道阻力

人体在进行体育锻炼时，氧气的需要量明显增加，所以仅靠鼻实现通气已不能满足机体的需要。因此，人们常常采用口鼻同用的呼吸方法，即用鼻吸气，用口呼气。活动量较大时，可同时用口鼻吸气，口鼻呼气，这样一方面可以减小肺通气的阻力，增加通气，另一方面，通过口腔增加体内散热。有研究证实，采用口鼻呼吸的方式可使人体的肺通气量较单纯用鼻呼吸增加一倍以上。在严冬进行体育锻炼时，开口不要过大，以免冷空气直接刺激口腔粘膜和呼吸道而产生各种疾病。

2. 加大呼吸深度，提高换气效率

人体在刚开始进行体育活动时往往有这种体会，即运动中虽然呼吸频率很快，但仍有一种呼不出、吸不足，胸闷、呼吸困难的感觉。这主要是由于呼吸频率过快，造成呼吸深度明显下降，使得肺实际进行气体交换的量减少，肺换气效率下降。所以，体育锻炼时要有意识地控制呼吸频率，最好不要超过每分钟 25 ~ 30 次，加大呼吸深度，使进入肺内进行有效气体交换的量增加。过快的呼吸频率还会由于呼吸肌的疲劳造成全身性的疲劳反应，影响锻炼效果。

3. 呼吸方式与特殊运动形式相结合

不同的体育锻炼方式对人体的呼吸形式有不同的要求，人体的呼吸形式可分为胸式呼吸、腹式呼吸和混合呼吸，在运动中呼吸的形式、时相、速率、深度以及节奏等，必须随运动进行自如的调整，这不仅能保证动作质量，同时还能推迟疲劳的出现。

在进行跑步运动时，宜采用富有节奏性的、混合型的呼吸，每跑 2 ~ 4 个单步一吸，2 ~ 4 个单步一呼；在进行其他的运动中，应根据关节的运动学特征调节呼吸，在完成前臂前屈、外展、屈体等运动时，进行吸气比较有利，而在进行屈体等运动时，呼气效果更好；在进行气功练习时，采用以膈肌收缩为主的腹式呼吸方式，效果较好；在进行太极拳、健美操等运动时，呼吸的节奏和方式应与动作的结构和节奏相协调。因此，在体育锻炼时，切勿忽视呼吸的作用，掌握合理的呼吸方法，可以有效地提高锻炼效果。

（八）体育锻炼时出现不舒服感觉怎么办

人体在体育锻炼过程中有时会出现一些不适感，这主要是由于活动时安排不当造成的，但在个别情况下也可能是某些疾病引起的。所以，锻炼者要能够及时判断运动中出现的各种不适，以便科学地从事体育锻炼，防止意外事故的发生。

体育锻炼中的不舒适感觉及其一般方法处理大约有以下几种：

1. 呼吸困难、胸闷

运动量过大，机体短时间内不能适应突然增大的运动量，而出现呼吸困难、胸闷、动作迟缓、肌肉酸痛等症状，甚至不想继续运动，这种现象在运动生理学中被称为“极点”。极点主要是由于运动时呼吸方式不对（呼吸表浅，呼吸频率过快），或运动强度过大，造成机体缺氧，乳酸等物质在体内堆积，引起呼吸循环系统活动失调，并使大脑皮层的兴奋性下降。当出现上述症状后，一般不用停止体育锻炼，可适当降低运动强度，一般几分钟后，不适感即可消失。

2. 运动中腹痛

运动中腹痛主要有两种情况：一是胃痉挛，这主要是由于饮食不当，食物刺激胃，引起胃痉挛，或是空腹参加剧烈运动，胃酸刺激引起胃痉挛性疼痛。如果运动中出现这种情况，可暂时停止运动，做一些深呼吸运动。严重者可作热敷，喝少量温开水，以使症状得到缓解，同时，在以后的运动中，要注意科学锻炼，改掉不良的锻炼习惯。二是肝脏充血，疼痛主要出现在右上腹，这是由于运动量突然加大，造成肝脏充血、肿大，牵拉肝脏薄膜，造成疼痛。出现这种情况，轻者可降低运动强度，或稍作休息后再继续锻炼；如果连续几天体育锻炼均出现右上腹疼痛，则要去医院检查。

3. 肌肉疼痛

体育锻炼中肌肉疼痛有以下几种情况：

（1）运动时肌肉突然疼痛，且肌肉僵硬。这种现象为肌肉痉挛，多出现在骤冷天气和天气炎热大量排汗时。肌肉痉挛多发生在小腿肌肉或足底。出现肌肉痉挛后，只需缓慢用手牵拉痉挛的肌肉，即可使症状缓解，轻者继续运动，重者可放弃当天的运动，第二天仍可继续参加锻炼。

（2）肌肉突然疼痛，而且有明显的压痛点。这主要是由于肌肉用力不当，造成肌肉拉伤。肌肉拉伤后应立即停止体育锻炼，并进行冷敷、包扎等应急性措施，到附近医院治疗。

（3）肌肉酸痛，一般在刚开始体育锻炼后几天，连续出现的广泛性肌肉酸痛，无明显的压痛点。这种疼痛是体育锻炼过程中的一个生理反应过程，一般在第一次运动后的第二天出现，2～3 天疼痛最明显，一般一周后消失。对于这种情况，没有必要停止体育锻炼。

(4)慢性肌肉劳损,长时间出现局部性肌肉酸痛,而且连续锻炼不减轻。这主要是由于长期不正确的运动动作造成的。慢性劳损的主要特征是不活动状态下劳损局部疼痛,而当身体进入活动状态后,疼痛症状减轻或消失。慢性劳损的恢复时间较长,一旦发现,就应彻底改变错误动作,形成正确的动力定型,以防劳损的发展。同时,应及时去医院治疗。

(九)体育锻炼后不要暴饮暴食

经常从事体育锻炼,可促进胃肠道的蠕动和消化液的分泌,对消化吸收机能可产生良好影响。但是,如果在体育锻炼后不注意饮食健康,暴饮暴食,则会严重影响锻炼者的身体健康。

人体在体育活动时,支配内脏器官的交感神经高度兴奋,副交感神经的活动受到抑制。这种作用可使心脏活动加强,骨骼肌血流量增加,以保证体育锻炼时肌肉工作的需要。而胃肠道的血管收缩,血流量减少,消化能力下降,在运动结束后才能逐渐恢复。如果在运动后立即进食,由于胃肠的血流减少、蠕动减弱,消化液分泌减少,进入胃内的食物无法及时消化吸收,而且潴留在胃中,牵拉胃粘膜造成胃痉挛。长期不良的饮食习惯还可诱发消化道疾病。因此,在运动后应注意合理饮食。合理的饮食习惯应包括以下几点:

(1)体育锻炼后,不要急于进食,要等心肺功能稳定下来,胃肠道机能逐渐恢复后再用餐。这段时间一般为半小时,如果是下午的较剧烈体育锻炼,间隔的时间应相对更长。

(2)与体育锻炼后不应进食不同,体育锻炼后的补水是可行的,只要口渴,在运动后即刻,甚至在运动中即可补水。以往人们担心运动中补水会增加心脏负担,影响胃排空,现在看来这种担心是多余的。在天气较热的情况下,大量排汗引起体内缺水,不及时补水,可能会造成机体脱水、休克等症状。所以,运动中丢失的水必须及时补充。最近的研究发现,中等强度的体育锻炼后,胃的排空能力有所加强,因此,运动后或运动中补水是可行的。马拉松比赛途中的饮水站,也说明运动中补水是非常必要的。

(3)补水要注意科学性,不可暴饮。体育锻炼后的补水原则是少量多次,可以在运动后每20~30分钟补水一次,每次饮水量250毫升左右,夏季时水温10度左右,其他季节最好补充温水;运动中排汗的同时也伴随着无机盐的流失,因此,运动后最好补充0.2%~0.3%的淡盐水,也可选用橙汁、桃汁等原汁稀释饮料,不要饮含糖量过高(大于6%)的饮料,尽可能不饮用汽水。

(十)剧烈运动后切勿立即坐下休息

在进行体育锻炼后,特别是剧烈运动后,有些人习惯于坐在地上,或是直接躺下来休息,认为这样可以加速疲劳的消除,其实,这样不仅不能尽快地恢复身体机能,反而会对身体产生不良影响。人体在进行体育活动时,心血管机能活动加强,骨骼肌等外周毛细血管开放,骨骼肌血流量增加,以适应身体机能的需要,而运动时骨骼肌的节律性收缩,又可以对血管产生挤压作用,促进静脉血回流。当人体在停止运动后,如果停下来不动,或是坐下来休息,静脉血管失去了骨骼肌的节律性收缩作用,血液会由于受重力作用滞留在下肢静脉血管中,导致回心血量减少,心输出量下降,造成一时性脑缺血,出现头晕、眼前发黑等一系列症状,严重者会造成休克。因此,对于体育锻炼者来说,体育锻炼后应作一些整理活动,这样,一方面可以避免头晕等症状的发生,还可以通过改善血液循环,尽快消除疲劳,提高锻炼效果。在进行整理活动时应注意以下几方面的问题:

1. 在任何形式的运动后都可以做一些放松跑、放松走等形式的下肢运动,促进下肢静脉血的回流,防止体育锻炼后心输出量的过度下降。

2. 通过“转移性活动”,加速疲劳的消除。所谓转移性活动是指在下肢活动后,进行上肢性整理活动,右臂活动后做左臂的整理活动,通过这种积极性休息使身体机能尽快恢复,大量研究已经证实转移性活动确实可起到加速疲劳消除的作用。

3. 整理活动的量不要过大,否则,整理活动又会引起新的疲劳。在进行整理活动时,应当有一种心情舒畅、精神愉快的感觉。如果体育锻炼本身的运动量不大,如散步等,就没有必要进行整理活动。

4. 大强度体育锻炼后,如长距离跑、球类比赛后,应当进行全身性整理活动,必要时,锻炼者之间可进行相互间的整理活动和放松活动。

(十一)体育锻炼后的营养补充

人体在体育锻炼后,除采用休息和积极性体育手段加速身体机能的恢复外,还可以根据不同形式的体育锻炼特点,补充不同的营养物质,以加速疲劳的消除。以营养因素作为身体机能的恢复手段时,应根据不同的运动形式补充不同的营养物质。

1. 在进行力量性练习时,如举重、健美、俯卧撑等,运动中消耗的主要是蛋白质,而肌纤维的增粗、肌肉力量的增加也需要体内蛋白质的合成。所以,为了尽快消除疲劳,强化力量锻炼的效果,在进行力量练习后,应多补充蛋白质类物质。除要补充猪肉、牛肉、鱼、牛奶等动物性蛋白外,还要补充豆类等植物性蛋白,以保证机体丰富而又多品种的蛋白质供给。

2. 在耐力性练习过程中，如长跑、游泳、滑雪等，机体主要进行的是糖类物质的有氧代谢，消耗的主要是淀粉类物质，因此，在运动后可适当多补充些米、面等淀粉类物质。国外有些优秀的长跑运动员在进行耐力训练和正式比赛的前夕，有意识地多补充含糖较多的淀粉类物质，以增加体内的糖原始储备，提高训练的效果，在比赛中创造优异成绩。

3. 在进行较剧烈体育锻炼时，如球类比赛、快速跑、健美操等，机体主要靠糖的无氧代谢提供能量，糖在体内进行无氧代谢时，会产生一种叫作乳酸的酸性物质，这种物质在体内的积累，会造成机体的疲劳，并使恢复时间过长。所以，进行较剧烈的运动，应多补充一些碱性食物，如蔬菜、水果等，而动物性蛋白等肉类物质则偏"酸"，在运动后的当天可适当减少。

4. 无论机体进行什么形式的运动，过后都要补充维生素类物质。因为运动时体内的代谢过程加强，各种维生素都不同程度地参与体内的代谢过程。运动时体内的维生素消耗增加，需要在运动后补充。体育锻炼后应多吃些含维生素丰富的食物，像绿叶蔬菜、水果、豆类及粗粮等。对于体育运动者来说，运动后一般只需补充天然维生素，没有必要补充维生素制剂。

(十二) 运动后肌肉酸痛怎么办

刚开始进行体育锻炼的人，运动后的第二天甚至以后几天，常常有肌肉酸痛的感觉。有些经常参加体育锻炼的人，在突然增加运动量时，也会有同样的感觉，有些人担心自己受伤而不敢继续进行体育锻炼，其实，这种担心是多余的。

1. 肌肉酸痛的原因

运动后出现肌肉酸痛多属于生理现象，是机体对训练的正常反应。目前对运动后的肌肉疼痛有多种解释：一种观点认为，体育锻炼后，肌肉出现了肌肉结构的"微"操作，这种微操作非常之微小，只有在电子显微镜下才能看到，与我们平时所讲的肌肉拉伤是不同的，这种微操作导致了肌肉的疼痛。另一种观点认为，人体在进行剧烈运动时，肌肉缺氧，使得肌糖原只能进行无氧代谢供能，以致肌肉中乳酸大量堆积而不能及时排除，乳酸刺激肌肉的感觉神经，使人感到肌肉酸痛。还有一种观点认为，运动时骨骼肌"充血"，引起肌肉内压力增加，刺激肌肉内的感觉神经末梢，产生肌肉酸痛。虽然目前有关运动后肌肉疼痛的准确原因尚不清楚，但比较一致的观点是，这种疼痛不是病理性的，仍可继续进行体育锻炼。

2. 肌肉出现疼痛后主要采取的措施

①运动后可采用积极性恢复手段，如做一些压腿、展体等被动性牵拉活动，使紧张的肌肉充分伸展、放松，改善肌肉组织的血液循环，以缓解肌肉疼痛，使肌肉

尽快恢复。在肌肉疼痛完全消失之前，可重复这些牵拉动作，直到不适感觉完全消失。

②出现肌肉疼痛症状后，不要停止体育锻炼，而应当继续坚持锻炼，这样有助于尽快消除肌肉疼痛。只是运动的强度可以小一些，时间可稍微短一些，多做一些伸展性练习，坚持几天，疼痛症状就会消失。如果停止锻炼，即使疼痛消失，再进行锻炼可能还会出现同样的症状，而且恢复的时间也相对较长。

③可配合使用按摩、热敷或冲热水澡等恢复手段，加快肌肉不适感的消除。

三、运动损伤

运动损伤是指在运动过程中所发生的各种损伤。它是运动医学的重要组成部分。其主要任务是预防和治疗运动中的损伤，研究损伤发生的原因、机理、规律。运动损伤对运动参加者造成的影响是十分严重的，不仅影响运动成绩的提高，缩短运动寿命，而且严重者还可致人残疾、死亡，给人们带来极坏的生理心理影响，妨碍体育运动的正常开展，因此，我们必须对运动损伤的发生加以深入研究，才能提出有针对性的防治措施，把运动损伤发生率及其危害降到最低限度。

（一）运动损伤的分类

运动损伤分类方法很多，现介绍几种：

1. 按伤后皮肤或粘膜完整与否分类

（1）开放性损伤

即伤处皮肤或粘膜的完整性遭到破坏，有伤口与外界相通。如擦伤、刺伤、切伤及撕裂伤等。

（2）闭合性损伤

即伤处皮肤或粘膜无破损，没有伤口与外界相通，如挫伤、肌肉拉伤及关节韧带损伤等。

2. 按伤后病程的阶段性分类

（1）急性损伤

指一瞬间遭到直接暴力或间接暴力造成的损伤，如肌肉拉伤、关节韧带扭伤等。

（2）慢性损伤

指由局部过度负荷或多次微细损伤积累而成的损伤，或由于急性损伤处理不当转化来的陈旧性损伤，如肩袖损伤、髌骨软骨软化症等。

3. 按受伤的组织结构分类

损伤何组织即为何损伤，如肌肉与肌腱损伤，皮肤损伤，关节、骨损伤，滑囊损伤,神经损伤等。

4. 按伤情轻重分类

(1)轻伤:不影响工作和训练。

(2)中等伤:24 小时以上不能工作或训练者。

(3)重伤:须住院治疗者。

(二)运动损伤的原因

造成运动损伤的原因是多方面的,既与锻炼者的基础、技能水平有关,也与运动项目的特点、技术难度以及运动环境等因素有关。其主要原因有:

1. 思想麻痹大意是所有运动损伤因素中最主要的因素。其中包括运动前不检查器械;预防措施不得力;好胜好奇,常在盲目和冒失中受伤。

2. 运动前准备活动不充分,特别是缺乏针对性准备活动,使运动器官、内脏器官机能没有达到运动状态而造成损伤。

3. 运动情绪低下,或在畏难、恐惧、犹豫以及过分紧张时发生伤害事故。有时因缺乏运动经验,缺乏自我保护能力致伤。

4. 内容组合不科学、方法不合理、纪律松散以及技术上的错误等都可能引起损伤。

5. 运动场地狭窄、地面不平坦、器械安置不当或不坚固、锻炼者拥挤在一起或多种项目在一起活动,容易相互冲撞导致受伤。

6. 空气污浊、噪音、光线暗淡、气温过高或过低,以及运动服装不合要求等原因,都可以直接或间接造成伤害事故。

(三)运动损伤的发生规律

体育运动工作者及运动参加者如掌握了运动损伤发病规律,就可采取适当的预防措施,从而降低运动损伤的发生率,对预防与治疗运动损伤有重大的意义。

运动损伤的发生可因运动项目的不同而不同,有一定规律、之所以不同运动项目会发生身体不同部位的损伤,主要由下列两个潜在因素决定。

1. 运动项目的特殊技术要求。

2. 运动员身体某部存在的解剖生理弱点。当这两个因素由于某种原因同时起作用时,即易发生运动损伤。例如:篮球运动员易伤膝,这是由于篮球运动员经常处于膝关节半屈位(130~150 度)时左右移动、进攻、防守、踏跳、上篮等,使膝关节发生屈曲、扭转、磨擦等,而膝关节半屈位正是它的解剖弱点,此时韧带及肌肉放松,关节杠杆长,导致关节稳定性相对较弱,因而易发生膝部软组织损伤(如韧带、半月板损伤和髌骨软骨病等)。

（四）运动损伤的预防

1. 加强运动安全教育，克服麻痹思想，提高预防意识。

2. 认真做好准备活动，对可能发生运动损伤的环节和易伤部位，要及时做好预防措施。

3. 合理组织安排锻炼，合理安排运动量，防止局部运动器官负担过重。

4. 提高自我保护能力。如摔倒时，立即屈肘低头，团身滚动，切不可直臂或以肘部撑地。由高处跳下时，要用前脚掌着地，注意屈膝，弯腰，两臂自然张开，以利于缓冲和保持身体平衡。

（五）常见运动损伤及处理方法

1. 肌肉痉挛

肌肉痉挛就是我们常说的"腿抽筋"，它是一种强直性肌肉收缩，不能缓解放松的现象。

引发原因：冬季或清晨运动时，由于气温较低而多发；运动前未进行适当的准备活动，容易引起抽筋；小腿肌肉受到冷的刺激，也会引起肌肉痉挛。

处理措施：如果大家在运动过程中发生肌肉抽筋，千万不要慌，应该逐渐减慢运动速度，停靠在路边或跑道边，不要在道路或跑道中休息，以免影响其他运动者的运动。抽筋时，用手握住抽筋一侧的脚趾，用力向腿部方向按压，另一手向下压住膝盖，使腿伸直，重复动作，待疼痛消失时对抽筋部位肌肉进行按摩。

温馨提示：在跑步中要及时补充水分和电解质，以维持身体电解质平衡，尽可能降低抽筋的风险。

2. 肌肉酸痛

运动一段时间后，人们通常都会感到大腿和小腿的肌肉酸痛僵硬，尤其在隔天疼痛感最强。肌肉酸痛，属于运动中的正常生理现象。肌肉收缩产生能量的同时，氧气供应不足，乳酸堆积，将刺激神经系统，引起疼痛。

发生原因：运动前的准备活动不够充分或者是运动后没有进行及时有效的拉伸放松，使得疲惫的肌肉没有得到良好的休息。

处理措施：运动中如果发生肌肉酸疼，可以适当地减小运动量，慢慢地降低运动的速度，拉伸或按摩酸疼的肌肉。

温馨提示：运动前的热身运动和运动后的拉伸放松是预防肌肉酸疼最直接有效的方法。

3. 脚踝扭伤

常见的是在跑步时跌倒、滑倒而致的脚踝扭伤。扭伤时，脚踝发生剧烈疼痛。

发生原因:多发于一些运动姿势不正确的人群中。另外因为运动前热身不够全面容易引发脚踝扭伤,或者是运动场地不平整以及运动鞋不合适等都会引起脚踝的扭伤。

处理措施:一般来说,脚踝扭伤需要较长时间的恢复期。如果扭伤后能够对脚踝及时进行正确处理,能够较大地缓解伤情,缩短恢复期的时间。

脚踝扭伤处理措施遵循一个 RICE 原则:

(1)R(Rest)休息:脚踝扭伤后应立即停止运动,制动休息,防止重复损伤和加重损伤。

(2)I(Ice)冰敷:损伤后应该及时冰敷。如没有专门的冰敷装备,可以用冰棍和冰水等进行代替,将冰物置于脚踝处,冰敷 10 ~15 分钟。冰敷在早期最好每隔 2 ~3 小时进行一次,可以有效地防止肿胀的发生。

(3)C(Compression)加压包扎:为了有效地防止脚踝肿胀,可以利用绷带和其他有弹性的物件,对受伤脚踝进行加压包扎。

(4)E(Elevation)抬高:为了减少组织液的渗出和减轻脚踝的肿胀,可以将扭伤的脚踝适当抬高。

温馨提示:脚踝发生扭伤一定要等到完全治好才能再进行剧烈运动,否则可能还会再度扭伤,并且症状会更加严重。

4. 膝部疼痛

膝部疼痛对于很多跑步运动的人来说是一个很头疼的问题。

发生原因:造成膝部疼痛的原因有很多,既有外界因素,也有内在原因。其中一个很大的原因是场地的条件,坚硬没有缓冲的跑步场地对膝盖的冲击比较大,容易造成膝盖损伤,引起膝盖疼痛。还有就是跑步者自身肌力弱,或者跑步的异常动作模式会导致大腿外侧的髂胫束比较紧张,长时间得不到放松也会造成膝盖疼痛。

处理措施:如果跑步时出现膝盖疼痛,最好不要继续跑步,如果跑一定要慢,落地轻,步子小一点。疼痛比较严重的应该停止跑步 2 ~4 周,同时在医生的诊断后口服一些抗炎药物,如布洛芬、芬必得、消炎痛等。除了药物治疗外,跑步者应该在平时加强腿部的肌肉力量训练,增强膝关节周围的肌肉力量,从而增强膝关节的稳定性,对膝关节起到保护作用。我们还应该在跑步前后多做做牵拉和放松,并用泡沫油放松一下髂胫束,会对膝部疼痛起到缓解作用。

温馨提示:任何运动都不能忽视力量的训练,只有肌肉力量得到提升了,才能更好地开展其他运动。

5. 足底筋膜炎

足底筋膜为脚底部位的厚组织，主要是提供脚底足弓的支撑力，并吸收足部运动时产生的反作用力。足底筋膜在脚底跟骨的前方，从脚后跟往五个脚趾呈放射状延伸，形成一个扇形附着在趾骨上。如果足底筋膜长时间处于伸张状态，或是受到局部的强力碰撞，就可能发炎，也就是所谓的"足底筋膜炎"。

发生原因：足底筋膜炎患者通常在早上起床或久坐后起来步行时疼痛感最为剧烈，行走一段时间后会减轻。因此很多人不注意，继续跑步导致恶化。造成此病的原因主要是扁平足和运动量过大，而小腿肌痉挛则会加重这种损伤。

处理措施：在跑步中感到脚底疼痛或不舒服的时候应当及时停止运动，有条件的话应该及时冰敷，避免做足趾上翘的动作。平时也要多做足部的牵拉和放松，在此教给大家一个简单的自我放松足部的方法：找一个网球，然后把脚踩在网球上，用自己的身体去按压网球，从而起到放松足底筋膜的作用，效果非常好。

6. 腹痛

腹痛常发生在晨间空腹或其他进食后未得到足够消化时间的运动中。

发生原因：在正式运动前，未进行准备活动。心脏惰性大，不能适应运动负荷，引起呼吸肌紊乱，也就是常说的"岔气"；或是饭后、饮水后运动，使肠系膜受到过分牵拉。

处理措施：运动过程中发生腹痛时，最好慢慢减速，直至停止运动。调节呼吸节奏，加深呼吸，可连续做多次深呼吸。同时用手按压腹部，可减轻疼痛。

温馨提示：发生腹痛时，切记不要突然停止运动，以免加剧疼痛，应缓慢减速，直至停止。

最后几点建议：

（1）选择合适的运动装备，尤其是比较舒适的跑鞋，对于运动者来说是至关重要的。

（2）运动前要做好充分的热身和牵拉运动，运动后也要及时放松与恢复。

（3）在跑步过程中出现不适症状时，应该及时停止运动，以免造成严重的后果。

（六）运动损伤的急救

1. 急救的意义、原则和注意事项

急救是对意外或突然发生的伤病事故，进行紧急的临时性处理。其目的是保护伤病员的生命安全，避免再度伤害，减轻伤病员痛苦，预防并发症，并为伤病员的转运和进一步治疗创造条件。因此，无论何种急性损伤，做好现场急救都是十分重要的。

急救时必须抓住主要矛盾，救命在先，做好休克的防治。骨折、关节脱位、严重软组织损伤或合并其他器官损伤时，伤员常因出血、疼痛而发生休克。在现场急救时，要注意预防休克，一旦发生，必须优先处理。其次，急救必须分秒必争，力求迅速、准确、有效，做到快救、快送医院处理。

2. 运动损伤的急救方法

(1)出血和止血

①出血

据研究，健康成人平均每千克体重约有血液75ml，总血量可达4000～5000ml。若出血量超过全身血量的30%时，将可能危及生命。因此，伤员如发生外出血，尤其是大动脉出血，必须立即止血；对怀疑有内脏或颅内出血的伤员，应尽快送医院处理。

根据损伤血管的种类，出血可分为：

动脉出血：血色鲜红，血液像喷泉样流出不止，短时间内可大量出血，易引起休克，危险性大。

静脉出血：血色暗红，出血方式为流水般不断流出，危险性小于动脉出血，但大静脉出血也会引起致命的后果。

毛细血管出血：血色红，多为渗出性出血，危险性小。

根据受伤出血的流向可分为：

外出血：体表有伤口，血液从伤口流到身体外面，这种出血容易被发现。

内出血：体表没有伤口，血液不是流到体外，而是流向组织间隙（皮下肌肉组织），形成淤血或血肿；流向体腔（腹腔、胸腔、关节腔等）和管腔（胃肠道、呼吸道）形成积血。由于内出血不易被发现，容易发展成大出血，故危险性很大。

②止血法

常用的外出血临时止血法有以下几种：

冷敷法：常用于急性闭合性软组织损伤。

加压包扎止血法：用生理盐水冲洗伤部后用厚敷料覆盖伤口，外加绷带增加血管外压，促进自然止血过程，达到止血目的。此法用于毛细血管和小静脉出血。

抬高伤肢法：用于四肢小静脉和毛细血管出血。方法是将患肢抬高，使出血部位高于心脏，降低出血部位血压，达到止血效果。此法在动脉或较大静脉出血时，仅作为一种辅助方法。

屈肢加压止血法：前臂、手或小腿、足出血不能制止时，如未合并骨折和脱位，可在肘窝和腘窝处加垫，强力屈肘关节和膝关节，并以绷带“8”字形固定，可有效控制出血。

指压止血法：这是现场动脉出血常用的最简捷的止血措施。指压法的要领是在出血部位的上方，在相应的压迫点上用拇指或其余四指把该动脉管压迫在邻近的骨面上，以阻断血液的来源而达到止血的效果。这是动脉出血时的一种临时止血法，所加压力必须持续到可以结扎血管或用止血钳夹住血管为止。常用的方式有：

颞浅动脉压迫止血法：一手扶伤员的头并将其固定，用另一只手拇指在耳屏前上方一指宽处摸到搏动后，将该动脉压迫在颞骨上。它适用于同侧前额部或颞部出血的止血。

面动脉压迫止血法：在下颌角前约 1.5 厘米处，用拇指摸到搏动后将其压在下颌骨上，可止住同侧眼以下面部出血。

锁骨下动脉压迫止血法：在锁骨上窝内 1/3 处摸到搏动后，用拇指把该血管压迫在第一肋骨上。它适用于肩部及上臂出血的止血。

肱动脉压迫止血法：将伤臂稍外展、外旋，在肱二头肌内缘中点处摸到搏动后，用拇指或食、中、环三指将该动脉压迫在肱骨上。它适用于前臂及手部出血的止血。

指动脉压迫止血法：手指出血时，用健侧手的拇、食两指压迫患指两侧指根部，并抬高患肢。

股动脉压迫止血法：伤员仰卧，患腿稍外展、外旋。在腹股沟中点稍下方摸到搏动后，用掌根（或双手拇指重叠）把该动脉压迫在耻骨上。它适用于大腿和小腿出血的止血。

胫前、胫后动脉压迫止血法：在踝关节背侧，于胫骨远端摸到搏动后，把该动脉压迫在胫骨上；在内踝后方，将胫后动脉压迫在胫骨上。它适用于足部出血的止血。

止血带止血法。在四肢较大的动脉出血时，通常用止血带止血。目前常用的止血带有充气止血带、橡皮带止血带、橡皮管止血带。现场急救中常用携带方便的橡皮管止血带，缺点是施压面狭窄易造成神经损伤。如果无橡皮止血带，现场可用宽布带或撕下一条衣服以应急需。

止血带结扎的标准位置点，在上肢为上臂的上 1/3 部，下肢为大腿中、下 1/3 交界处。上臂中、上 1/3 处扎止血带易损伤桡神经，为禁区。

止血带的压力要适中，既要达到阻断动脉血流又不会损伤局部组织。上止血带的时间要注明，如果长时间转运，途中上肢每半小时，下肢每 1 小时应放松 2 ~ 5 分钟，以使伤肢间断地恢复血循环。放松时应以手指在出血处近端压迫主要出血的血管，以免每放松一次丢失大量血液。

止血带使用不当可引起局部损伤、周围神经损伤甚至导致肢体坏疽。因此，一般只在其他止血方法不能奏效时再用止血带。

内出血中的体腔出血,如肝脾破裂或血胸多伴有严重的休克。应立即送医院处理。临床上常用查红细胞、血色素及血球容积的方法诊断。一旦发生严重休克,常常需要及时输血及手术治疗。

(2)急救包扎的方法

包扎有固定夹板或敷料,限制伤肢活动,避免加重伤情;保护创口,预防或减少感染;支持伤肢,使之保持舒适的位置,减轻疼痛和压迫止血,防止或减轻肿胀等多种作用。包扎时,动作要柔和、熟练;包扎的松紧度应适中,过紧会妨碍血液循环,过松则起不到包扎的作用;绷带包扎要从伤部远端开始,包扎结束时,绷带末端要用胶布粘合固定或将绷带末端留下一段,纵形剪开缚结固定,但缚结不要在伤口处。尽可能使四肢肢端外露。

绷带包扎法是急救技术中不可缺少的重要组成部分,常用的绷带有卷带和三角巾,现场还可用毛巾、头巾、衣物等代替。

①绷带包扎的作用

绷带包扎可固定敷料和夹板,也有保护伤口,压迫止血和支持伤肢的作用。

②绷带包扎的注意事项

包扎动作应熟练柔和,尽可能不要改变伤肢位置,以免增加伤员痛苦。

包扎松紧度要合适,过紧会影响血液循环,过松将失去包扎的作用。一般在包扎四肢时,应露出手指或足趾,以便观察包扎的松紧度。

卷带包扎一般应从伤处远心端开始,近心端结束,末端用粘膏或别针固定,如需缚结固定,缚结处应避开伤口。

③绷带包扎法

要根据包扎部位的形态特点,采用不同的包扎方法。

环形包扎法:用于包扎肢体粗细均匀的部位,如手腕、小腿下部和额部等,也是其他包扎法的开始或结束时使用的包扎法。包扎时,先张开绷带,把带头斜放在伤肢上并用拇指压住,将卷带绕肢体一圈后,再将带头的一个小角反折,然后继续绕圈包扎,每圈都盖住第一圈,包扎3~4圈即可。

螺旋形包扎法:用于包扎肢体粗细相差不大的部位,如上臂、大腿下部等。包扎时先进行2~3圈环形包扎,然后将绷带向上斜形缠绕,每圈都盖住前一圈的1/2~1/3。

反折螺旋形包扎法:用于包扎肢体粗细相差较大的部位,如前臂、小腿、大腿等。包扎时,先做2~3圈环形包扎后,用左拇指压住绷带上缘,将绷带向下反折,向后绕并拉紧绷带,每圈反折一次,后一圈压住前一圈的1/2~1/3,反折处不要在创口或骨突上。

“8”字形包扎法:多用于包扎肘、膝、踝等关节处。方法有二:一是先在关节处做几圈环形包扎后,将绷带斜形环绕,一圈在关节上方缠绕,一圈在关节下方缠绕,两圈在关节凹面相交,反复进行,逐渐离开关节,每圈压住前一圈的1/2~1/3,最后在关节上方或下方作环形包扎结束。二是先在关节下方作几圈环形包扎后,将绷带由下而上,再由上而下地来回作“8”字形缠绕,使相交处逐渐靠拢关节,最后作环形包扎结束。

④三角巾包扎法

三角巾应用方便,适用于全身各部位的包扎,这里只介绍手、足和头部包扎法。

手部包扎法:三角巾平铺,手指对向顶角,将手平放在三角巾的中央,底边横放于腕部。先将三角巾顶角向下反折,再将三角巾两底角向手腕背部交叉围绕一圈,在腕背打结。

足部包扎法:与手部包扎法基本相同。

头部包扎法:三角巾底边置于前额,顶角在后,将底边从前额绕至头后,压住顶角并打结。若底边较长,可在颈后交叉后再绕至前额打结。最后把顶角拉紧并向上翻转固定。

⑤前臂悬挂法(分大、小悬臂带两种)

大悬臂带:常用于除锁骨和肱骨骨折以外的其他上肢损伤。将三角巾的顶角置于伤肢的肘后,一底角拉向健侧肩上,伤肢屈肘90度角,前臂放在三角巾的中央,再将三角巾的另一底角向上翻折并包住前臂,两底角在颈后打结。最后拉直顶角并向前折回,用胶布粘贴固定。

小悬臂带:常用于肱骨或锁骨骨折。先将三角巾折叠成约四横指宽的宽带,也可用宽绷带或软布带代替。将宽带的中间置于前臂的下1/3处,屈肘90度角,宽带的两端在颈后打结。

(3)骨折的急救

在外力的作用下,骨骼连续性或完整性遭到破坏的情况叫骨折。在剧烈运动中,特别是对抗性强的运动中,骨折并不罕见。

①骨折的分类

根据骨断端是否与外界相通分类:

闭合性骨折:骨折断端与外界不相通,骨折处皮肤完整。

开放性骨折:骨折断端与外界或空腔器官相通。易感染,可发展成骨髓炎或败血症。

根据骨折线分类：可分为横形、斜形、螺旋形、粉碎性骨折等。

根据骨折的程度分类：

完全骨折：骨折断端完全断裂，如横形骨折、粉碎性骨折等。

不完全骨折：骨折断端部分断裂，如疲劳性骨折、颅骨骨折、青枝骨折等。

②骨折的原因

直接暴力：骨折发生在暴力直接作用的部位，如：跪倒时引起髌骨骨折，足球两人对足引起胫骨骨折等。

间接暴力：骨折发生在远离暴力接触的部位，如摔倒时手掌撑地而发生前臂或锁骨骨折等。

肌肉强烈收缩：由于肌肉急骤地收缩和牵拉而发生的骨折，如举重运动员突然的翻腕动作，可因前臂屈肌群强烈收缩而发生肱骨内上髁撕脱骨折；跨栏时引起大腿后群肌肉起点部坐骨结节的撕脱骨折等。

积累性暴力：如在硬地上跑跳过多引起胫腓骨疲劳性骨折，体操运动员支撑过多引起尺桡骨疲劳性骨折等。

③骨折的急救处理：

急救原则：对骨折病人的急救原则是防治休克、保护伤口、固定骨折。即在发生骨折时，应密切观察。如有休克存在，则首先是抗休克；如有出血，应先止血，然后包扎好伤口，再固定骨折。

骨折的临时固定

骨折时，用夹板、绷带将折断的部位固定包扎起来，使伤部不再活动，称为临时固定。其目的是减轻疼痛，避免再伤和便于转送。

临时固定的注意事项：

骨折固定时不要无故移动伤肢，为暴露伤口，可剪开衣裤、鞋袜，对于大小腿和脊柱骨折，应就地固定，以免因不必要的搬运而增加伤员的痛苦和伤情。

固定时不要试图整复，如果畸形严重，可顺伤肢长轴方向稍加牵引。开放性骨折断端外露时，一般不宜还纳，以免引起深部污染。

固定用夹板或托板的长度、宽度，应与骨折的肢体相称，其长度必须超过骨折部的上、下两个关节，如没有夹板和托板，可就地取材（如树枝、木棍、球棒等），或把伤肢固定在伤员的躯干或健肢上。夹板与皮肤之间应垫上棉垫、纱布等软物。

固定的松紧要合适、牢靠，过松则失去固定的作用，过紧会压迫神经和血管。故四肢固定时，应露出指（趾），以便观察肢体血流情况。如发现异常（如肢端苍白、麻木、疼痛、变紫等）应立即松开重新固定。

各部位骨折的临时固定

上肢骨折

锁骨骨折:用两个棉垫分别置于双侧腋下,然后用双环包扎法或“8”字形包扎法,最后以小悬臂带将伤肢挂起。

肱骨骨折:用2~4块合适夹板固定上臂,肘屈90°,用悬臂带悬吊前臂于胸前,最后以叠成宽带的三角巾把伤肢绑在躯干上加以固定。如无夹板,可用布带将上臂包缠在胸部侧方,并将前臂悬吊胸前。

前臂及腕部骨折:用1~2块有垫夹板在掌背侧固定前臂,肘屈90°,前臂中立位用大悬臂带悬吊胸前。

手部骨折:用手握纱布、棉花团或绷带卷,然后用有垫夹板或木板置于前臂掌侧固定,用大悬臂带悬吊于胸前。

下肢骨折

股骨骨折:用长短两块夹板,分别置于伤肢外侧和内侧,外侧上自腋下,下达足跟,内侧自大腿根部至足部。夹板内面应垫软物,然后用布带进行包扎固定,在外侧作结。如无夹板,可将两腿并拢捆在一起。

髌骨骨折:在腿后放一夹板,自大腿至足跟,用布带在膝上,膝下和踝部将膝关节固定在伸直位,防止屈曲。

胫腓骨及踝部骨折:用夹板1~2块,上自大腿中部,下达足跟部,或用一长钢丝托板,上自大腿中部,下在足跟部转成直角,包扎固定。

脊柱骨折临时固定与搬运

搬运时必须使脊柱保持在伸直位,不能前屈,后伸和旋转,严禁1人背运、2人抱抬或用软垫搬运,否则会加重对脊髓的损害。

正确搬运法:一般由3~4人搬运,分别于患者两侧,用双手托起背部,腰部,臀部和大腿,(若颈椎骨折可一人专管头部的牵引固定),几人托起的力和时间要保持一致,使脊柱保持水平位,缓慢地搬放于硬板单架上。也可用滚动法,即将担架置于病人体侧,一人稳住头,其余将病人推滚到木板或担架上。胸腰椎骨折可在腰部垫一薄垫;颈椎骨折应将头颈放在中立位,头颈两侧用沙袋或衣物固定,以防头部活动。

腰椎骨折:疑有腰椎骨折时,要尽量避免骨折处有移动,更不能让伤员坐起或站起,以免引起或加重脊髓损伤,不论伤员是仰卧或俯卧,尽可能不要变动原来的位置。用硬板担架或门板放在伤员身旁,由数人协力轻轻把伤员搬至木板上,取仰卧位,并用数条宽带把伤员缚扎在木板上。若腰部悬空时,应在腰下垫一小枕或卷起的衣服。若使用帆布担架时,伤员要俯卧,使脊柱伸直,禁止屈伸。

颈椎骨折:若固定与搬动方法不当,有引起脊髓压迫的危险,可立即发生四肢与躯干的高位截瘫，甚至引起死亡。因此，务必使头部固定于伤后位置，不屈不伸不旋转，数人协力把伤员搬至木板上，头部两侧用沙袋或卷起的衣服固定，用数条宽带把伤员缚扎在木板上，严禁头颈左右旋转与屈伸。

(4)关节脱位的急救

脱位或脱臼是指关节面失去正常的联系。关节脱位可分为损伤性脱位、先天性脱位、习惯性脱位、病理性脱位、开放性脱位和闭合性脱位，以及完全脱位与不完全脱位等。关节脱位同时可伴有关节囊、骨膜、关节软骨、韧带、肌腱等组织的损伤或撕裂，严重时还会伤及神经或伴有骨折。

①关节脱臼的原因

关节脱位在运动中大多是由于间接外力所致。如摔倒后用手撑地，可引起肘关节或肩关节脱位，这在田径、球类、体操等项目中时有发生。也有少数为直接暴力引起。

②关节脱位的急救

关节脱位后，关节内发生血肿，如果复位不及时，血肿会机化而发生关节粘连，给关节复位增加困难。因此，脱位后应尽早进行整复，不但容易成功，而且有利于关节功能的恢复。若不能及时复位，则应立即用夹板和绷带在关节脱位所形成的姿势下进行临时固定，保持伤员安静，尽快送医院处理。

在运动损伤中以肩、肘关节脱位为常见，其临时固定方法为：

肩关节脱位：可用大悬臂带悬挂伤肢前臂于屈肘位。

肘关节脱位：最好用铁丝夹板弯成合适的角度，置于肘后，用绷带固定后再用大悬臂带挂起前臂。如无铁丝夹板，可直接用大悬臂带固定伤肢。若现场无三角巾、绷带、夹板等，可就地取材，用头巾、衣物、薄板、竹板、大本杂志等作为替代物。

(5)心肺复苏

呼吸停止和心跳停止，可以单独或同时发生。呼吸停止后则全身缺氧，随即可引起心跳停止；心跳停止后，延髓血流即停止，可迅速引起延髓缺氧及中枢性呼吸衰竭而导致呼吸停止。引起呼吸、心跳骤停的原因较多，较常见的有电击伤、一氧化碳中毒或药物中毒、严重创伤和大出血、溺水和窒息等。

呼吸停止但心跳尚未停止的病人，应立即进行人工呼吸并注意心脏工作情况；心跳停止而呼吸尚未停止的伤员，应立即进行胸外心脏挤压并注意维护呼吸道通畅；呼吸和心跳都停止的病人，应同时进行人工呼吸和胸外心脏挤压，最好由两人配合进行，一人做人工呼吸，一人做胸外心脏挤压，两者操作频率之比1:4。呼吸、心跳骤停的抢救，必须做到行动迅速，争分夺秒，才可能挽救病人生命。虽然人工呼吸和胸外心脏挤压法在运动实践中应用较少,但在群众性游泳中发生溺水却非少见。因此,掌握人工呼吸和胸外心脏挤压法是非常必要的。

现场急救的最重要手段就是人工呼吸和胸外心脏挤压。

①人工呼吸:肺位于富有一定弹性的胸廓内,当胸廓扩大时,肺也随着扩张,于是肺的容积增大,外界空气进入肺内,即为吸气;当胸廓缩小时,肺也随之回缩,肺内气体排出体外,即为呼气。对呼吸停止的人,可根据以上原理用人工被动扩张与缩小胸廓的方法,使空气重新进出肺脏,以实现气体交换,称为人工呼吸法。人工呼吸方法较多,最有效的是口对口吹气法。

口对口吹气法:伤员仰卧,头部置于极度后仰位,打开口腔并盖上一层纱布。救护者一手托起患者下颌,掌根部轻压环状软骨,使其间接压迫食道,以防吹入的空气进入胃内;另一手捏住患者鼻孔,深吸一口气后,对准患者口部吹入。吹气完后,立即松开捏住鼻孔的手。如此反复进行,每分钟吹气 16～18 次。

注意事项:施行人工呼吸前,应迅速清除患者口腔、鼻腔内的假牙、分泌物或呕吐物,松开衣领、裤带和胸腹部衣服。开始时,吹气的气量和压力宜稍大些,吹气 10～20 次后应逐渐减少,以维持上胸部轻度升起为度。牙关紧闭者,可采用口对鼻吹气法,救护者一手闭住患者口部,以口对鼻进行吹气,其他操作与口对口吹气法相同。

有效的表现:吹气时胸廓扩张上抬。在吹气过程中听到肺泡呼吸音。

②胸外心脏挤压法:心脏位于胸腔纵隔的前下部,前邻胸骨下半段,后为脊柱,其左右移动受到限制。胸廓具有一定的弹性,挤压胸骨体下半段,可间接压迫心脏,使心脏内的血液排出;放松挤压时,胸廓恢复原状,胸内压下降,静脉血则回流至心脏。因此,反复挤压和放松胸骨,即可恢复血液循环。

操作方法:病人仰卧在木板或平地上。救护者双手手掌重叠,以掌根部放在病人胸骨体的下半段,肘关节伸直,借助于自身体重和肩臂肌的力量,均匀而有节律地向下施加压力,使胸骨体下半段和相连的肋软骨下陷 3～4cm,随后立即将手放松(掌根不离开病人皮肤),如此反复进行。成人每分钟挤压 60～80 次;小儿用单手掌根挤压,每分钟挤压 100 次左右。

注意事项:救护者只能用掌根压迫病人胸骨体下半段,不可将手平放,手指要向上稍翘起,与肋骨离开一定距离;挤压方向应垂直对准脊柱;挤压时应带有一定的冲击力;用力不可太轻或太大,太轻不能起到间接压迫心脏的作用,太猛会引起肋骨骨折。在就地进行抢救的同时,要迅速请医生来处理。

挤压有效的表现:摸到颈动脉或股动脉搏动,上肢收缩压在 8kpa(60mmHg)以上,口唇、指甲床的颜色比挤压前红润,有的病人呼吸逐渐恢复,原来已散大的瞳孔也随着缩小而趋恢复。若出现以上表现,说明挤压有效,应坚持做到病人出现自动心跳为止;如果没有出现上述表现,则说明挤压无效,应改进操作方法和寻找其他原因,但不可轻易放弃现场抢救。

③心肺复苏的有效指标:

按压时在颈、股动脉处应摸到搏动,听到收缩压在60mmHg以上。

面色、口唇、指甲床及皮肤等色泽转红。

扩大的瞳孔再度缩小。

呼吸改善或出现自主呼吸。

只要有前1~2项有效指标出现,心脏按压就应坚持下去。无论是呼吸骤停还是心跳骤停,或呼吸与心跳均骤停,在进行现场急救的同时,都应迅速派人请医生来处理。

附:真死和假死的判断

病人死亡具有如下特征:1.呼吸停止。2.心跳停止。3.瞳孔扩大,对光反射消失。4.角膜反射消失。若只出现上述1~2个征象,为假死。若四个征象齐备,并且用手捏眼球时,瞳孔变形,即为真死。

(6)搬运伤员的方法

伤病员在现场进行初步急救处理和随后送往医院的过程中,必须要经过搬运这一重要环节。正确的搬运方法对伤病员的抢救、治疗和预后都至关重要。从整个急救过程来看,搬运是急救医疗不可分割的重要组成部分,仅仅把搬运看成简单体力劳动的观念是错误的。

搬运方法:

①徒手搬运:

单人搬运:由一个人进行搬运。常见的有扶持法、抱持法、背法。

双人搬运法:搬运方式有椅托式、轿杠式、拉车式,还有椅式搬运法、平卧托运法。

②器械搬运法:将伤员放置在担架上搬运,同时要注意保暖。在没有担架的情况下,也可以采用椅子、门板、毯子、衣服、绳子、竹竿、梯子等制作简易担架搬运。

③工具运送:如果从现场到转运终点路途较远,则应寻找合适的现代化交通工具,运送伤病员。

④危重伤病员的搬运:

脊柱损伤:使用硬担架,由3~4人同时搬运,固定伤者颈部,避免前屈、后伸、扭曲。

颅脑损伤:采用半卧位或侧卧位搬运。

胸部伤:采用半卧位或坐位搬运。

腹部伤:采用仰卧位搬运、伤者屈曲下肢,宜用担架或木板。

呼吸困难病人:病人取坐位。最好用折叠担架(或椅)搬运。

昏迷病人:病人平卧,头转向一侧或侧卧位。

休克病人:病人取平卧位,不用枕头,脚抬高。

(7)休克的急救

休克是机体受到各种有害因素的强烈侵袭而导致有效循环血量锐减,主要器官组织血液灌流不足所引起的严重全身性综合症。

①原因和原理

休克产生的原因很多,运动损伤中并发的休克主要是创伤性休克,多为严重创伤引起的剧烈疼痛,如多发性骨折、睾丸挫损、脊髓损伤等,主要是通过神经反射使周围血管扩张,血液分布的范围增大,造成相对的血容量不足。脊髓损伤可以阻断血管运动中枢与周围的血管间的联系,使血管扩张,引起休克;其次为出血性休克,由于损伤引起体内外急剧出血造成大量失血。失血浆、失体液均可导致循环血量减少而发生休克。如:腹部挫伤致肝脾破裂的内出血,股骨骨折合并大动脉的外出血等。

休克的发病原理是有效循环血量不足,引起全身组织和细胞血流灌注不良,导致组织缺血缺氧、代谢紊乱和脏器(包括心、脑、肺、肾等重要器官)功能障碍。

②急救:

对于休克病人要尽早进行急救。应迅速使病人平卧,安静休息。患者的体位一般采取头和躯干抬高10度,下肢抬高约20度的体位,这样可增加回心血量并改善脑部血流状况。松解衣物,保持呼吸道畅通,清除口中分泌物或异物,对病人要保暖,但不能过热,以免皮肤扩张,导致血管血液容量增加,使回心血量减少,影响重要器官的血液灌注量,增加氧的消耗。在炎热的环境下则要注意防暑降温,同时尽量不要搬动病人。若出现昏迷,应将伤员头部侧偏,并将舌头牵出口外,必要时要吸氧或进行口对口人工呼吸,并针刺或掐点人中、百会、合谷、内关、涌泉、足三里等穴位。与此同时,应积极去除病因,如由于大量出血引起的休克,应立即采取有效的方法止血;由于外伤、骨折等剧烈疼痛所引起的休克,应给予镇痛剂和镇静剂,以减少伤员痛苦,防止加重休克;骨折者应就地上夹板固定伤肢。

以上是一般的抗休克措施,由于休克是一种严重的、危及生命的病理状态,所以在急救的同时,应迅速请医生或及时送医院处理。对休克病人应尽量避免搬运颠簸。

3. 职业性疾病的预防和运动疗法

因工作引起的慢性肌肉骨骼损伤是一种常见的职业性多发病。目前,这类疾病在一些国家已成为主要的职业健康问题。在发病的诸多因素中,不良工作体位所造成的局部肌肉骨骼静力负荷过重而导致的骨骼、关节、肌肉及韧带劳损,已是许多职业人群慢性肌肉骨骼损伤的主要因素之一。坐姿体位不符合人体脊柱最佳受力状态,往往可造成脊柱某区域肌肉骨骼力学负荷过重,久之则引发肌肉骨骼等组织劳损。本部分讲解坐姿职业中常见的职业性疾病。

(1)颈椎病的预防及运动疗法

颈椎病是一种常见病,是指颈椎间盘退行性病变、颈椎骨质增生以及颈部损伤等引起颈段脊柱内外平衡失调,刺激或压迫颈部神经、血管而产生的一系列症状。主要症状是颈部和背部的功能障碍和疼痛,表现为颈部、肩部、上肢麻木和头晕。

①运动疗法的作用

运动疗法可以松解因炎症而粘连的组织,牵伸肌肉,减轻痉挛,加强局部血液循环,减轻局部疼痛等。同时,还可以加强颈肩部肌肉力量,改善关节灵活性,使肌肉的收缩运动与放松运动有机地结合起来,显著减轻疼痛,改善运动功能。

②预防与运动疗法

预防

在工作中应经常做几秒钟的抬头动作,活动颈部的肌肉。

在工间操的编制中要加强头颈部的活动内容,如颈部旋转或侧摆运动等。

在业余活动中要重视颈部的活动。

加强颈肩部肌肉群力量和柔韧性练习。

运动疗法

引颈运动

预备姿势:直立位,两脚分开与肩同宽,双手叉腰,拇指向后。

动作方法:

向上引颈,同时头缓缓向左转至最大程度,目视左前上方,然后还原。

向上引颈,同时头缓缓向右转至最大程度,目视右前上方,然后还原。

向上引颈,同时抬头望天至最大程度,然后还原。

向上引颈,同时低头看地至最大程度,然后还原。

向上引颈,同时头向左侧屈至最大程度,然后还原。

向上引颈,同时头向右侧屈至最大程度,然后还原。

向上引颈,同时头前屈并向左环转一周,然后还原。

向上引颈，同时头前屈并向右环转一周，然后还原。

以上各节动作连续完成，重复做4～8次。

抗阻运动

预备姿势：直立位，两脚分开与肩同宽。

动作方法：

左手掌置于头右侧，头缓慢用力向左旋转至最大程度，同时左手用力对抗，然后手放下，头还原。

右手掌置于头左侧，头缓慢用力向右旋转至最大程度，同时右手用力对抗，然后手放下，头还原。

双手交叉掌面托后枕部，头缓慢用力向后伸至最大程度，同时双手用力对抗，然后手放下，头还原。

双手掌托下颌部，头缓慢用力向前屈至最大程度，同时双手用力对抗，然后手放下，头还原。

左手掌置于头左侧，头缓慢用力向左侧屈至最大程度，同时左手用力对抗，然后手放下，头还原。

右手掌置于头右侧，头缓慢用力向右侧屈至最大程度，同时右手用力对抗，然后手放下，头还原。

以上各节动作连续完成，重复做4～8次。

每日锻炼2～3次，1个月为1个疗程，至少锻炼3个疗程。

(2)腰肌劳损的预防及运动疗法

腰肌劳损是由腰骶部的慢性损伤而引起，是腰部肌群及其着点筋膜的慢性损伤性炎症。主要症状为腰或腰骶部酸痛或胀痛，部分刺痛或灼痛。

①运动疗法的作用

运动疗法可以松解因炎症而粘连的组织，牵伸肌肉，减轻痉挛，加强局部血液循环，减轻局部疼痛等。同时，可以改善腰骶部的活动功能，加强肌肉力量，改善和纠正由病变引起的腰部肌力平衡失调，保护脊柱和腰部组织结构。

②预防与运动疗法

预防

工作时要经常变换体位，纠正不良姿势。工间操编制中要重视和加强腰部的活动内容。

平时要加强对腰背肌及脊椎间韧带的锻炼和保护，在体育运动或搬抬重物前要做好准备活动，防止突然用力使腰部扭伤。

在业余体育活动中，可以每天倒走几次，每次3～5分钟。

经常参加太极拳、五禽戏、健身操的锻炼，这些传统的健身方法对预防腰肌劳损很有益处。

运动疗法

转胯运腰

准备姿势：两腿开立，稍宽于肩，全身肌肉放松，双手叉腰，调匀呼吸。

动作方法：活动时，胯先向左、再向前、向右、向后围绕腰的中轴做水平转圈动作。转胯一周为一次，可酌情做 15～30 次，再反方向做同样动作，转圈的幅度可逐渐加大。上身要基本保持直立状态，腰随胯的旋转而动，身体不能过分地前俯后仰。

转腰捶背

准备姿势：两腿开立，同宽于肩，全身放松，两腿微弯曲，两臂自然下垂，双手半握拳。

动作方法：活动时，先向左转腰，再向右转。两臂随腰部的左右转动而前后自然摆动，借摆动之力，双手一前一后，交替叩击腰部和小腹，力量大小酌情而定。左右转腰为一次，可根据病情及自身情况，连做 30～50 次。

双手攀足

准备姿势：全身直立放松，两腿可稍分开。

动作方法：活动时，先两臂上举，身体随之后仰，尽可能达到后仰的最大程度，稍停片刻，随即身体前屈，双手下移，手尽可能触及双脚，稍停，恢复直立体位。这一组动作可连续做 10～15 次。身体前屈时，两腿不要弯曲。老年人或高血压病人弯腰时动作要缓慢些。

以上三种运动，可每天早晚各做一次。

（3）腕管综合症的预防及运动疗法

腕管综合症是腕部正中神经受到卡压而引起的一种神经病症。主要症状为食指、中指疼痛、麻木和拇指肌肉乏力，一般夜间发病较重，最终可能会导致神经受损和手部肌肉萎缩。这里主要指的是“鼠标手”。

①运动疗法的作用

运动疗法可以消除由手腕反复进行相同姿势的频繁劳动而引起的组织水肿等症状，加速血液循环，减轻局部疼痛。同时，运动疗法可以加强肌肉力量和腕关节的柔韧性与灵活性，改善腕部肌肉的新陈代谢，加大关节的活动范围，从而降低手腕发病的风险。

②预防与运动疗法

预防

键盘应放置在身体正前方中央位置，以持平高度靠近键盘或使用鼠标，可以预防腕管受到伤害。

手腕尽可能以平放姿势操作键盘，既不弯曲又不下垂。

肘部工作角度应大于90度，以避免肘内正中神经受压。

前臂和肘部应尽量贴近身体，并尽可能放松，以免使用鼠标时身体前倾。

确保使用鼠标时手腕伸直，坐姿挺直并最好使用优质背垫，双脚应平放在地面或脚垫上。

显示屏放置在身体前面的高度以不使头部上下移动为宜，当坐正之后，双眼应与屏幕处于平行直线上，确保显示屏的亮度适中。

工作期间要经常伸展和松弛操作手，可缓慢弯曲手腕，每小时反复做10秒钟，也可每小时持续做10秒钟的握拳活动。

运动疗法

动作之一：用手表做辅助器械，按顺时针和逆时针转动手腕25次。功效：缓解手腕肌肉酸痛感觉。

动作之二：手握有一定重量的水瓶，首先手掌向上握水瓶，做从自然下垂到向上抬起动作，然后是手掌向下握水瓶，做从下到上的运动，各25次，锻炼腕屈肌。功效：防治腕关节骨刺增生，增强手腕力量。

动作之三：舒展身体各部位时，也要用力展开双手的五指，每次20至30秒钟，做2至3次。功效：增强关节抵抗力，促进血液循环。

动作之四：吸足气用力握拳，用力吐气，同时急速依次伸开小指、无名指、中指、食指。左右手各做10次。功效：锻炼手部关节，舒缓僵硬状态。

动作之五：用一只手的食指和拇指揉捏另一手手指，从大拇指开始，每指各做10秒钟，平稳呼吸。功效：促进血液循环，放松身心。

动作之六：双手持球（如网球），或持手掌可握住的物品（如水果等），上下翻动手腕各20次。球的重量可依自己力量而定。功效：增强手腕力量，锻炼肢体协调能力。

动作之七：双掌合十，上下运动摩擦致微热。功效：促进手部的血液循环。

（4）肩周炎的预防及运动疗法

肩周炎又称肩关节组织炎，是肩周肌肉、肌腱、滑囊和关节囊等软组织的慢性炎症，女性多于男性，左侧较右侧多见，双侧同时发病者少见。

①运动疗法的作用

改善局部血液循环，促进新陈代谢，缓解肌肉痉挛，达到消炎止痛的目的。同时，可松解肩关节周围肌肉、韧带及关节囊的粘连，恢复肩关节的运动功能。

②预防与运动疗法

预防

耸肩旋肩,向前向后旋肩各 20 ~ 30 次。

两臂轮流伸直前推 20 ~ 30 次。

两手相握提起至头上,超过头顶放下,做 30 次。

两臂用力向前后做有节律的摆动,做 30 次。

运动疗法

屈肘甩手

患者背部靠墙站立,或仰卧在床上,上臂贴身、屈肘,以肘点作为支点,进行外旋活动。

手指爬墙

患者面对墙壁站立,用患侧手指沿墙缓缓向上爬动,使上肢尽量高举,到最大限度,在墙上作一记号,然后再徐徐向下回原处,反复进行,逐渐增加高度。

体后拉手

患者自然站立,在患侧上肢内旋并向后伸的姿势下,健侧手拉患侧手或腕部,逐步拉向健侧并向上牵拉。

展臂站立

患者上肢自然下垂,双臂伸直,手心向下缓缓外展,向上用力抬起,到最大限度后停 10 分钟,然后回原处,反复进行。

后伸摸棘

患者自然站立,在患侧上肢内旋并向后伸的姿势下,屈肘、屈腕,中指指腹触摸脊柱棘突,由下逐渐向上至最大限度后停住不动,2 分钟后再缓缓向下回原处,反复进行,逐渐增加高度。

梳头

患者站立或仰卧均可,患侧肘屈曲,前臂向前向上并旋肩(掌心向上),尽量用肘部擦额部,即擦汗动作。

头枕双手

患者仰卧位,两手十指交叉,掌心向上,放在头后部(枕部),先使两肘尽量内收,然后再尽量外展。

旋肩

患者站立,患肢自然下垂,肘部伸直,患臂由前向上向后划圈,幅度由小到大,反复数遍。

以上八种动作不必每次都做完,可以根据个人的具体情况选择交替锻炼,每天 3 ~5 次,一般每个动作做 30 次左右,多者不限,只要持之以恒,对肩周炎的防治会大有益处。

(5)脊柱畸形的预防及运动疗法

正常脊柱有前后方向的自然弯曲,没有侧向的弯曲。当自然弯曲度过大、过小或出现不应有的弯曲时,即为脊柱畸形。少数人是由先天性发育不良或脊柱本身病变所致。多数人是因长期姿势不正确,如不良坐姿、站姿或劳动姿势等引起的脊柱侧弯。另外职业人员由于长期倾斜、弯曲的立位或负重行走作业容易导致脊柱弯曲,以驼背多见,也常表现为脊柱侧凸和脊柱关节变形。

①深呼吸:每天早晨、工作休息时间及睡前均应常规做深呼吸运动。深呼吸可以维持胸廓最大的活动度,保持良好呼吸功能。

②颈椎运动:头颈部可向前、向后、向左、向右转动,还可以做头部旋转运动,以保持颈椎的正常活动度。

③腰椎运动:每天做腰部运动,前屈、后仰、侧弯和左右旋转躯体,使腰部脊柱保持正常的活动度。

④肢体运动:可做俯卧撑、斜撑,下肢前屈后伸,扩胸运动及游泳等。游泳既有利于锻炼四肢,又有助于增强肺功能和使脊柱保持生理曲度,是最适合的全身运动。但本病患者严禁跳水,以免造成颈椎和颈脊髓损伤。

⑤髋膝关节:仰卧位,双手置于体侧,髋关节与膝关节同时屈曲,小腿悬于空中,做髋关节交替屈伸运动。再次运动 3 ~5 分钟,每日锻炼 3 ~5 次。

⑥两脚分开与肩宽,两手叉腰,抬头挺胸,目视前方,做胸式呼吸。

⑦体位同前,吸气时两手变拳。经体侧上举与肩平,同时挺胸,肩部向脊柱收拢,头后仰,足尖踮起,呼气时还原。

⑧体位向前,吸气时两上肢伸直经体侧上举;呼气时双腿伸直,上体前屈,手触地面。

⑨距墙角一米处,两手分别撑在两侧墙上,与肩平齐,吸气时身体前倾,腰部前挺,脚跟不要抬起,呼气时还原。

⑩距墙一臂之远站立,双臂伸直,撑墙,略比肩宽,吸气时屈肘,前臂触墙,胸部前挺;呼气时还原。

⑪双手高举抓单杠悬吊,用自身重量进行牵引,也可以做引体向上,吸气时上,呼气时还原。

除此以外,太极拳的大云手有助于增加脊柱的旋转活动,背伸肌锻炼有助于预防驼背畸形。

以上的锻炼方法,病人可以从中选择几节,一般一天锻炼 1 ~2 次,每个动作重复8~10次。

4. 保健按摩

保健按摩是人类在同疾病与死亡斗争中创造发展起来的一种保健方法，在我国有悠久的历史，是中华民族的宝贵财富。保健按摩不论过去、现在，还是将来，对于人们在强身健体，延年益寿方面，都有很大益处。

保健按摩是一种在人的体表进行适当运动的一种保健方法。其施术手法颇多，动作轻柔，运用灵活，便于操作，适用范围甚广，不论男女老幼、体质强弱、有无病症，均可采用不同的施术手法，进行保健按摩。现在有的人自学保健按摩知识，进行自我保健按摩；有的人到按摩院进行保健按摩；有的人请按摩师前往住宅或宾馆进行按摩。到目前为止，能够享受保健按摩的人虽然很多，但还不普遍，这是由于有些人对保健按摩的作用还认识不足，另外，按摩师的缺乏也是原因之一。相信今后随着人们精神生活与物质生活的日益丰富，保健按摩一定会走进千家万户，成为人们日常的生活内容和健康需求。

保健按摩施术手法很多，如常用的表面按摩法、揉捏池颈法、棉布摩擦法、拍打法、四肢抽抖法等，其动作轻柔，运用灵活，便于操作。

（1）保健按摩的方法

按摩在我国已流传了2000多年，有调节神经功能、促进血液循环、提高机体抗病能力、舒筋活络、消炎、散瘀、止痛的作用。

①一指禅推法

指端一指禅推法：以拇指指端着力于一定部位或穴位，通过指间关节的屈伸和腕关节的摆动，使产生的力持续地作用在治疗部位上。在操作时应注意沉肩、垂肘、悬腕、掌虚、指实、紧推、慢移。

偏峰一指禅推法：以拇指的偏峰着力于一定部位或穴位，通过指间关节的屈伸和腕关节的摆动，使产生的力持续地作用在治疗部位上。在操作时应注意沉肩、垂肘、指实、紧推、慢移。

罗纹面一指禅推法：以拇指的罗纹面着力于一定部位或穴位，通过指间关节的屈伸和腕关节的摆动，使产生的力持续地作用在治疗部位上。在操作时应注意沉肩、垂肘、悬腕、掌虚、指实、紧推、慢移。本法亦可以用拇指的罗纹面着力于一定部位，其余四指附着于肢体的另一侧，通过指间关节的屈伸和腕关节的摆动，使产生的力持续地作用在治疗部位上。

跪推法：以拇指指间关节的背侧着力于治疗部位，通过腕关节的摆动使产生的力持续地作用在治疗部位上。

蝶推法：以两手同时在患者前额部做偏峰一指禅推法称为蝶推法。

②滚法

侧滚法:用手背近小指侧着力于一定部位,以小指掌指关节背侧为支点,肘关节微屈并放松,靠前臂的旋转及腕关节的屈伸,使产生的力持续地作用在治疗部位上。

立滚法:用小指、无名指、中指背侧及其掌指关节着力于一定部位,以小指掌指关节背侧为支点,肘关节伸直,靠前臂的旋转及腕关节的屈伸,使产生的力持续地作用在治疗部位上。

③揉法

指揉法:用指端着力于一定的部位,做轻柔缓和的环旋活动。

掌揉法:用掌着力于一定的部位,做轻柔缓和的环旋活动。

鱼际揉法:用大鱼际或小鱼际着力于一定的部位或穴位,做轻柔缓和的环旋活动。

掌根揉法:用掌根着力于一定的部位,做轻柔缓和的环旋活动;亦可双掌重叠,以掌根着力于一定部位,左右方向地用力按揉。

前臂揉法:用前臂的尺侧着力于一定的部位,用力做环旋揉动或左右揉动。

肘揉法:用尺骨鹰嘴着力于一定的部位,用力做环旋揉动或左右揉动。

(2)常用的保健按摩方法

①浴头

两手掌心按住前额,稍用力擦到下额部,再翻向头后两耳上,轻轻擦过头顶,还复到前额,这算1次,共擦10次。接着用指肚均匀轻揉整个头部的发根10次。此法能调和百脉,使气血不衰,面色红润,还可以减少皱纹。

②扣攒竹

用拇指弯曲的突出部左右交替叩击双侧攒竹穴(位于眉头陷中),每穴15~20次,用力以微感不适为度。此法有消除额痛、眼胀,恢复视力疲劳等作用。

③旋眼睛

端坐,两眼逆时针旋转5次,然后向前注视片刻,再顺时针旋转5次,前视片刻。此法对保护视力极有好处。

④点睛明

以两食指分别点按双侧睛明穴(眼内角内上方0.1寸)15~30秒,以微感不适为度,此法有止眼痛和明目的作用。

⑤揉眼皮

以两手拇指轻按在双侧眼皮上,然后旋转揉动,顺逆时针各揉20次。此法有消除眼痛和明目的作用。

⑥按太阳

用两手食指端分别压在双侧太阳穴上旋转，顺逆时针各揉按10～15次。此法有止痛醒脑的作用。

⑦叩牙齿

口轻闭，上下牙齿相互轻叩20～30次。此法有防止牙齿松动脱落，促进消化功能的作用。

⑧磨鼻背

用拇指背用力摩擦双侧鼻背至局部发热。此法有助于通气，预防感冒。

⑨干洗面

两手十指并拢，由额向下洗脸20～30次。此法有醒脑、降压的作用。

⑩假梳头

两手指尖接触头皮，从额到枕后，从头顶到颞侧进行梳头，以头部有热感为度。此法有醒目、止痛、降血压的作用。

⑪鸣天鼓

两手掌心紧按两耳孔，两手中三指轻击后枕部10次，然后掌心掩按耳孔，手指轻按后枕部不动，再突然抬离，接连开闭放响10次，最后两食指插入耳孔内转动3次，再突然放开。这样算做1次，共做3～5次。此法有醒脑、增强记忆、强化听力、预防耳病的作用。

⑫揉胸脯

以两手掌按在两乳外上方，旋转揉动，顺逆时针各揉10次。此法有加速血流，减少胸肌疲劳的作用。

⑬抓肩肌

以右手拇指、食指、中指配合捏起左肩肌，左手则捏起右肩肌，交叉进行，各10次，此法有松肩去疲劳作用。

⑭点膻中

以拇指肚稍用力压两乳头连线中点处（即膻中穴），约30秒后突然放开，如此重复5次。此法有豁胸、顺气、镇痛、止喘作用。

⑮苏华盖

端坐，心神宁静，深吸一口气，然后慢慢呼出，重复10次。此法有吐故纳新，健肺顺气，改善呼吸功能的作用。

⑯豁胸廓

两手微张五指，分别放于胸前两旁的胸壁上，手指端沿肋间隙从内向外滑动，重复10～15次。此法有开胸顺气、止咳止喘作用。

⑰舒大肠

一手叉腰,另一手五指张开,指端向下,从心口窝,沿脐两旁向下腹部,再向右向上至右肋下再向左,即沿大肠走行方向擦揉10次。此法有疏通大肠、增进消化、预防便秘的作用。

⑱分阴阳

以肚脐为中心,两手虎口相对,平置于脐眼左右,两手向内向外揉抚,共10次。此法有顺气、消胀、增进消化功能的作用。

⑲揉环跳

坐位或站位,左拇指端揉左侧环跳穴(股骨大转子与骶管裂孔连线的外1/3处),再用右手拇指端揉右侧环跳穴,交叉进行,各10次。此法有通经活络,壮筋强足的作用。

⑳搓腰眼

两手紧按腰眼,用力向下搓到骶尾部,左右手一上一下同时进行,共30次。此法有壮腰强肾、防治腰痛的作用。

㉑甩双手

两臂自然下垂,向前向后甩动30~50次。此法有放松肩、臂、腕、指关节,通畅气血,增强手臂功能的作用。

㉒捶两肩

左右手握空拳,在对侧上肢从肩到手腕扑打,共20~30次。此法有通经活络、灵活关节、防止关节炎及手臂酸痛的作用。

㉓顶十指

两手掌心相对,左右手指用力相顶共10次。此法有活动指关节,增强手部功能的作用。

㉔捏虎口

以右手拇、食指捏左手虎口,再以左手拇、食指捏右手虎口,各10次。此法有增强手部功能,治疗头面部疾患的作用。

㉕旋膝盖

两手掌心紧按双膝,先向外旋转10次,再向内旋转10次。此法有驱逐风寒、灵活筋骨、增强膝部功能以及防止关节炎的作用。

㉖擦大腿

两手抱紧一侧大腿根部,用力下按到膝盖,然后擦回大腿根部,来回共20次。此法有促使关节灵活,增强腿肌,防止腿病等作用。

㉗揉腓肠

以两手掌挟紧一侧小腿肚旋转揉动，每侧30次。此法有疏通气血，加强肌力的作用。

㉘掐跟腱

以拇指、食指掐跟腱，每侧掐20次。此法有改善足部功能，消除下肢疲劳，增强脚力的作用。

㉙搓脚心

两手搓热后，用手搓两脚心，左右各搓80次。此法有导虚火、舒肝明目的作用。

(3)保健按摩的主要手法

①推法

用手或掌等部分着力于被按摩的部位上，进行单方向的直线推动为推法。轻推法具有镇静止痛、缓和不适感等作用，用于按摩的开始和结束时，以及插用其他手法之间。重推法具有疏通经络，理筋整复，活血散瘀，缓解痉挛，加速静脉血和淋巴液回流等作用，可用于按摩的不同阶段。

方法与步骤

用指或掌等部位着力于被按摩的部位上。

根据推法用力的大小，可分为轻推法和重推法。选定力度后进行单方向的直线推动，一般推3～5次。

动作要领

轻推法时用的压力较轻，重推法时用的压力较重。做全掌重推法时，四指并拢，拇指分开，要求掌根着力，虎口稍抬起，必要时可用另一手掌重叠按压于手背上，双手同时向下加压，沿着淋巴流动的方向向前推动。

指、掌等着力部分要紧贴皮肤，用力要稳，推进的速度要缓慢而均匀，但不要硬用压力，以免损伤皮肤。

②擦法

用手的不同部位着力，紧贴在皮肤上，作来回直线的摩动为擦法。此法具有温经通络、行气活血、镇静止痛、能提高皮肤温度、增强关节韧带的柔韧性等作用。轻擦法多用于按摩开始和结束时，以减轻疼痛或不适感。重擦法多插用于其他手法之间。

方法与步骤

用手掌、大鱼际、小鱼际或掌根部位着力于皮肤上。

根据力量大小选择轻重手法作来回直线的摩动。

动作要领

操作时腕关节要伸直,使前臂与手接近相平,以肩关节为支点,带动手掌作前后或左右直线往返擦动,不可歪斜。

按摩者手掌向下的压力要均匀适中,在擦动时以不使皮肤褶叠为宜。

擦法的速度一般较快,往返擦动的距离要长,动作要均匀而连贯,但不宜久擦,以局部皮肤充血潮红为度,防止擦损皮肤。

③揉法

用手的不同部位,着力于一定的部位上,作圆形或螺旋形的揉动,以带动该处的皮下组织随手指或掌的揉动而滑动的手法为揉。揉法具有加速血液循环、改善局部组织的新陈代谢、活血散瘀、缓解痉挛、软化瘢痕、缓和强手法刺激和减轻疼痛的作用。全掌或掌根揉,多用于腰背部等肌肉肥厚部位,拇指揉法多用于关节、肌腱部。拇指端、中指端揉是穴位按摩常用的手法。

方法与步骤

用手掌、掌根、大鱼际、小鱼际、拇指或四指指腹部分着力于皮肤上。

作圆形或螺旋形的揉动,以带动该处的皮下组织随手指或掌的揉动而滑动。

动作要领

揉动时手指或掌要紧贴在皮肤上,不要在皮肤上摩动,手腕要放松,以腕关节连同前臂或整个手臂作小幅度的回旋活动,不要过分牵扯周围皮肤。

④揉捏法

拇指外展,其余四指并拢,手成钳形,将全掌及各指紧贴于皮肤上,作环形旋转的揉捏动作,边揉边捏边作螺旋形地向心脏方向推进的手法为揉捏法。此法具有促进局部组织的血液循环和新陈代谢、增加肌力和防治肌肉萎缩、缓解肌肉痉挛、消除肌肉疲劳和活血散淤止痛等作用。此法多用于四肢、臀部等肌肉肥厚处,常与揉法交替使用。

⑤搓法

用双手挟住被按摩的部位,相对用力,方向相反,作来回快速地搓动的手法为搓法。此法具有疏经通络,调和气血,松弛组织,缓解痉挛,加速疲劳消除,提高肌肉工作能力等作用。此法适用于腰背、胁肋及四肢部位,以上肢部位和肩关节、膝关节处最为常用,常在每次按摩的后阶段使用。

方法与步骤

双手呈抱物形着力于肢体部位,挟住被按摩的部位。

相对用力、方向相反,作来回快速地搓动,同时作上下往返移动。

动作要领

操作时两手用力要对称,动作柔和而均匀,搓动要快,移动要慢。

运动前，若采用压力大、频率快而持续时间短的搓动，能提高肌肉的工作能力；运动后，若采用压力小、频率缓慢而持续时间较长的搓动，能加速消除肌肉的疲劳。

⑥按法

用指、掌、肘或肢体的其他部分着力，由轻到重地逐渐用力按压在被按摩的部位或穴位上，停留一段时间（约 30s），再由重到轻地缓缓放松的手法为按法。按法具有舒筋活络、放松肌肉、消除疲劳、活血止痛、整形复位等作用。拇指按法适用于经络穴位，临床上常与拇指揉法相结合，组成“按揉”复合手法，以提高按摩效应及缓解用力按压后的不适感，掌按法多用于腰背部、肩部及四肢，也用于关节处，如腕关节、踝关节等。用指端、肘尖、足跟等点按穴位，是穴位按摩常用的手法。

方法与步骤

用指、掌、肘或肢体其他部分着力于皮肤上。

由轻到重地逐渐用力按压在被按摩的部位或穴位上，停留一段时间，再由重到轻地缓缓放松。

按法中以指按法和掌按法两种最为常用。拇指或食指、中指、无名指指面着力，按压体表某一部位或穴位，称指按法。用单掌掌面、双掌掌面、掌根或双掌重叠按压体表某一部位，称掌按法。

动作要领

按压着力部位要紧贴体表，不可移动，操作时用力方向要与体表垂直，由轻到重，稳而持续，使力达组织深部。

拇指按穴位要准确，用力以病人有酸、胀、热、麻等感觉为度。

⑦摩法

用食指、中指、无名指指面或手掌面着力，附着于被按摩的部位上。以腕部连同前臂，作缓和而有节奏的环形抚摩活动的手法为摩法。摩法具有和中理气、消积导滞、调节肠胃蠕动、活血散瘀和镇静、解痉、止痛等作用。刺激轻柔、缓和、舒适，常用于按摩的开始，以减轻疼痛或不适；常配合揉法、推法、按法等手法，治疗胸腹胀痛、消化不良、痛经等病症。

方法与步骤

用食指、中指、无名指指面或手掌面着力，附着于被按摩的部位。

肘关节要微屈，腕关节要放松，指掌关节自然伸直，轻轻放在体表上，腕部要连同前臂在皮肤上作缓和协调的环旋移动。

动作要领

可沿顺时针或逆时针方向均匀往返的连贯操作。

每分钟频率约为 120 次。

用力不可太重。

⑧拍击法

用手掌或手的尺侧面等拍击体表的手法为拍击法。常用的有拍打法、叩击法和切击法三种手法。均具有促进血液循环,舒展肌筋,消除疲劳和调节神经肌肉兴奋性的作用;多用于肩背、腰臀及四肢等肌肉肥厚处。缓缓地拍打和叩击,常用于运动后加速消除疲劳;用力较大,频率较快,持续时间短的切击,常用于运动前提高神经肌肉兴奋性。单指或多指的叩击是穴位按摩常用的手法。

方法与步骤

拍打时,两手半握拳或五指并拢,拇指伸直,其余四指的掌指关节屈成空心掌,掌心向下。叩击时,两手握空拳,尺侧面向下。也可用五个手指或三个手指或一个手指指端叩打在一定的部位上。切击时,两手的手指伸直,五指并拢,尺侧面向下。

两手有节奏地进行上下交替拍打。

动作要领

拍打时,肩、肘、腕要放松,以手腕发力,着力轻巧而有弹性,动作要协调灵活,频率要均匀。

叩击和切击时,以肘为支点进行发力。叩击时肩、肘、腕要放松;切击时肩、肘、腕较为紧张,力达组织深部。动作要协调、连续、灵活。

⑨抖法

分肢体抖动法和肌肉抖动法两种。此法具有舒筋通络、放松肌肉、滑润关节的作用,多用于肌肉肥厚的部位和四肢关节,常用于消除运动后肌肉疲劳,是一种按摩结束阶段的手法。

方法与步骤

用肢体抖动法时,用双手或单手握住肢体远端,微用力作连续小幅度的快速抖动(上肢可做上下左右的抖动,下肢一般可做上下抖动)。

用肌肉抖动法时,用手轻轻抓住肌肉,进行短时间的左右快速抖动。

动作要领

动作要连续、均匀,频率由慢到快,再由快到慢;抖动的幅度要小,频率一般较快,用力不要过大。

⑩运拉法

用一手握住被按摩者关节远端肢体,另一手握住关节近端肢体,在关节的生理活动范围内做被动性运动的手法为运拉法。此法具有滑润关节、舒筋活血、防止或松解关节粘连、改善关节运动功能和纠正小关节处的微细解剖位置改变等作用,适用于四肢关节及颈腰部。常在按摩的后阶段使用,能增大关节的活动幅度和消除关节屈伸不利等疲劳性酸痛。

方法与步骤

按摩者一手握住关节远端肢体,另一手握关节近端肢体。

在关节的生理活动范围内作被动性的运动。

常用的有肩、肘、腕、髋、膝、踝等关节的运拉法。

肩关节运拉法:按摩者一手握住腕部或托住肘部,另一手按在肩部上方,然后使肩关节作外展、内收、旋内、旋外及环转运动。

肘关节运拉法:按摩者一手握住前臂远端,另一手轻轻托住肘后,然后使肘关节屈伸及旋转运动。

腕关节运拉法:按摩者一手握住腕关节上方,另一手握住手掌中部,然后使腕关节作屈伸、内收、外展及旋转运动。

髋关节运拉法:被按摩者取仰卧位,髋、膝屈曲。按摩者一手握住小腿下部,另一手扶住膝部上方,然后作髋关节的屈、伸、外展、内收和环转运动。

膝关节运拉法:被按摩者取仰卧位,按摩者一手握住踝部,另一手按于膝关节上,然后使膝关节作屈伸与旋内旋外等运动。

踝关节运拉法:被按摩者取坐位或仰卧位,按摩者一手握住小腿下部或托住脚跟部,另一手握住前足掌,然后作踝关节的屈伸、内收、外展及旋转运动。

动作要领

运拉时动作要缓和,用力要稳;动作幅度要在生理活动范围内。

作环转运动时,可沿着顺时针或逆时针方向进行。

⑪拿法

用单手或双手的拇指与食、中两指,或拇指与其他四指指面着力,作相对用力,在一定的穴位或部位上进行有节律的提拿揉捏为拿法。具有疏通经络,解表发汗,镇静止痛,开窍提神,缓解痉挛等作用。此法主要用于颈项、肩背及四肢部,临床上常拿风池等穴位及颈项两侧部位,治疗外感头痛,也用于运动过程中振奋精神,是穴位按摩的常用手法。

方法与步骤

用单手或双手的拇指与食、中两指,或拇指与其他四指指面着力。

作相对用力,在一定的穴位或部位上进行有节律的提拿。

动作要领

操作时肩臂要放松，腕要灵活，以腕关节和掌指关节活动为主，用指面相对用力提拿。

用力要由轻到重，再由重到轻。

拿法刺激强度较大，拿捏持续时间宜短，次数宜少，拿后应配合使用轻揉法，以缓解强刺激引起的不适。

⑫滚法

用手背近小指侧部分或小指、无名指、中指的掌指关节突起部分着力，附着于一定部位上。通过腕关节伸屈和前臂旋转的复合运动，持续不断地作用于被按摩的部位上，此为滚法。此法具有活血散瘀、消肿止痛、缓解肌肉痉挛、增强肌肉的活动能力和韧带的柔韧性、促进血液循环及消除肌肉疲劳等作用。此法压力较大、接触面积较广，适用于肩背部、腰骶部及四肢部等肌肉较肥厚的部位，常用于治疗运动损伤及消除肌肉疲劳。

方法与步骤

用手指背侧小指、无名指、中指的掌指关节突起部分着力于皮肤上。

通过腕关节伸屈和前臂旋转的复合运动，持续不断地作用于被按摩的部位上。

动作要领

肩臂和手腕要放松，肘关节微屈约 120°，即腕关节屈曲、前臂旋后时向外滚动约 80°，腕关节伸展，前臂旋前时向内滚动约 40°。

着力要均匀，动作要协调而有节律，一般滚动的频率每分钟约 40 次。

⑬刮法

拇指屈曲，用指甲或指端在病变部位作单方向的匀速刮动的手法为刮法。此法可松解粘连、消散瘀结、改善病变部位的营养代谢和促进受伤组织的修复，常用于治疗髌骨张腱末端病。

方法与步骤

拇指屈曲，用指甲或指端着力于病变部位上。

拇指端屈曲作单方向的匀速刮动。

动作要领

刮动时用力要均匀。

刮时可蘸些水，切勿损伤皮肤。

⑭掐法

用拇指指端或指甲缘着力，选取一定的部位或穴位，用持续或间断的力垂直向下按压的手法为掐法。此法具有消肿、防止粘连及开窍醒脑、提神解痉、行气通络的作用，适用于消除局部肿胀。常用于急救，是穴位按摩常用的手法。

方法与步骤

用拇指指端着力，选取一定的部位或穴位。

用持续或间断的力垂直向下按压。

动作要领

用于局部消肿时，必须从肿胀部位的远心端开始，以轻巧而密集的手法向下切压皮肤，依次向近心端移动，移动的速度宜缓慢，用力不可过大。

用于点掐穴位时，要手握空拳，拇指伸直，紧贴食指桡侧缘，用拇指指端或指甲缘（以指代针）着力于穴位上，用力逐渐加重，以引起“得气”为度，掐后轻揉局部以缓解不适感。

用于急救时，手法宜重、快，但要防止指甲刺破皮肤。

⑮弹筋法（提弹法）

用拇指与食、中两指或拇指与其他四指指腹将肌肉或肌腱速提速放的手法为弹筋法。此法具有舒筋活络、畅通气血、解痉止痛的作用，对局部神经有强刺激。一般用于治疗肌肉酸痛和肌肉痉挛等。

方法与步骤

用拇指与食、中两指或拇指与其余四指指腹将肌肉或肌腱拿住。

像木工弹墨线一样，拿住肌肉速提速放。

动作要领

用指腹着力，切勿用指端用力内掐。

用力要由轻到重，刚中有柔，每处每次可提 1～3 下，然后使用轻揉法，以缓解因提弹而引起的不适感。

⑯拨法（分筋、拨筋）

用双手的拇指指端陷压于一定部位上，适当用力作与韧带或肌纤维垂直方向来回拨动的手法为拨法。此法具有分离粘连、消肿散结、解痉止痛等作用。常用于治疗肌肉肌腱和韧带的慢性损伤。拨与揉结合，即拨揉是穴位按摩常用的手法。

方法与步骤

用双手拇指或单拇指的指端陷压于一定部位上。

适当用力作与韧带或肌纤维垂直方向地来回拨动。

动作要领

操作时拇指端要深按于韧带或肌肉、肌腱的一侧，然后做与韧带和肌纤维成垂直方向的拨动，好像弹拨琴弦一样。也可沿筋内的一端依次向另一端移动弹拨,以局部有酸胀感,并能耐受为度。

⑰理筋法(顺筋法)

用拇指指腹压迫伤部,顺着肌纤维、韧带或神经行走的方向缓慢移动,以顺理其筋的手法为理筋法。此法具有调和气血、顺筋归位的作用。多用于治疗急性闭合性软组织损伤。

方法与步骤

用拇指指腹压迫伤部。

顺着肌纤维、韧带或神经行走的方向缓慢移动,以顺理其筋。

动作要领

操作时伤部应尽量放松,用一手拇指指腹固定伤部的健侧端,另一手拇指指腹沿着韧带、肌纤维和神经行走的方向向患端顺理,也可以从伤部的上端向下端顺理,反复数遍。

用力必须均匀持续,指腹移动必须缓慢。

⑱捏法

用拇、食两指或拇、食、中三指提捏某一部位称为捏法。

用力较轻,适用于浅表的肌肤组织。

捏法应用于脊部称为"捏脊"。较常用于幼儿,可治疗消化不良。

⑲扳法

用双手向同一方向或相反方向用力,使关节伸展或旋转,称为扳法。

临床上常用于治疗四肢关节功能障碍及脊椎关节小关节错缝等症。

常用法:颈椎扳法、腰椎扳法、肩关节扳法(内收、上举)

⑳拉法

拉法属于牵拉、拔伸的方法,故也称为牵引法或拔伸法。

本法较多应用于中医伤科的正骨方面。

应用时动作要稳而持续,不可用突发性的猛力;要根据不同的部位和病情,适当控制牵引拔伸的力量和方向。

常用拉法:颈椎拔伸法、肩关节拔伸法、腕关节拔伸法、指间关节拔伸法。

第三节 体育常识

一、运动会简介

(一)奥林匹克运动会

奥林匹克运动会(Olympicames),简称奥运会或奥运,是国际奥林匹克委员会主办的包含多种体育运动项目的国际性运动会,每四年举行一次。奥林匹克运动会最早起源于古希腊,(公元前776年)因举办地在奥林匹亚而得名。1896年4月6日至4月15日,希腊雅典举办了第一届现代奥运会。从1896年开始,奥林匹克运动会每四年举办一次,(曾在两次世界大战中中断过三次,分别是在公元1916年、1940年和1944年)会期不超过16天。由于1924年开始设立了冬季奥林匹克运动会,因此奥林匹克运动会习惯上又称为“夏季奥林匹克运动会”。

1. 奥林匹克运动会的起源、兴起与发展

起源:第一届现代奥林匹克运动会于1896年在希腊雅典举办,至今已经有100多年的历史了。但要问奥林匹克运动会是怎样兴起的,恐怕没有人说得清楚。目前比较占得上风的说法是:奥林匹克运动会因古希腊的奥林匹亚而得名。第一届奥林匹克运动竞赛开始于公元前776年,起源于一场事关爱情和王位的争斗。波沙国的国王艾诺迈有一个女儿,叫基皮达米娅。艾诺迈为给她挑选一位文武双全的佳婿,诏令应选青年必须和自己比赛战车。公主的恋人皮罗西获胜,因此他在奥林匹亚举行了盛大的祭典,其中有战车、角力等运动竞技,由此便创立了古代奥运会。也有人说,希腊的大力士赫拉克勒斯击败了其他神以后便在奥林匹亚举行体育比赛,以祭奠他的父亲宙斯(Zeus),这是古代奥运会的起源。还有的说,赫拉克勒斯与他的兄弟因发生争吵,而在奥林匹克山下比武较量,由此逐渐发展为古代运动会。究竟哪一种说法符合史实,我们已经无从得知。

兴起:古希腊奥运会394年被禁止,沉睡了1000多年之后,在19世纪末期得到了恢复和发展。14~18世纪中叶,欧洲出现了“文艺复兴”“宗教改革”和“启蒙运动”三大思想文化运动,新兴资产阶级对古希腊文化体育思想的高度赞美,引起了人们对古奥运会的向往。18世纪初,英、法、德等国的一些学者、专家,相继去奥林匹亚访问勘察,除发现大量史料外,还发掘了不少和古奥运会有关的珍贵文物和史料,引起了人们对古奥运会更加浓厚的兴趣。

1883年,顾拜旦第一次提出举办类似古奥运会的比赛,它不是简单的继承,而是把过去只限于希腊人参加的运动会扩大到世界范围去。尽管顾拜旦的主张遭到一些反对,但在他不懈努力下,1894 年 6 月 16 日终于有 20 个国家派代表在法国巴黎大学召开了第一届“重建国际奥林匹克运动会国际会议”。会议作出决定,将于 1896 年在希腊首都雅典举行第一届现代奥林匹克运动会。希腊人对这次大会表现出了极大的热情,出席开幕式的观众达 8 万人,这一数字直到 1932 年洛杉矶奥运会才被突破。从此,奥运会成为世界性体育盛会。

现代奥林匹克运动会

1893 年,根据“奥运之父”顾拜旦的建议,在巴黎举行了讨论复兴奥运会问题的国际性体育会议。1894 年 1 月,顾拜旦草拟了复兴奥运会的具体步骤和需要探讨的 10 个问题,致函各国体育组织和团体。6 月 16 日,“国际体育运动代表大会”在巴黎索邦神学院开幕,到会代表 79 人,代表着 12 个国家的 49 个体育组织。有 2000 人参加了开幕式。大会通过了《复兴奥林匹克运动》的决议。6 月 23 日成立了国际奥林匹克委员会。国际奥林匹克委员会的成立,标志着奥林匹克运动的诞生。

我们在这里着重讨论一下现代奥运会的发展过程,奥林匹克运动自 1894 年国际奥委会成立至今,已有一个多世纪的历程。其发展可分为四个阶段。

1. 奥林匹克运动的初创时期(1894 年～第一次世界大战)

从 1894 年到 1914 年第一次世界大战前,正值世界性的政治经济关系发生急剧变化时期,各种民族主义和排外心理妨碍了正常的国际交往。现代运动项目仅在少数欧洲国家有所开展,世界范围的体育竞赛活动很少进行。奥林匹克运动尚处于一种摸索阶段。奥运会也还未形成一定的举办模式,如项目设置稳定性差,场地设施简陋,财政困难,会期不固定,裁判员执法不公以及参赛资格缺乏明确规定等。

1908 年奥运会实施了标准化和规范化管理,为未来奥运会的举办构建了基本框架。1912 年奥运会是这一时期最成功的奥运会,从参赛国家、运动员人数、场地设施到组织工作都有较大提高,第一次实现了顾拜旦所期望的没有事故、没有抗议、没有民族沙文主义仇恨的奥运会。

这一时期存在的主要问题是国际奥委会、国际单项体育组织和国家奥委会还都只是一个松散的机构。国际奥委会尚未认识到奥运会是国际奥委会委托给某个城市承办的,放弃了领导和监督权,以致奥运会一切事宜均由东道主随意安排。奥运会不允许妇女正式参加,不但使奥运会的广泛性存在重大的缺陷,而且也使女子体育发展受到阻碍。

2. 奥林匹克运动的形成时期(1914 年~第二次世界大战)

因第一次世界大战而中断的奥林匹克运动会于 1920 年重新进行。国际奥委会从实践中意识到奥运会规范化的重要性,整个奥运会的基本框架、运行机制和基本性在这一时期基本形成,具体表现在:比赛项目的设置逐渐趋向合理;比赛设施进一步完善;会期基本固定;申办、举办程序基本确立,并基本解决了有关运动员的参赛资格问题。先进的技术开始应用到比赛中去,如电子计时器、终点摄影仪、自动打印机、闭路电视转播等。自 1928 年起,女子田径项目纳入正式比赛,这一重要变化对奥林匹克运动的普及性和号召力起到了推动作用。另一重要发展是有了冬季奥运会,它使奥林匹克运动的覆盖面大大增加。

这一时期,奥林匹克运动的组织机构也得到发展,国家奥委会由第一次世界大战前的 29 个增加到 60 个,为奥林匹克思想在世界各地的传播做出了重要贡献。与此同时,各国际单项体育组织也相继成立,通过国际奥委会与各国际单项体育组织和各国家奥委会的协调,使国际奥委会摆脱了每届奥运会都存在的具体技术事务,而更多地在领导、协调、决策等更高的层次发挥作用。

这一阶段存在的一个重要问题是政治对奥林匹克运动的影响日益加重,如 1936 年柏林奥运会,虽在许多方面优于以往各届,但被希特勒用以向世界炫耀自己的实力,违背了奥林匹克和平、友谊、进步的宗旨。

3. 奥林匹克运动的发展时期(1946~1980 年)

第二次世界大战结束后,世界政治格局形成了东西方两大政治集团对峙的局面,这对奥林匹克运动的发展产生了重大影响。另一方面,战后各国的经济振兴和科技发展,促进了奥林匹克运动的发展。

由于苏联及新兴独立国家的参加,这一时期奥运会每届参赛国家和人数以及竞赛项目都在增加;与此同时,顾拜旦关于在各大洲轮流举办奥运会的设想得以实现;各洲范围的运动会、伤残人奥运会也相继产生。随着奠基运动的普及,竞技运动水平也迅速提高,非洲体育开始崛起。同时,奥运会形成了美国和苏联争强的局面。奥运会比赛场地及各种配套设施较之前有很大的发展,奥运会向大型化、艺术化方向发展。先进的电子设备,以及性别和违禁药物检查,使比赛的公正性得到加强。历届奥运会,促使举办城市的各种市政建设也大为改善,并为其在比赛后继续发挥作用奠定了基础。奥运会的举办资金也由单纯的政府拨款和私人捐赠向以政府拨款、社会捐资和出售电视转播权、发行彩票相结合的多种形式方向转变。

这一时期的奥林匹克组织已不单是一个体育机构,它与国家、社会各部门的关系日益密切。政治对奥运会的影响也日趋明显、复杂、尖锐,各种势力集团都想通过这个舞台来达到自己的目的。此外,兴奋剂、奥运会承办国财政负担过重等问题都提上重要议程。三大支柱之间出现了裂痕,经济上也危机四起。这种局面从1972年基拉宁担任主席后才有所改变。

4.奥林匹克运动的改革时期(1980-)

进入20世纪80年代,在萨马兰奇的领导下,奥林匹克运动针对所面临的各种问题进行了大规模的变革。过去的那种"独立性"原则,即在经济上不谋利、政治上不同政府联系的做法已不适应新时期的需要。人们对奥林匹克运动的要求不只限于四年一度的奥运会,还聚焦在更加广阔的领域。国际奥委会在文化教育、科学技术方面注重了奥林匹克思想的传播。通过一系列活动,如举办奥林匹克艺术节,建立博物馆,举办"奥林匹克日"纪念活动,定期召开奥林匹克科技大会等,对奥林匹克思想进行了很好的宣传。1992年巴塞罗那奥运会时,参加国家和地区已增至172个,比赛项目达257个。

在组织结构上的自我更新与完善,使国际奥委会同其他各个机构的联系日益密切,自20世纪80年代以来,国际奥委会建立了包括主席、各类专业人员在内的长驻机构——洛桑总部,保证了总部机构对各方面的领导。自1981年起,国际奥委会第一次有了正式的法律地位,从而能够以法人的身份参与处理各种重大事务。经济上大胆进行商业性开发,利用各种活动创造财富,为奥林匹克运动的发展创造一个良好的经济基础。从23届奥运会开始,连续几届的奥运会主办国均未出现赤字。经济上的盈利,极大地调动了主办国家搞好奥运会的积极性。

这一时期发生的重要变化表现为:肯定政治对体育的作用的同时,强调体育不应听命于任何一个国家的指挥;在肯定商业化的同时,对商业化采取一定的限制措施,并废除了参赛者业余身份的原则,使奥运会向所有优秀的运动员开放。这种务实的态度,促进了奥林匹克运动向健康的方向发展。

奥林匹克运动从初期的探索到自身模式的基本形成,从第二次世界大战后的发展到停滞,又经过了20世纪80年代以来的改革,终于进入了一个生机勃勃的发展阶段。

2.奥林匹克运动会的相关知识

奥林匹克运动有一系列独特而鲜明的象征性标志,如奥林匹克标志、格言,奥运会会旗、会歌、会徽、奖牌、吉祥物等。这些标志有着丰富的文化含义,形象地体现了奥林匹克理想的价值取向和文化内涵。

《奥林匹克宪章》规定,奥林匹克标志、奥林匹克旗、奥林匹克格言和奥林匹克会歌的产权属于国际奥委会专有。国际奥委会可采取一切适当措施使奥林匹克标志、旗、格言和会歌在各国和国际上获得法律保护。

(1)会歌

国际奥委会在1958年于东京举行的第55次全会上最后确定还是用《奥林匹克圣歌》作为奥林匹克会歌，其乐谱存放于国际奥委会总部。从此以后，在每届奥运会的开、闭幕式上都能听到这首悠扬的古希腊乐曲。

古代不朽之神，
美丽、伟大而正直的圣洁之父。
祈求降临尘世以彰显自己，
让受人瞩目的英雄在这大地苍穹之中，
作为你荣耀的见证。
请照亮跑步、角力与投掷项目，
这些全力以赴的崇高竞赛。
把用橄榄枝编成的花冠颁赠给优胜者，
塑造出钢铁般的躯干。
溪谷、山岳、海洋与你相映生辉，
啊！永远不朽的古代之神。

(2)格言

奥林匹克格言(Olympic Motto)亦称奥林匹克口号。奥林匹克运动有一句著名的格言："更快、更高、更强。"这一格言是顾拜旦的好友、巴黎阿奎埃尔修道院院长迪东(Henri Didon)在他的学生举行的一次户外运动会上，鼓励学生们时说过的一句话，他说："在这里，你们的口号是：更快、更高、更强。"

顾拜旦将这句话用于奥林匹克运动。他对这句话的理解，或许是对奥林匹克精神最好的阐释：

"The most important thing in the Olympic Games is not to win but to take part, just as the most important thing in life is not the triumph but the struggle. The essential thing is not to have conquered but to have fought well."

("奥运会最重要的不是胜利，而是参与。正如在生活中最重要的事情不是成功，而是奋斗。但最本质的事情并不是征服，而是奋力拼搏。")

1920年，国际奥委会正式确认"更快、更高、更强"为奥林匹克格言，在1920年安特卫普奥运会上首次使用。此后，奥林匹克格言的拉丁文"Citius, Altius, Fortius"出现在国际奥委会的各种出版物上。奥林匹克格言充分表达了奥林匹克运动所倡导的不断进取、永不满足的奋斗精神。虽然只有短短的3个词，但其含义却非常丰富，它不仅表示在竞技运动中要不畏强手、敢于斗争、敢于胜利，而且鼓励人们在自己的生活和工作中不甘于平庸，要朝气蓬勃、永远进取、超越自我，将自己的潜能发挥到极限。

(3)精神

《奥林匹克宪章》指出,奥林匹克精神就是相互了解、友谊、团结和公平竞争的精神。奥林匹克精神对奥林匹克运动具有十分重要的指导作用。

首先,奥林匹克精神强调对文化差异的容忍和理解。

其次,奥林匹克精神强调竞技运动的公平与公正。

人人平等,实现更快、更高、更强的理想。

正如美国已故著名黑人田径运动员杰西·欧文斯所说:“在体育运动中,人们学到的不仅仅是比赛,还有尊重他人、生活伦理、如何度过自己的一生以及如何对待自己的同类。”

(4)圣火

奥运圣火首次出现是在1928年阿姆斯特丹奥运会。当时是顾拜旦提出了奥运圣火这一想法,但仅限于在体育场附近的一个喷泉盛水盘上点燃圣火。

古代奥林匹克运动会点燃圣火的仪式,起源于古希腊人类自上天盗取火种的神话,在奥林匹亚宙斯(Zeus)神前,按宗教的仪式在祭坛上点燃火种,然后持火炬跑遍各城邦,传达奥运会即将开始的讯息,各城邦必须休战,忘掉仇恨与战争,积极准备参加奥运会的竞技比赛,因此火炬象征着和平、光明、团结与友谊等意义。

(5)发源地

奥运会圣火通常于奥运会开幕前几个月在奥运会发源地——希腊奥林匹亚的赫拉神庙前点燃。圣火采集方式遵循古希腊的传统,由首席女祭司在奥林匹亚的赫拉神庙前朗诵致太阳神的颂词,然后通过将太阳光集中在凹面镜的中央,产生高温引燃圣火,这是采集奥林匹克圣火的唯一方式。整个过程庄严肃穆,没有人群围观。圣火点燃后,火种置于一个古老的火盆中,由首席女祭司带到古代奥运会场内的祭坛,向等待在那里的人们展示圣火,点燃第一名火炬手手中的火炬,随后开始它前往奥运会举办城市的行程。

(6)组织机构

古代奥运会的领导者是奴隶主贵族组成的仲裁机构。它由宙斯神殿中的专职祭司和地方官员共同担任,全部由来自单一城邦伊利斯的人组成,当他们主持本城邦与外邦选手比赛时难以保持公正。为争夺奥运会的领导权,城邦之间甚至兵戎相见。而现代奥运会有完善的组织机构,它由国际奥委会、国际单项体育联合会,国家奥委会和举办城市组委会所组成,具有广泛的国际性。其管理的科学性、评判的客观性和组织的严密性形成了现代奥运会与古代奥运会的又一本质区别。

3. 奥林匹克运动会相关仪式

(1)开幕式

①进场

奥运会组委会主席宣布开幕式开始。国际奥委会主席和奥运会组委会主席在运动场入口迎接东道国国家元首,并引导他们到专席就座。各代表团按主办国语言的字母顺序列队入场,但希腊和东道国代表团例外,希腊代表团最先入场,东道国最后入场。

②讲话升旗

首先奥运会组委会主席讲话,然后国际奥委会主席讲话,随后东道国国家元首宣布奥运会开幕。接下来奏《奥林匹克圣歌》,同时奥林匹克会旗以水平展开形式进入运动会场,并从赛场的旗杆上升起。

③点燃火炬

奥林匹克火炬以接力跑的形式,进入运动场,最后一名接力运动员沿跑道绕场一周后,点燃奥林匹克圣火,然后放飞和平鸽。

④运动员宣誓

各代表团的旗子绕主席台形成半圆形,主办国的一名运动员登上主席台,他左手执奥林匹克旗的一角,举右手,宣读以下誓言:“我以全体运动员的名义,保证为了体育的光荣和我们运动队的荣誉,以真正的体育道德精神参加本届奥林匹克运动会,尊重并遵守指导运动会的各项规则”。

⑤裁判员宣誓

紧接着,主办国的一名裁判员登上主席台,以同样的方式宣读以下誓言:“我以全体裁判员和官员的名义,保证以真正的体育道德精神,完全公开地执行本届奥林匹克运动会的职务,尊重并遵守指导运动会的各项规则”。

⑥奏乐退场

奏或唱主办国的国歌,各代表团依次退场。

⑦文艺表演

这些仪式结束以后,是团体操或其他文艺表演。这是历届奥运会开幕式工作量最大、准备时间最长、花费最多的项目。东道国往往提前一两年开始准备,并挖空心思，以期能以恢宏的气势、独特的民族精神吸引来宾。开幕式的成败与否，在很大程度上取决于团体操和文艺表演的效果。

⑧运动员入场

(2)闭幕式

闭幕式首先由各代表团的旗手按开幕式的顺序一列纵队进场，在他们后面是不分国籍的运动员队伍，旗手在主席台后形成半圆形。

国际奥委会主席和当届奥运会组委会主席登上主席台，希腊国旗从中央旗杆右侧的旗杆升起，主办国国旗从中央旗杆升起，下届奥运会主办国的国旗从左侧旗杆升起。主办城市市长登上主席台，并把会旗交给国际奥委会主席，国际奥委会主席把旗交给下届奥运会主办城市的市长。

奥运会组委会主席讲话，国际奥委会主席致闭幕词。紧接着，奥林匹克圣火在号声中熄灭，奏《奥林匹克圣歌》的同时，奥林匹克会旗徐徐降下，并以水平展开形式送出运动场，旗手紧随其后退场。同时奏响欢送乐曲。各代表团退场。

最后，进行文艺表演。由主办国把奥运会旗帜转交给下届主办国代表。缓缓熄灭圣火。

(3)颁奖仪式

在奥运会期间，奖章应由国际奥委会主席（或由主席选定的委员）在有关的国际单项体育联合会主席（或其代表）陪同下颁发。通常情况下，在每项比赛结束后，立即在举行比赛的场地以下述方式颁奖：获得前三名的运动员身着正式服装或运动服登上领奖台，面向官员席，冠军所站的位置稍高。然后宣布获奖者的名字。冠军代表团的旗帜应从中央旗杆升起，第二名和第三名代表团的旗帜分别从紧靠中央旗杆右侧和左侧的旗杆升起。奏冠军代表团的国歌时，奖章获得者应面向旗帜。

(4)比赛项目

①夏季奥运会比赛项目

田径、篮球、足球、摔跤、柔道、举重、射击、射箭、击剑、赛艇、马术、拳击、手球、网球、棒球、垒球、跆拳道、羽毛球、皮划艇、乒乓球、曲棍球、自行车、帆船、帆板、体操（含艺术体操）、排球（含沙滩排球）、游泳（含跳水、水球、花样游泳）、铁人三项、现代五项。

②冬季奥运会比赛项目

速度滑冰、短跑道速度滑冰、高山滑雪、自由式滑雪、越野滑雪、北欧两项、跳台滑雪、现代冬季两项、雪橇、雪车、花样滑冰、冰壶、冰球、滑板滑雪。

(二)亚运会

亚洲运动会简称亚运会。主要在亚洲地区举行,是亚洲规模最大的综合性运动会,由亚洲奥林匹克理事会的成员国轮流主办。每四年举办一届,与奥林匹克运动会相间举行。参与国主要分布在东亚、东南亚、南亚、中亚,包括中国、日本、韩国、文莱、马来西亚、菲律宾、印度、斯里兰卡等国。最初由亚洲运动会联合会主办,1982 年后由亚洲奥林匹克理事会(Olympic Council of Asia)主办。

自 1951 年开始第 1 届,截至 2014 年,亚洲运动会共举办了 17 届,每四年一届。国际奥林匹克委员会承认亚洲运动会为正式的亚洲地区运动会。

第 18 届亚运会将于 2018 年 8 月 18 日至 2018 年 9 月 2 日在印度尼西亚雅加达举行。

2015 年 8 月 17 日,中国奥委会已经向亚奥理事会正式递交了杭州代表中国申办 2022 年第 19 届亚运会的意向书。2015 年 9 月 16 日亚运会申办悬念揭晓,2022 年第 19 届亚洲运动会举办权花落杭州。杭州成为继北京、广州之后第三个举办亚运会的中国城市。

1. 历史发展

亚洲运动会,简称亚运会,英文为 Asian Games,是亚洲地区的综合性体育运动会,也是亚洲体坛最大的盛会,由亚洲奥林匹克理事会的成员国轮流主办,同一些世界级体育盛会,例如奥运会、世界杯一样,每四年举办一次,至今已举办了 17 届。

亚运会的前身是远东运动会,1911 年由菲律宾体育协会发起,每两年举办一次,轮流在菲律宾的马尼拉、中国的上海和日本的大阪举行。远东运动会先后共举行了 10 届,1937 年因日本侵华战争爆发而中止。

第二次世界大战结束后,亚洲许多国家先后摆脱了殖民统治,获得了独立和解放,建立了新的社会制度。随着战争创伤的平复,人民生活日趋安定,体育运动也逐渐活跃起来。因战争而中断了 12 年的奥林匹克运动会又再次恢复举行。在这一历史背景下,亚洲体育界人士产生了组建一个统一的亚洲体育领导机构,以推动亚洲体育运动发展的愿望。

OLYMPIC COUNCIL OF ASIA

1948 年伦敦奥运会举办期间,中国与菲律宾的体育界人士计划恢复远东运动会,并与亚洲各国体育界人士商讨。当时的印度体育界领导人古鲁桑迪认为,远东运动会不足以体现亚洲体育运动的水平和亚洲人民的团结精神,主张创办一个亚洲所有国家参加的亚洲运动会。他遍访了来伦敦参加本届奥运会的亚洲国家体育界代表，并邀请了亚洲13个国家和地区的代表召开了关于成立亚洲体育运动组织的筹备会议。会议决定起草亚洲运动会的有关文件和章程，并确定于1949年2月在印度首都新德里举办第一届亚洲运动会。因印度国内原因，这届运动会延期至1951年举行。1949年2月，亚洲各国体育界代表在新德里召开会议，会上正式成立了“亚洲业余体育联合会”。该联合会后来更名为“亚洲运动会联合会”，1981年更名为“亚洲奥林匹克理事会”至今沿用。

1951年3月，第一届亚运会在印度首都新德里举行，当时只有489人参加。到1978年第8届时，参加人数已超过4000人。目前，亚洲运动员已成为世界体坛上一支不可忽视的力量，而中国更是世界的体育大国和亚洲的体育霸主。

会徽展示

亚洲奥林匹克理事会的第一代会徽设计的中间是一轮放射16道光芒的红日，象征着亚洲是太阳升起的地方，代表着亚洲运动的蓬勃发展与迅速推广。红日上方是国际奥委会的标志——奥运五环，下面写有“Ever Onward”，底部是“Olympic Council of Asia”的字样。第二代的会徽设计于2006年12月2日多哈亚运会期间公布。新会徽的中央也是红日，红日上面环绕着一条龙，下面环绕着一只鹰，代表亚洲的团结，并强调了东方巨龙中国以及鹰所代表的阿拉伯国家在亚洲体育中所起的重要作用。会徽下方是五环以及“Olympic Council of Asia”的字样。

由于亚运会是由亚洲奥林匹克理事会主办，所以自从第二届亚运会起，如历届奥运会会徽必须要有五环图案一样，从今以后的亚运会的会徽上也必须要融入会徽的中心图案——放射16道光芒的红日。

2. 比赛项目

亚洲运动会的比赛项目不像奥林匹克运动会那样有严格的规定，除田径、游泳、足球、篮球等广为开展的项目每届都必须列入外，主办国可根据自身的条件和运动技术水平适当增减。如第3届亚洲运动会在日本举行，日本增加了自己的强项乒乓球、排球、网球等；第4届在印度尼西亚举办时，印度尼西亚增加了该国擅长的羽毛球；第10届韩国列入了跆拳道；第11届我国则取消了跆拳道，增加了武术等项目。当然，比赛项目的增减与变换都必须得到亚奥理事会的同意和批准，东道国无权随意安排。亚洲运动会迄今已举行了16届，比赛项目也经历了从少到多的发展过程，从第1届的6项逐渐增至第16届的42项。前16届运动会举办过的项目分别有射箭、田径、羽毛球、棒球、篮球、台球、保龄球、拳击、皮划艇、自行车、马术、击剑、足球、高尔夫球、体操（含艺术体操、蹦床）、手球、曲棍球、柔道、卡巴迪、空手道、现代五项、赛艇、橄榄球、藤球、射击、软式网球、垒球、壁球、游泳（含花样游泳、跳水和水球）、乒乓球、跆拳道、网球、排球（含沙滩排球）、举重、摔跤、武术、帆船、铁人三项、标枪等。

（三）全运会

1. 全运会简介

中华人民共和国全国运动会简称“全运会”，是中国国内水平最高，规模最大的综合性运动会。全运会的比赛项目除武术外基本与奥运会相同，其原意是为国家的奥运战略锻炼新人、选拔人才。全运会每四年举办一次，一般在奥运会结束后一年举行。为了调动各省市区的积极性，国家体育总局在1996年奥运会前出台了“将奥运会奖牌带入全运会”的举措。

首届全运会于1959年9月13日至10月3日在北京市举行。前九届全运会由北京、上海、广东三地轮流举办。2001年初，国务院办公厅正式发布了《关于取消全国运动会由北京、上海、广东轮流举办限制的函》，取消了由北京、上海和广东三地轮办全运会的限制。2011年8月16日，经过三轮不记名投票，天津市获得2017年第十三届全运会主办权。

全运会之外的全国综合性运动会有：全国冬季运动会、全国青年运动会、全国农民运动会、全国少数民族传统体育运动会、全国残疾人运动会、全国学生运动会。

2. 基本信息

历届全运会	举办地	举办年份	具体日期
第一届全运会	北京	1959年	09月13日——10月03日
第二届全运会	北京	1965年	09月12日——09月28日
第三届全运会	北京	1975年	09月12日——09月28日
第四届全运会	北京	1979年	09月15日——09月30日
第五届全运会	上海	1983年	09月18日——10月01日
第六届全运会	广东	1987年	11月20日——12月05日
第七届全运会	北京	1993年	09月04日——09月15日
第八届全运会	上海	1997年	10月12日——10月24日

（续表）

历届全运会	举办地	举办年份	具体日期
第九届全运会	广东	2001 年	11 月 11 日——11 月 25 日
第十届全运会	江苏	2005 年	10 月 12 日——10 月 23 日
第十一届全运会	山东	2009 年	10 月 16 日——10 月 28 日
第十二届全运会	沈阳	2013 年	08 月 31 日——09 月 12 日
第十三届全运会	天津	2017 年	
第十四届全运会	陕西	2021 年	

二、小型体育竞赛的组织与编排

（一）小型体育竞赛的组织

1. 赛前准备工作

（1）成立竞赛组织领导小组。根据工作需要，领导小组可下设竞赛组、宣传组、会务组等工作机构。

①竞赛组。主要职责是起草竞赛规程、编制竞赛用表、研究处理竞赛工作中的有关问题等。

②宣传组。主要职责是做好宣传报道、置办奖品及发奖、做好开幕式及闭幕式的组织工作等。

③会务组。主要职责是提出经费预算和决算，安排好医务及救护，做好服务性工作等。

（2）制定竞赛规程。竞赛规程是竞赛工作的基本依据。其内容包括：竞赛名称、目的、任务、举办日期及地点、主办单位、参加单位、组别设置、参加办法、竞赛办法、记分及录取办法、奖励办法、有关事项及要求等。

（3）编印竞赛秩序册。竞赛秩序册是竞赛的重要条件。它主要包括如下内容：竞赛规程、竞赛组织领导小组名单、裁判员及工作人员名单、各代表队名单、竞赛日程表、竞赛分组表、注意事项及要求等。

（4）根据竞赛的实际要求、需要和规则要求，认真做好场地、器材的准备工作。

2. 赛前工作

比赛期间应着重做好赛场布置，掌握竞赛规程，协调各方面的工作，及时处理竞赛中所发生的问题，做好宣传鼓动，及时准确地公告成绩，组织好开、闭幕式及颁奖工作等。

3. 结束工作

比赛结束后应该做好器材和物品的收交工作,资料汇集整理及存档工作,经费决算及有关工作等。

(二)田径竞赛编排

田径竞赛编排,主要是指竞赛分组和竞赛日程的编排。合理的竞赛分组,科学的竞赛日程安排,不仅有利于运动员发挥技术水平,创造优异成绩,而且可使竞赛有条不紊地顺利进行。现将主要的编排步骤与方法介绍如下:

1. 编排前的准备

(1)组织编排人员认真学习竞赛规则,熟悉和掌握竞赛的目的、任务及要求,运动会的天数,竞赛组别,项目设置,参加办法,竞赛办法,记分及奖励办法,规则有关规定及精神等。

(2)了解竞赛跑道的直道及弯道各有几条,跳跃和投掷场地的位置和数量,所需设备和器材的性能质量及数量等。

(3)了解裁判员队伍的人员构成、业务素质及分工情况等。

(4)审核报名单及编号。根据竞赛规程的有关规定,对各参赛队的报名单分别进行审核。如发现错误,应按照有关规定给予纠正。全部报名单审核无误后,即按各代表队报名时间先后,依次对运动员进行编号。表(1-1)

表 1-1 报名单

领队: 教练:

单位编号: 单位名称: 组别: 性别:

会编号码	姓名	100米	800米	5000米	100米栏	110米栏	4X100米接力	…	跳高	跳远	推铅球	掷标枪	掷铁饼	七项全能	十项全能	…	备注
01	张XX																
02	王XX								√								

☆注:1. 单位编号及会编号码由大会统一填写。

2. 按竞赛规程规定,在参加项目中划"√"写名运动员的最后成绩。

报名单位盖章

年 月 日

(5)统计各项及各单位参加人数。分别填写《各项参加人数统计表》和《各单位参加人数统计表》见表(1-2)表(1-3)。

表 1－2　各项参加人数统计表

单位 / 各组参加人数 / 项目		径赛				田赛				全能		
	男											
	女											
	男											
	女											
备注												

表 1－3　各单位参加人数统计表

单位号码	单位	运动员起止号码	运动员人数						工作人员人数					总计	备注
			成男组	少男组	成女组	合计		小计	领队	教练	医生	管理	小计		
						男	女								

(6)统计兼项人数。尽量减少运动员兼项冲突，是使竞赛分组和竞赛日程编排更加趋于合理的重要措施。其方法是逐个单位、逐个项目地进行查对，并随查随填《兼项统计表》，将兼项人用填“正”字办法写到兼项格内，见表(1－4)。

表1－4 兼项统计表

项目 各组参加人数 项目	一百米	二百米	四百米	八百米				
100 米								
200 米								
400 米								
800 米								

上述准备工作完成之后，即可进行竞赛分组和竞赛日程的编排工作。

2. 竞赛分组编排

竞赛分组又分为径赛项目分组 、田赛项目分组和全能项目分组。

(1)径赛项目的分组

①拟定径赛分组计划。根据每个项目参加比赛的人数、赛次、每个赛次录取的名额和场地情况等，拟定径赛分组计划。分组计划可以用表格形式表示出来，见表(1－5)。

表1－5 径赛分组计划表

项目	参加人数	预赛			决赛			
		组数	共计时间	录取人数	组数	共计时间	录取人数	

②确定分组人数

根据径赛分组计划，确定各项各组的人数。

凡分道跑的项目，应尽量做到各组人数均等，不应相差太大。此外，同一单位的运动员，应尽量避免编排在同一组里。

不分道路的项目(中长距离跑)一般不分组比赛。

③分组的方法

第一，一般分组法。此种编排方法是在预赛按照成绩录取，但不知运动员原有成绩时采用。其方法是将参赛单位的名称(或代号)由左向右列出,然后将运动员号码由上而下排列在下边,根据分组人数按照由左至右的顺序抄录下来即可。

第二,按成绩分组法。此种编排方法是在运动员有最近成绩,预赛又是按照成绩录取时采用。其方法是将成绩相近的运动员编在一组,便于运动员在激烈的比赛竞争中创造优异成绩。

(2)田赛项目的分组

田赛项目的比赛,一般不进行分组,运动员试跳、试掷顺序,由大会抽签排定。如参加某项比赛人数过多时,也可进行及格赛或分组赛。及格赛应安排在正式比赛以前进行。其方法是先进行分组预赛,取成绩优秀者6~8人,合并进行决赛。运动员试跳、试掷顺序由大会排定。

(3)全能运动项目的分组编排

①全能运动中,径赛分道项目的分组,由大会抽签排定(每项都要抽一次)。每组运动员最好为5人或5人以上,但不得少于4人。

②女子七项全能的800米跑和男子十项全能的1500米跑比赛,要分别把前六项和前九项积分较多的运动员编在一起跑。

③全能运动中田赛比赛的第一项试跳或试掷顺序,由大会抽签排定。以后的各项,赛前由运动员抽签排定。

3. 编排竞赛日程

竞赛日程又称竞赛秩序,它规定着各组比赛的顺序和时限,是进行比赛的依据。编排竞赛日程的方法如下:

(1)估算竞赛时间

①估算出用于竞赛的总时间。

从竞赛的总天数(或总时数)中,减去非比赛所占用的时间(如:开幕式、闭幕式、表演等所占用的时间),则为可用于竞赛的总时间。

②分别估算出全部径赛项目与全部田赛项目各需要的总时间。

第一,径赛项目所需时间,是以每一组比赛约需时间来估算的。不同项目每组需要时间为100米-400米每组3分钟到4分钟;800米每组4分钟到5分钟;1500米6分钟到8分钟;3000米13分钟到15分钟;5000米20分钟到22分钟;10000米40分钟到45分钟;各项跨栏5分钟(不包括摆栏时间)。根据每个竞赛项目组数求出每项径赛需用时间而后相加,即为径赛项目所需总时间。

第二,田赛项目所需时间,是以运动员人数多少来估算的。不同项目每人所需时间:跳远、三级跳远、铅球等项目为3分钟×(运动员数+8);撑竿跳高为14

分钟×总人数。各项田赛所需时间之总和即为田赛所需总时间。

全部可用于竞赛的时间(预定天数),能与径赛项目所需要的总时间相吻合或基本吻合,则可开始竞赛日程的编排。若径赛需要时间大大超过可用于比赛的时间,可采用减少赛次或者延长比赛时间的办法解决。

田赛项目所需时间若超过可用于比赛的时间,则应采用不同项目同时比赛的办法解决。

(2)编排竞赛日程应遵循的原则

①应保证运动员有合理的休息时间。每一赛次的最后一组比赛完毕,到下一赛次开始应按规则规定留出最低间隔时间。

②尽量避免运动员兼项比赛的冲突。应按照运动员兼项的一般规律,将某些性质相近的项目,以及兼项统计表中兼项较多项目分开编排。

③不同组别相同项目的径赛,最好衔接起来进行。

④不同项目的跨栏比赛,一般不宜连排。

⑤男、女项目应注意交叉编排。

⑥短距离径赛项目的预决赛最好是当天结束。比如,100米跑可以上午进行预赛,下午进行决赛。

⑦应将决赛项目和精彩项目分开编排,保持赛场的热烈活跃气氛。

⑧编排田赛项目时,应考虑项目的布局和搭配。尽量做到场地两端都要安排比赛,撑竿跳高比赛最好安排在上午进行。

(3)编排竞赛日程的步骤和方法

①根据各项竞赛分组表和各项竞赛所需时间(指估算时间),把参加比赛所有组别项目、赛次、人数、组数及估算时间,分别写在不同颜色的纸条上。

②将全能项目的纸条按规则规定的比赛顺序和时间安排到各比赛单项中。

③再按编排原则逐组、逐项、逐赛次地把径赛项目分别安排到各比赛单项中。

④在全能比赛项目和径赛项目排定以后,再进行田赛项目的编排,方法及要求同径赛,但需考虑与径赛项目兼项情况和田赛兼项的比赛顺序等。

⑤全部竞赛项目排定以后,再按编排原则及有关要求,对已排定的竞赛日程进行核查与权衡,发现不妥之处,再进行适当调整,直到达到满意、合理为止。

上述工作完成之后,竞赛日程的编排工作才算基本完成。

(三)篮球和排球的竞赛

篮球、排球的组织与编排基本相同。组织竞赛是一项复杂而又细致的工作,是决定竞赛是否能顺利进行的关键。应尽可能做到细致、周到。一经决定实施,就不应随意改动。本节主要介绍如何制定竞赛规程和组织编排等内容。

1. 制定竞赛规程

(1)竞赛名称和任务。

(2)比赛起止日期和比赛地点。

(3)参加办法:包括分几组,每个参加单位可以组成几个组,每队限定多少人(包括运动员、教练、领队、随队工作人员、裁判等)和运动员资格的确切规定。

(4)竞赛办法:采取什么竞赛制(单循环、双循环、淘汰等),怎样确定名次,比赛用球,运动员服装、号码的规定。

(5)奖励办法。

(6)报名日期和报名方法。

(7)对参加单位、运动员、教练员、裁判员、随队工作人员的要求和注意事项。

2. 循环制竞赛的编排方法

循环制编排包括单循环、双循环、分组循环三种,根据参加队伍多少、比赛的日期长短、场地数量、裁判人员数量、比赛经费等选择比赛制度。目前一般采用单循环制。在参加队多、时间短、经费紧的情况下,可采用分组循环制。下面介绍单循环和分组循环两种编排方法。

(1)单循环制

所有参加比赛的队均相遇1次,最后按各队在全部比赛中胜负场数、积分多少排列名次。这种决定名次的方法比较合理。

①轮次和场数:所有参加的队都比赛完一场即为一轮。如果参加队数是偶数,比赛轮数的计算方法是:队数 - 1 = 轮数。如果参加队数是奇数,比赛的轮数等于队数。例如6个队参加比赛,则其轮数为6 - 1 = 5,即5轮;9个队参加比赛,轮数是9轮。

场数计算:

场数 = 参加队数(参加队数 - 1)/2

例如:8个队参加比赛,共进行28场比赛。

②编排方法:首先排定各轮次的比赛轮次表。编排时把参加比赛的队以数字为代号排在轮次表上。如果参加的队是偶数,则把他们分为平均的两半,左一半从1开始自上而下写在左边,后一半号数依次从右自下而上写在右边,然后用横线将相对的数连起来,就是第一轮比赛的轮次表。以后各轮的编排应以第一轮为依据,固定左上角的1,其余号数按逆时针(或顺时针)方向移动,每移动一个位置就用横线连起来,这就是一轮,直到排完。例如有4个队参加比赛的轮次编排(共3轮、6场比赛)。

如下表所示:

一轮	二轮	三轮
1——4	1——3	1——2
2——3	4——2	3——4

如果参加队数是奇数,则用0来代表一个队,使之成为偶数队,按照上述方法编排。凡与0相遇的队即为轮空队。这里要注意的是,7个以上的奇数队轮次编排,就不能用固定左上角1的编排方法。不论用什么方法编排,一定要体现公平、合理,不能劳逸不均,甚至出现以逸待劳的现象。如下表所示:

一轮	二轮	三轮	四轮
0——7	0——6	0——5	0——4
1——6	7——5	6——4	5——3
2——5	1——4	7——3	6——2
3——4	2——3	1——2	7——1
五轮	六轮	七轮	八轮
0——3	0——2	0——1	4——2
3——1	2——7	5——1	4——7
3——6	6——7	5——6	4——5

7个队以上奇数队的编排采取上述方法比较合理。如果采用固定左上角1的编排方法是错误的。

当轮次表编排完毕后,召集各参加队的领队和教练进行抽签。方法是把轮次表所有号数写在纸条上,每张纸条上一个号。当众抽签,根据抽到的号数、轮次表,编排比赛日程表。

(2)分组循环制的编排方法

把参加队分成若干组,如16个队参加分成4组,每组4队。各小组按单循环制组织比赛,这时的比赛称为第一阶段比赛,或称为预赛阶段。分组应召集所有参加领队抽签以确定所属的组。组确定后再分组抽签排轮次。

第一阶段比赛结束后,根据各组比赛得分,把第一、二名编为一组进行比赛,这时的比赛成绩是决定1~8名。将各组的三、四名编为一组进行比赛,是为了决定9~16名。

(3)名次排列方法

①各队胜一场得2分,负一场得1分,弃权得0分。按照积分多少决定名次。

②如遇两队积分相等,按两队相互间比赛的胜负决定名次,胜队名次列前。

③如遇3队(含3队以上)积分相等,按积分相等各队相互间比赛的胜负场次数多少决定名次,胜场多者名次列前。如胜负场次数再相等,则按得失分率决定名次(即总得分/总失分),得失分率高者名次列前。

第二章　田　径

第一节　田径运动的起源和发展

田径运动是运动之母，是所有运动项目的基础，是从人类长期社会实践中发展起来的，包括径赛、田赛、公路跑、竞走、越野跑和山地赛跑。以时间计算成绩的竞走和跑的项目，叫“径赛”。以高度和远度计算成绩的跳跃、投掷项目叫“田赛”，以部分跑跳、投掷组成的项目叫全能运动。田径运动是径赛、田赛和全能比赛的总称。

远在上古时代，人们为了获得食物，在和大自然及禽兽的斗争中，不得不走或跑相当的距离，跨越各种障碍，投掷石块和使用各种捕猎工具。在劳动中不断地重复这些动作，便掌握了走、跑、跳跃和投掷的各种技能。随着社会的发展，人们有意识地把走、跑、跳跃、投掷作为练习和比赛项目。

公元前 776 年，在古希腊奥林匹克村举行了第一届古奥运会，从那时起，田径运动成为正式比赛项目之一。1894 年，在法国巴黎成立了现代奥运会组织。1896 年在希腊举行了第一届现代奥运会，在这届奥运会上田径的走、跑、跳跃、投掷的一些项目，被列为大会的主要项目。至今已举行的各届奥运会上，田径运动都是主要比赛项目之一。

1990 年在巴黎的第二届奥运会上，才有女子参加，参加的女运动员只有六名。

四年一届的奥运会是促使田径运动成绩不断提高和改进训练方法的动力。许多优秀的田径运动员经过刻苦训练不断刷新世界纪录，同时他们的先进技术和训练方法通过奥运会又推广于世界各地，促使了全世界田径运动的不断发展。

生理学家和有经验的教练员们曾预言田径运动成绩的最高极限，但过去的这些预言，一个个都被运动员的实践所冲破，历届奥运会中都出现了可观的破纪录项目，这说明田径运动成绩永无顶峰，这也是田径项目受人喜欢的原因所在。

田径运动在我国的发展是经外国传教士于20世纪初带入的，当时只在教会创办的学校之间开展。后来，才逐渐扩展到各级国立、私立学校。

新中国成立后，田径运动得到迅速普及，技术水平提高很快。1953年起，几乎每年都举行规模较大的全国性的田径运动会，在群众性体育运动广泛开展的基础上，我国田径技术水平和成绩缩短了与国外的差距。1956年，女子跳高运动员郑凤荣以1.77米的成绩打破了当时1.76米的世界纪录。20世纪60年代有10个项目进入了世界前10名。1983年，在上海举行的第五届全运会上，朱健华以2.38米创造并打破了他自己保持的2.37米的世界纪录。同年，徐永久以43分13秒4的成绩创女子竞走世界纪录，成为我国第一个在世界比赛中获得冠军的田径运动员。20世纪90年代随着马家军的崛起.创造了一批女子中长跑世界纪录，王军霞还赢得了“亚洲神鹿”的称号。2004年在雅典奥运会上，刘翔以12.88秒的成绩创造了110米栏世界纪录。但是在近几年，田径成绩又有滑坡，在高水平世界田径行列中仍有明显差距，要把我国建成为世界体育强国，提高田径运动水平的任务十分重要而又艰巨。

近年来田径健身运动深受广大群众的欢迎，田径健身运动不是以竞技为目的，而是以健康为目的。田径健身运动的内容极为丰富，凡是以自身能力进行的走、跑、跳跃、投掷等自然动作的练习，都可以成为田径健身练习内容。

第二节 田径健身运动的内容

俗话说：“饭后百步走活到九十九。”走路除可以强筋健骨、提高机体运动功效、预防骨质疏松、健脑益智、提高工作效率、增进肠胃蠕动、改善食欲、防止便秘、加速能量消耗、改善睡眠、减肥瘦身、保持体形外，还能增强心肺功能、调节改善血脂、增进胰岛素功能，对心脑血管病和糖尿病具有很好的防治作用。有研究表明，成年人每天步行30分钟，可以增加热量消耗30%，每天步行一公里，每月减少约0.3公斤的脂肪，步行对于需要减肥和强身的人们非常有用。每天快走30分钟，可以预防中风，对预防糖尿病、心脏病、骨质疏松以及某些癌症，都有良好的效果。快走对增强心血管系统的活力、提高呼吸肌功能、降低血液中的胆固醇含量、避免高血压的发生有良好的作用。

为了您的健康和长寿开始行动起来吧。

锻炼次数、时间和注意事项：

健身走每周5至7次，健身跑每周3至5次，必须循序渐进，常年坚持，持之以恒。饭后30分钟至60分钟开始运动。

肺病病人、心脏病病人、高血压病人和没有锻炼习惯的中老年人，在进行锻炼时，要在医务工作者和社会体育指导员的指导下进行；出现以下症状应立即停止运动：胸前区绞痛、胸闷、心跳明显加快、头疼、恶心、脸色苍白、出冷汗、步态不稳等。心脏病和高血压患者切忌清晨锻炼。

锻炼之前做好准备活动，如活动各关节等；锻炼之后，也要做放松整理活动，如做几次深呼吸、伸展、按摩、拍打动作，补充水分，洗热水澡等。

一、健身走

1. 正确的姿势

正确的姿势是躯干正直，自然挺胸，头部与躯干保持一致，目视前方，两臂靠近体侧前后自然摆动；迈步时，膝关节和脚尖都正对前方，两脚内侧基本沿一条直线向前迈步；脚着地时，脚跟先着地并滚动到前脚掌，前脚掌着地后脚尖向前略偏外，然后脚趾发力蹬离地面。

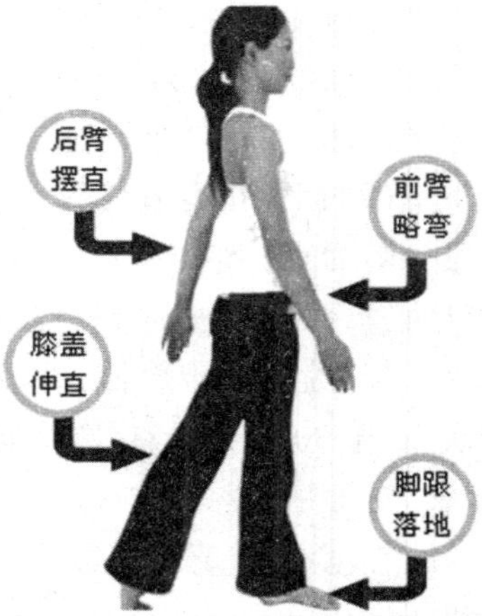

2. 健身走的方式

健身走的方式主要有：足尖走、足跟走、弓箭步走、半蹲走、全蹲走、脚内侧走、脚外侧走、倒走、负重走、快走、散步等。

3. 健身走的锻炼方法

（1）自然走10分钟（每分钟70～90步），接着快走（每分钟120步左右）30～45分钟，然后自然步行5分钟，最后再慢走（每分钟50～70步）5分钟结束。

（2）自然走10分钟，然后快走40～50分钟，再恢复到自然行走5分钟，最后慢步走5分钟结束。

（3）自然走10分钟，接着快走30～45分钟，再自然走10分钟，再快走20分钟，最后慢走5分钟结束。

（4）自然走10分钟，接着快走20分钟，再自然步行5分钟，再快走20分钟，再自然步行5分钟，再快走20分钟，最后慢走5分钟结束。

（5）自然走10分钟，接着快走10分钟，再自然走10分钟，再快走10分钟，再自然走10分钟，再快走10分钟，再自然走10分钟，再快走10分钟，最后慢走5分钟结束。

二. 健身跑

(一) 有氧健身跑

1. 慢速跑

(1)速度慢,步伐轻松富有弹性,脚掌柔和着地,身体重心起伏不大,步幅较小,上下肢协调性好;步速可根据自己的体质而定,体弱者可以比走步稍快一点,体质好的可以更快一些。

(2)以保持有氧代谢为前提,跑的过程中心率以每分钟不超过180次减去自己年龄为宜。跑步伊始应该注意呼吸的深长细缓、有节奏,以口呼吸为主,不喘大气为宜,两步一呼两步一吸,吸气鼓腹,这就自然形成腹式呼吸了。

(3)全身肌肉放松,以轻快的步伐,双臂自然弯曲前后摆动。运动时间以每次20至30分钟为宜,刚开始少一点也可以。

2. 原地跑

在雨雪天、雾霾天或冰冻天,不方便出门跑步时,可以在室内原地跑或在跑步机上完成,最好配上合适的音乐,在音乐声伴奏下进行锻炼。

3. 变速跑

变速跑就是在跑的过程中快跑和慢跑交替进行的跑步方法。这种跑法适合体质较好的长跑爱好者。这样的变速跑不但能够有效地提高肌肉有氧代谢的能力,而且也能积极地改善肌肉进行无氧代谢的能力。不仅对一般耐力发展有好处,而且也能提高机体的速度、耐力,对提高人体机能大有益处。变速跑可根据自己的情况随时改变速度。

4. 走、跑交替

走、跑交替是指在运动的过程中,跑一阵,再走一阵,跑与走交替进行的健身方法。此法适合体质较弱者。

5. 倒跑

倒跑是反序运动中的一个健身项目,是与平时正常跑步方向相反的方向跑。倒跑时,上体正直稍向后,抬头挺胸,双眼平视,双手半握拳,全身放松,身体不要左右摇摆。倒跑是一种自我控制速度，随意轻松自如的跑。

（二）发展速度的快跑

发展快速跑的辅助性练习方法如下。

1. 原地摆臂

动作要领：两腿前后开立，前腿弯稍曲，上体稍前倾，两臂弯曲成90度，肩部放松，以肩关节为轴，前后大幅摆动，可以手持小重量哑铃练习。

2. 原地高抬腿跑

动作要领：直立提踵，收腹挺胸，两大腿交替抬至与地面平行，两臂屈肘前后摆动。

3. 上台阶高抬腿跑

动作要领：大腿抬高，膝关节放松，加快抬腿与下压趴地速度，上体保持正直、稳定。

4. 下坡途中跑

动作要领：体会省力、协调、放松技术，提高步频步长。

5. 牵引跑

动作要领：在牵引力的作用下，使用爆发力，加大步频步长，体会途中跑的动作。

6. 小步跑

动作要领：膝关节放松，前脚掌扒地，两臂积极配合前后摆动，提高小步跑的频率，脚离地10～15厘米，可由原地小步跑至行进间小步跑，逐渐过渡到加速跑。

三、健身跳跃

（一）培养跳远能力的方法

1. 原地跳远

（1）原地立定跳远

动作要领：两脚自然左右平行开立，相距10～15厘米，两臂前后摆动，前摆时，两腿伸直，两臂上举，后摆时，屈膝重心降低，压紧腿部肌肉，上体稍前倾，手臂尽量往后摆。然后两脚前脚掌快速用力蹬地，展体、收腹举腿，前伸屈膝落地，同时两臂向后摆动，重心向前移动。

（2）在低箱上做立定跳远

动作要领：从30至50厘米的低箱上起跳进入沙坑，体会展体、收腿前伸，屈膝落地动作。

(3)挺身跳

动作要领:原地屈膝起跳,空中做直腿挺身动作,髋关节完全打开,做背弓动作,落地时屈膝缓冲。

(4)单足跳

动作要领:往返 20 米,单趟换脚,收腹收腿。

(5)收腹跳

动作要领:从原地直立开始跳,空中做屈腿抱膝动作或双手在腿前击掌,落地时要屈膝缓冲,越过一定高度和远度,可以跳过一定高度的障碍物。

2. 行进间跳跃

(1)跨步跳

动作要领:前腿积极前摆,后腿蹬地,在空中形成大跨步,并保持片刻停留时间,接着前摆腿落地扒地,两腿反复进行。

(2)平地多级兔跳

动作要领:全蹲或半蹲,双手反握,身体正直,两腿用力连续跳。

(二) 培养跳高能力的练习方法

1. 原地纵跳

(1)原地下蹲起跳。

(2)原地下蹲起跳空中收腹跳。

(3)原地单足换脚跳。

(三) 助跑起跳

(1)助跑单脚起跳,伸展摸高。

(2)助跑单脚起跳,头顶吊球。

(3)助跑单脚起跳,单脚踢吊球。

(4)跳深练习,双脚从 60 ~ 100 厘米的高处跳下,接着再跳过 80 ~ 100 厘米的障碍物。

四、健身投掷实心球或铅球

(一) 双手交替体前抓球

动作要领:两腿左右分开下蹲,上体前倾,两手交替抓握球。

(二) 原地向前(后)抛球

动作要领:面对(背对)投掷方向,两脚左右分开与肩同宽,双手持球上举,两腿伸直,脚尖着地,然后下蹲,双手持球放在两腿之间,身体前倾,两脚有力蹬地,挺腰、摆臂,将球向前(后)上方抛出。

(三) 站姿双手颈后正面(侧面)投球

动作要领:两脚左右或前后分开,两手持球放在颈后,蹬地、振胸、挥臂,将球投出,体会自下而上的用力顺序和鞭打动作。(如下图)

(四) 跪姿双手颈后抛球

动作要领:坐在垫子上,两脚并立向前伸直,双手持球放在颈后,振胸挥臂,将球向前上方投出,练习腰腹爆发力。

第三节　田径项目简介

一、竞走

竞走是运动员与地面保持接触、连续向前迈进的过程,没有(人眼)可见的腾空。前腿从触地瞬间至垂直部位应该伸直(即膝关节不得弯曲)。

(一) 动作要领

(1) 头和躯干保持正直姿势,颈部放松,双眼平视前方,在后蹬阶段躯干可向前倾斜 2 ~ 3 度,两臂弯曲成 90 度,沿身体两侧做放松而有力的摆动,前摆时不要超过身体中线,左右臂摆动要一致,前摆时手摆到下颌,后摆时手臂稍向外,上臂接近水平。

(2) 当前腿的脚后跟接触地面的瞬间,同侧髋关节处于最低点,当支撑腿处于垂直位置时,髋关节处于最高点;髋关节在上下运动的同时,伴随着水平运动而出现髋关节的转动;后腿离地时,同侧髋关节的前移带动了同侧腿的向前摆动,这样可以加大腿前伸的距离，从而获得较大的步长。

（3）当支撑腿离开地面后，变成了摆动腿，大腿做有力的向前摆动，髋关节放松；当摆动腿到达身体垂直部位时，同侧的髋和肩稍下沉，随后小腿随大腿的惯性积极向前摆动，使足跟领先着地，尽快伸直膝关节。

（4）摆动腿脚跟着地后，平滑地滚动至全脚掌，之后过渡到脚尖，两脚的落点必须沿一条直线，两脚保持低摆动。

（5）动作由分解到连贯，由慢到快，步幅由小到大，循序渐进。

（二）辅助练习

（1）坐姿以脚跟为支撑抬脚尖，练习胫骨肌肉，掌握脚着地时的滚动技术。

（2）斜卧式，前支撑提踵。

（3）前后迈栏练习，提高髋关节灵活性。

（4）交叉走练习。

（5）原地摆臂练习。

（6）原地摆臂、转髋、屈腿练习。

（7）原地转髋交叉跳。

（8）“8”字走练习。

二、跑

（一）短跑

1. 短跑的内容

短跑一般包括50米、60米、100米、200米、400米、4×100米接力、4×400米接力跑。公元前776年，短跑被列为第一届古代奥运会的比赛项目。

短跑特点是速度快，锻炼强度大。如跑完100米后，呼吸频率增至35次/分钟，脉搏达到150~180次/分钟以上。经常练习短跑，能发展快速反应能力和速度耐力，提高大脑皮层的灵活性和身体无氧代谢的能力；同时培养勇敢、顽强、坚强的意志品质。

2. 短跑的基本技术

短跑的技术是一个不可分割的整体，为了便于分析，可以把它分为起跑、起跑后的加速跑、途中跑和终点跑四个部分。

（1）起跑和起跑后的加速跑

起跑的目的是使身体迅速摆脱静止状态，为起跑后的加速跑创造最快的初速度和向前最大冲力（如图1—1所示）。

图 1—1

动作要领：

①听到“各就位”(On your marks)口令后，做2至3次深呼吸，走向起跑线，两腿前后分开，俯身蹲踞，两手成八字形在起跑线后撑地，两臂伸直，做蹲踞式起跑姿势。

②听到“预备”(Set)口令后，吸一口气，同时抬起臀部(稍高于肩)，重心前移至两臂上，并注意听枪声。

③听到枪声后，两手迅速推离地面，两臂前后积极摆动，两腿用力蹬离起跑器，后腿快速前摆，前腿充分蹬伸，身体以很大的前倾角度向前移动。

④起跑后的加速跑，一般距离为20~25米，用13~15步完成，第一步不宜过大；上体保持较大的前倾角度，速度逐渐加快，步幅不断加大，上体逐渐抬起；两臂协调配合两腿摆动，以转入途中跑。

(2)途中跑

途中跑是发挥起跑后的加速跑速度，约占全程跑的70%左右，头正对前进方向，上体正直或稍前倾，两腿蹬摆动作协调有力，摆动腿要折叠向前高摆，蹬扒地，动作放松有力，保持最快速度以便进入终点冲刺跑。

(3)终点跑(冲刺跑)

发挥全部力量，以最快的速度跑完最后15~20米距离，到终点的最后一步，上体迅速前倾，用胸部或肩部撞向终点线；终点撞线后，要进行减速缓冲跑，不要立即停跑，以免跌倒。

（二）弯道跑

1. 身体要向圆心倾斜跑。

2. 后蹬时，右脚用前脚掌内侧着地，左脚用前脚掌外侧着地。

3. 摆动时，左膝稍向外，右膝稍向内。

4. 右臂摆幅大于左臂，右臂后摆偏向右后方，前摆稍向左前方，左臂则靠近体侧。

5. 弯道跑时，速度越快，则身体越向圆心倾斜；将要出弯道时，应有几步自然跑进，以纠正身体重心。

（三）接力跑

1. 接力跑是运用集体合作的方式进行的。1912 年 4×100 米接力跑被正式列入奥运会比赛项目。学习接力跑的基本技术，可以提高快速跑的能力，发展灵活性和协调性，培养相互配合、密切合作的集体主义精神。

2. 接力跑的基本技术

(1)起跑

第一棒起跑，若采用蹲踞式在弯道上起跑，握棒方法为用中指、无名指和小指握棒的末端，拇指和食指分开支撑地面。

(2) 传接棒的方法

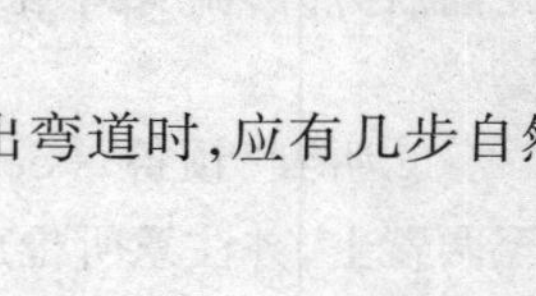

A. 下压式 接棒人的手臂向后伸直，四指并拢，虎口张开，掌心向上。传棒人将棒的前端由上而下地压入接棒人的手中。

B. 上挑式 接棒人臂稍屈自然向后伸出，掌心向后，虎口向下。传棒人将棒由下向上挑，送到传棒人的手中。

C. 混合式 是综合上述两种传、接棒方法的优点。如：第一棒沿着跑道内侧跑，用上挑式以用右手传棒给第二棒左手中；第二棒沿跑道外侧跑，用下压式将左手棒传给第三棒右手中；第三棒沿跑道内侧跑，用上挑式将右手棒传给第四棒左手中；第四棒跑向终点冲刺。

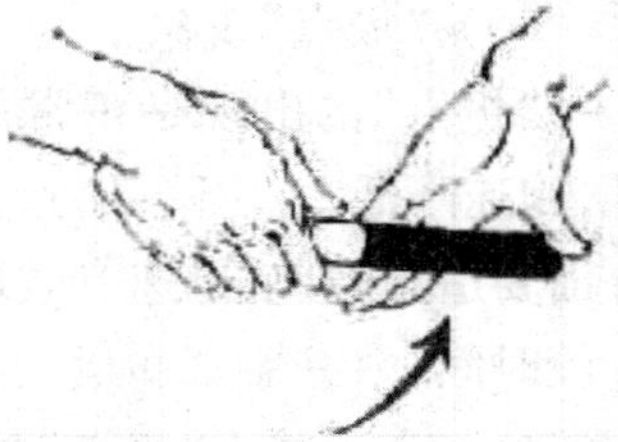

3. 练习传、接棒的基本技术

（1）持棒原地摆臂做上挑式和下压式传、接棒练习。

（2）走步或慢跑中做传、接棒练习。

（3）中速跑和快速跑中做传、接棒练习。

（三）中长跑

1. 中长跑的内容

中长跑一般包括800米、1500米、3000米、5000米、10000米跑。

男生1500米，女生800米是发展耐久力的最好项目，经常练习中长跑，能提高心血管系统和呼吸系统的机能，改善中枢神经系统的协调性。

2. 中长跑的基本技术

中长跑的技术，是由起跑和起跑后的加速跑、途中跑、终点冲刺跑三部分组成。

（1）起跑

可采用站立式或半蹲式，起跑口令只有“各就位”（on your marks），然后鸣枪起跑。

（2）起跑后的加速跑

一般800米跑到下弯道结束；1500米跑完直道就可转入途中跑，可根据个人体力和战术，确定加速跑的距离。

（3）途中跑

①蹬地腿与地面夹角比短跑大。

②上体前倾角度稍小于短跑。

③摆动腿的摆动高度比短跑低。

④除起跑后的加速跑、途中加速跑和终点冲刺跑外，在跑程中的后蹬不是尽全力进行的。

⑤两臂肘关节弯曲成90度，摆动时稍离开躯干，要自然放松。

（4）终点冲刺跑

临近终点加速跑的距离因人而异，动作基本上和短跑相同，要全力以赴，凭借坚强的毅力冲向终点。

（5）中、长跑的呼吸方法

一般采用两步一呼，两步一吸；或者三步一呼，三步一吸。在特别疲劳时，要加强呼气的速度和深度，以便将二氧化碳呼出，使氧气大量吸入。

(6)“极点”现象

“极点”的出现是正常的生理现象。跑到一定阶段时,感到胸闷,呼吸节奏乱,跑速降低,意志降低,产生难以跑下去的感觉,这就是“极点”现象。这时,一方面要适当减速,迅速有效地调整呼吸;另一方面要坚强意志,调整情绪。继续跑一段时间,内脏器官和运动器官会逐渐相互适应,机能逐渐稳定,“极点”现象就会消失。为了减少“极点”的时间和次数,平时应加强训练,跑前做好准备活动。

(7)练习方法

①提高身体素质和跑的能力的练习

a. 变速跑,男生 1600 ~ 1800 米,女生 1000 ~ 1200 米。

b. 重复跑,男生 300 ~ 500 米(3 ~ 5 次),女生 200 ~ 400 米(3 ~ 5 次)。

c. 场地跑,男生 1500 ~ 2000 米,女生 1000 ~ 1500 米。

②练习中、长跑的基本技术

a. 途中跑,匀速 60 ~ 80 米,弯道跑 60 ~ 120 米。

b. 站立式起跑和起跑后的加速跑 60—80 米。

(四)马拉松

马拉松是近代奥运会的主要竞赛项目之一,因各地举行这项比赛的客观条件相差较大,所以没有世界纪录,只公布最好成绩。比赛时,起终点可以设在田径场内,而绝大部分跑程是在公路上进行,一般采用转折点的路线或环形路线,沿途有里程碑、饮料站和路标,全程 42.195 公里。

马拉松的技术和长跑技术基本相同,其自身特点是步频快,步长小。

进行马拉松比赛时,要协调、省力、跑速均匀,上体正直或微前倾、后蹬的力量较小,大腿向前上方的摆动较低,身体重心移动比较平稳,脚的着地点离身体重心投影点较近,并用前脚掌或脚的外侧先着地,再过渡到全脚掌,着地动作柔和而有弹性,膝部适当地弯曲缓冲,两臂自然摆动,幅度不大。

三、跳跃

(一)蹲踞式跳远

跳远是古代奥林匹克竞赛及古希腊五项运动都有的一项,是现代田径比赛的主要项目之一。经常练习跳远,能发展速度、弹跳力和灵敏等身体素质,增强心脏等内脏器官功能,培养勇敢、顽强、果断等优良品质。

跳远技术分为助跑、起跳、腾空、落地四个部分。

1. 助跑:助跑是为了获得必要的水平速度和做好起跳的准备。

要点:站立式起跑,逐渐加速,充分后蹬;用快速途中跑技术,放松自然,有节奏,有弹性,重心高,频率快,起伏不大;最后几步加快频率,倒数第一步小于倒数第二步,以便快速有力地起跳;助跑距离一般在 15 ~20 米为宜;助跑标记一般采用两个标记。第一个标记是助跑起点,第一标记至第二标记约跑 8 ~12 步;第二标记与踏板之间约 6 ~8 步。全程助跑一般采用双数步。

2. 起跳:起跳时最大限度地保持水平速度的同时,获得最大限度的垂直速度。起跳是跳远的关键。

要点:助跑最后一步上体保持正直,起跳腿用脚跟滚动到前脚掌直至脚趾蹬离地面;当身体重心移至支撑点瞬间,起跳腿三关节蹬直,同时摆动腿与两臂,协同向前上方摆振。

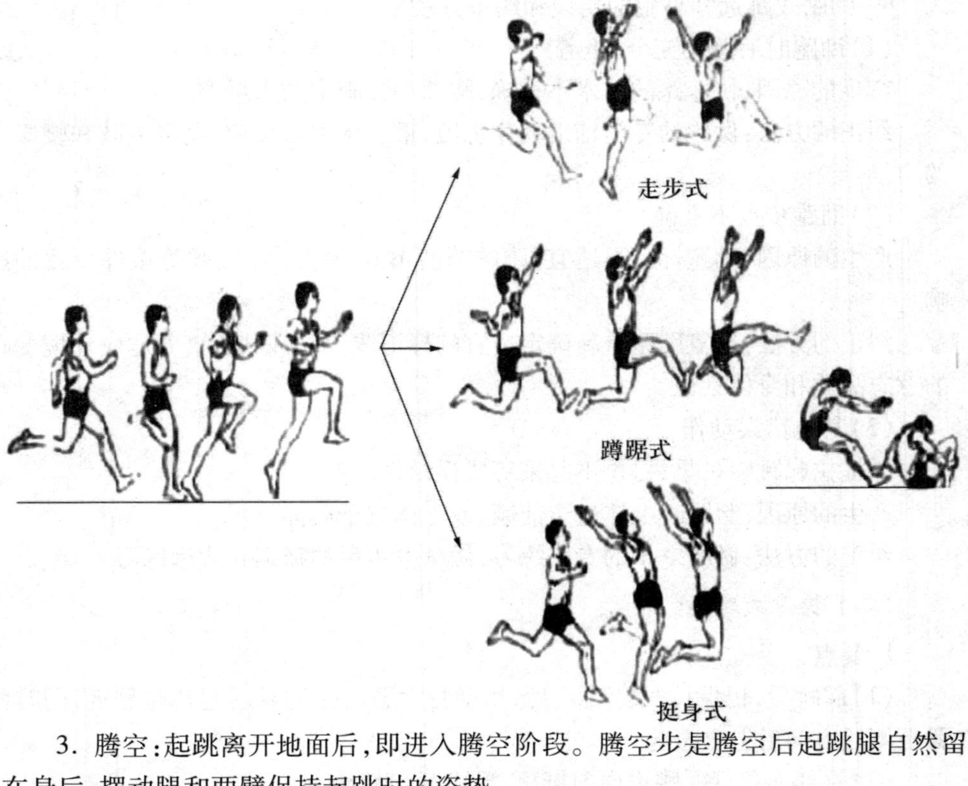

3. 腾空:起跳离开地面后,即进入腾空阶段。腾空步是腾空后起跳腿自然留在身后,摆动腿和两臂保持起跳时的姿势。

要点:在腾空步达到最高点时,起跳腿屈膝提拉、靠拢、摆动腿后,并同时向胸部继续屈膝提拉动作,上体前倾,两臂下摆,形成“蹲踞式”。

4. 落地:正确的落地动作,有利于跳远成绩的提高,并能防止伤害事故的发生。

要点:落地前两腿同时向前伸出。上体前倾,当脚触及沙面时,屈膝全蹲,同时两臂由后向前摆动,使身体重心移过支撑点。

要点:上体不要过分前倾,以免使两腿过早落地,缩短跳远的距离。

5. 蹲踞式跳远的练习方法

(1)重点练习助跑和起跳相结合的技术。

(2)助跑 4 ~ 6 步,练习助跑与起跳相结合的技术。

(3)全程助跑,女生 10 ~ 12 步,男生 14 ~ 16 步,练习助跑起跳动作。

(4)短程助跑腾空练习。

(5)全程助跑腾空练习。

(6)蹲踞式跳远练习。

6. 蹲踞式跳远容易犯的错误和纠正方法

(1)助跑时后蹬不充分,坐着跑

产生的原因:快速跑的技术不正确,腿部和腰腹部的力量差。

纠正的方法:做跑的专门辅助动作练习,重点练习后蹬跑;发展下肢和腰腹部的力量。

(2)助跑步点不准确

产生的原因:助跑标记不适宜,跑的节奏不好,受场地、气候等条件变化的影响。

纠正的方法:反复助跑重新确定适宜的标记线,加强锻炼,培养适应环境变化的意志品质和身体素质。

(3)其他错误动作

如提拉起跳腿过早,提拉不起来等错误动作。

产生的原因:起跳时上体过于前倾,或上体过于后仰。

纠正的方法:做腾空步的专门练习,做腾空步后的蹲踞式跳远练习。

(二) 挺身式跳远

1. 要点

(1)起跳后,仍保持"腾空步"后,摆动腿大腿后摆与身后起跳腿靠近,同时两臂至侧后方向后上方振起。

(2)臀部前移,胸、腰也向前挺出,形成"挺身"姿势。

(3)两臂从后上方向前、向下后方摆动。

(4)两腿屈膝前收,接近落地时,小腿前伸,上体稍前倾,准备落地。

(5)落地等其他动作同蹲踞式跳远动作相同。

2. 练习方法

(1)原地做放摆腿,展髋挺身动作。

(2)上步跳起的放腿挺身动作。

(3)跑几步做起跳挺身动作。

(4)短程助跑挺身式跳远。

(5)中程助跑挺身式跳远。

(6)全程助跑挺身式跳远。

3. 挺身式跳远易犯的错误和纠正方法

(1)挺身过早

产生的原因:起跳时身体过于前倾,起跳不充分,腾空步幅度小,摆动腿向下放得过早。

纠正的方法:短程助跑后,腾空步越过适宜远度的标志物后,及时做挺身式动作。

(2)以挺腹代替挺身

产生的原因:腾空步后,摆动腿下压不积极,放腿的方向不正确,头后仰,上体过于紧张。

纠正的方法:短程助跑起跳,腾空时头部要正,下放摆动腿要先伸髋稍后摆,在空中成挺身姿势。

(三) 三级跳远

1. 三级跳远的顺序是一次单足跳、一次跨步跳和一次跳跃。

2. 单足跳时应用起跳腿落地,跨步跳时用另一条腿(摆动腿)落地,然后完成跳跃动作。

运动员在跳跃中摆动腿触地不应视为试跳失败。

三级跳远示意图

（四）急行跳高（跨越式、俯卧式、背越式）

1864年英国运动员用跨越式跳高创造了世界纪录。1956年美国人用俯卧式取代了滚式跳高的世界纪录。1983年苏联又以背越式取得了世界男、女世界跳高冠军。期间，我国运动员在这一项目中也屡获佳绩，1957年我国优秀女跳高运动员郑凤荣以1.77米的成绩，打破了1.76米的女子世界跳高记录，成为中国田径史上第一个创造世界纪录的运动员。1970年11月8日，福建泉州运动员倪志钦在湖南长沙的田径比赛中以2.29米打破2.28米的男子跳高世界纪录，1984年，上海运动员朱建华在德国举行的国际跳高比赛中，以2.39米的成绩第三次打破了由他自己保持的跳高世界纪录。

跳高运动是学校体育的主要项目之一。经常练习跳高，能增强腿部和腰腹部力量，提高弹跳力，发展灵巧和协调等身体素质。同时可以培养勇敢、机智、果断等优良品质。

跳高的基本技术，是由助跑、起跳、过杆和落地四部分组成的完整动作，要自然连贯，不能截然分开。

1. 跨越式跳高的基本技术

（1）助跑 助跑的方向是从摆动腿一侧进行的，助跑角度为30～45度，起跳点与横杆垂直投影线的距离为60～80厘米。

步点测定法：走步法公式（如助跑6步×2－2步），就等于走10步，为6步助跑。

动作要领：

助跑应轻松自然，逐渐加速，助跑的倒数第二步最长，重心最低，摆动腿柔和地屈膝前移，为起跳腿前伸做好准备；助跑的最后一步（起跳步），是最后两步中最小的一步（约比倒数第二步小20～30厘米），从而使上体迅速前移、送髋，减小助跑速度，加快起跳速度。

（2）起跳：起跳是用离横杆远的腿蹬地起跳。起跳的目的是使身体在向前跑动的基础上，迅速地转变方向，充分向上腾起，为过杆做准备。

动作要领：

从助跑的最后一步、摆动腿屈膝支撑时，开始做起跳动作；起跳腿屈膝向前，以髋带动大腿向前迈，伸小腿，脚跟沿地面向前迈出；在起跳脚落地的一瞬间，摆动腿、两臂在身后准备起跳；当摆动腿摆至起跳腿膝部高度后，起跳腿借摆动腿、两臂向上摆动的力量充分蹬伸起跳、腾空，摆动腿稍屈，积极向前上方摆起，身体积极攻向横杆。

（3）过杆：跨越式过杆姿势，一般是初学者或女生跳高时常用的一种简单易学的方法。

动作要领：

当摆动腿摆过横杆时，躯干向横杆方向侧倒，两臂稍向后摆；同时起跳腿迅速向上高抬过杆。

(4)落地：落地动作是过杆后的缓冲，是保证安全的一种方法。

动作要领：

摆动腿过杆后，起跳腿借助摆动腿的下压过杆，摆动腿领先着地，并做屈膝缓冲动作。如下图所示。

2. 俯卧式跳高的基本技术

(1)助跑：助跑通常是沿直线进行的，也有采用弧线助跑的方法；本书的俯卧式跳高教学采用直线助跑。

动作要领：

助跑是从起跳腿一侧进行，与横杆成 25 ~ 45 度角；起跳点距离横杆一臂距离；助跑和步点测定方法同跨越式。

(2)起跳：起跳腿由脚跟着地滚动到前脚掌，同时摆动腿，两臂在身后向前上方猛力摆动。

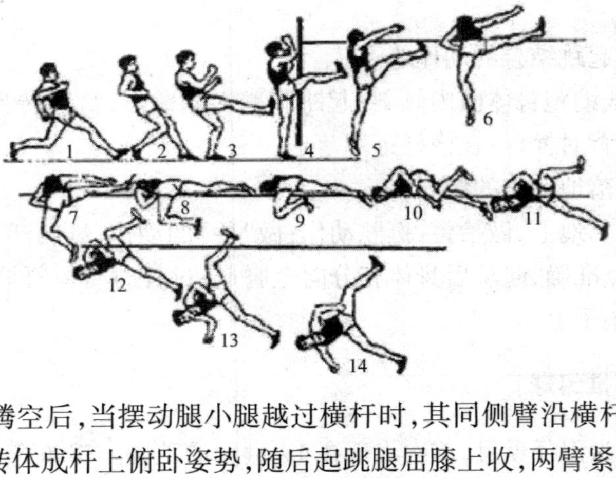

(3)过杆：腾空后，当摆动腿小腿越过横杆时，其同侧臂沿横杆纵轴方向前伸内旋，肩内扣，转体成杆上俯卧姿势，随后起跳腿屈膝上收，两臂紧靠躯干，翻转身体过杆。

(4)落地：在做俯卧式跳高的落地动作时，身体旋转，摆动腿一侧肩下潜，起跳腿外展上伸，绕过横杆，手、肘、肩、背依次落地。

3. 背越式跳高的基本技术

(1)助跑：助跑距离一般为 6 ~ 8 步(较长者达 10 ~ 12 步)。助跑路线为前段跑直线，后段(最后 3 ~ 4 步)跑弧线。起跑点和起跳点的连线与横杆的夹角约 70

度左右，弧线半径约5米左右。

步点丈量法，如走步丈量法。先确定起点的位置，一般在离近侧跳高架立柱1米处，离横杆投影点50～80厘米处(约一臂距离)。

助跑方法为前段快速加速跑，后段跑弧线。其特点是身体重心高、移动快、小腿伸得不远，积极落地、步频快。身体重心越出步点弧线，起跳时侧对横杆，以便转体起跳。

(2)起跳：用脚跟落地，迅速滚动到全脚掌着地；同时摆动腿屈膝向上摆动(扣膝)；摆动腿和两臂积极上摆的同时，起跳腿用力蹬伸，完成起跳动作。

(3)过杆：起跳腾空后，身体逐渐转向背对横杆，摆动腿自然下放，肩向后伸展。臀借头和肩向后伸展的同时，做挺髋成“桥”的动作。

(4)落地：臀部过杆后，随即收腹，两小腿积极向上甩起、伸直，以肩背落在海绵垫上。

(5)背越式跳高的练习方法

①原地摆腿起跳动作的练习。

②走动中摆腿起跳动作的练习。

要求：摆动腿屈膝内扣，向异侧肩的方向摆动，同时骨盆跟着扭转，起跳腿蹬伸并提脚跟。

③助跑与起跳结合的动作练习。

要求：弧线助跑身体向内倾斜；起跳脚踏上起跳点，身体转为直体；摆动腿内扣带转骨盆成背对横杆；在横杆远端落地。

④过杆和落地动作的练习

在垫上或草地上，做抬臀、挺髋动作；做“桥”的动作；过低杆。

要求：步点准确，起跳后身体充分向上腾起；过杆时身体舒展，形成“桥”的姿势；肩背落在垫子上。

四、投掷(推铅球)

推铅球作为田径项目，首次出现在19世纪的英国。1896年男子推铅球被列为第一届现代奥运会的正式比赛项目。1948年女子推铅球被列为第十四届奥运会的正式比赛项目。

推铅球是投掷的典型项目。经常锻炼，可以发展上肢力量，提高上、下肢和腰腹部的协调配合能力。同时，可以培养组织纪律性和顽强的意志品质。

推铅球的基本技术是，由握球持球、预备姿势、滑步、最后用力四个部分组成的有机联系的整体。最后用力是整个技术的关键。

（一）侧向滑步推铅球的基本技术

连贯动作如下图所示：

1. 握球和持球

握球，是把铅球放在食指、中指、无名指的指根上，大拇指和小指在球的两侧。掌心空出。持球是握好球后，将手放在肩的锁骨窝处紧贴颈部，掌心向前（投掷方向），肘关节稍微低于肩部，以减轻投掷臂的负担。

2. 侧向预备姿势

持球站在投掷圈后缘，如以左肩对着投掷方向，右腿弯曲，持球臂自然抬起，左臂自然前伸。重心落在右腿上。

3. 侧向滑步

左腿向投掷方向预摆一两次，最后一次回摆至接近右腿时，以大腿带动小腿向投掷方向摆出；同时右脚用力蹬地，充分蹬直并迅速收小腿，沿地面向前滑步，落地后右脚与投掷方向约成90度；同时左脚积极下放成原地侧向推铅球的预备姿势，为最后用力做好准备。

4. 最后用力

推球时，右脚用力蹬地，脚跟提起，右膝内扣，右髋前送，上体抬起向投掷方向转动；随即以左肩为轴，向投掷方向挺胸、抬头、送右肩，右臂迅速用力将球向前上方约40~42度角推出；球离手时手腕用力至手指将球拨出；球出手后，右脚与左脚迅速交换，做降低重心缓冲动作。

动作重点：滑步和最后用力的结合。

练习方法

1. 原地推铅球的模仿练习。

2. 原地正面、侧向推铅球练习。

3. 徒手做侧向滑步动作。

4. 持实心球做侧向滑步练习。

5. 持球侧向滑步练习。

6. 持球做连续侧向滑步练习。

7. 持球做侧向滑步推铅球。

（二）原地背向推铅球的基本技术

1. 球和持球同侧向滑步推铅球。

2. 预备姿势。

两脚前后分开，相距 50 ~ 60 厘米；右脚脚尖内扣，上体稍前倾、扭转，右膝弯曲压紧，持球背对投掷方向；右腿蹬伸，使髋前移，抬体，右肩靠近左侧支撑，左臂向后上方摆动，然后转髋、抬头、顶肩，重心移至左腿，顺势伸臂拨指将球推出。

（三）背向滑步推铅球的基本技术

如下图所示：

1. 握球和持球，同侧向滑步推铅球。

2. 预备姿势

滑步的预备姿势可分为高姿势和低姿势。

（1）高姿势：持球后，背对投掷方向，两脚相距 20 ~ 30 厘米。

要点：上体正直放松，重心落在右腿上，两眼看前下方 3 ~ 5 米处。

要求：动作自然，肌肉放松，能快速而协调地转入滑步动作。

（2）低姿势：持球后，背对投掷方向，两脚相距 50 ~ 60 厘米。

要点:上体向圈外探出,重心落在右腿上,两眼看前下方 2 ~ 3 米处,铅球的投影点落在右脚的右前方。

要求:由于铅球处于较低位置,容易维持身体平衡。但是,右脚负担较重,全身肌肉比较紧张,对身体素质要求较高。所以,一般不采用这种方法。

3. 背向滑步

要点:做好预备姿势后,左腿向上摆起,同时右腿伸直并提起脚跟,左臂自然伸直;当左腿第二次回摆时,右腿弯曲,上体成团身姿势;接着左腿向投掷方向蹬摆,同时右腿蹬地做滑步动作后成原地背向推铅球的姿势,右脚与投掷方向成 90 度。

要求:滑步结束后,上体要形成扭转状态,重心在右腿上,铅球投影点在右脚之前,以加长最后用力地距离。

4. 最后用力

要点:当左脚落地的一刹那,就开始用力;最后用力地技术与原地背向投铅球相同。

要求:两腿要蹬直,右臂的推球和抬头要同时进行。铅球快离手时,手腕稍内转,并使铅球从手指推离,向前上方 40 ~ 42 度角推出。球出手后迅速与左腿交换,减低重心,维持身体平衡。

练习方法

1. 做徒手背向滑步和连续背向滑步练习。
2. 持球做背向滑步和连续背向滑步练习。
3. 持轻球做完整背向滑步推铅球动作。
4. 持重球做完整背向滑步推铅球动作。

第四节 田径竞赛的主要规则

一、田径竞赛项目规则要点

(一) 短跑、中长跑名次判定

在田径比赛中,所有赛跑项目参赛者的名次取决于其身体躯干(不包括头、颈、臂、腿、手或足)抵达终点线后沿垂直面为止的顺序,先到达者名次列前。在任意赛次中,按成绩录取进入下一赛次时如遇运动员成绩相等,则终点摄像主裁判应考虑有关运动员的1/1000秒的实际成绩。如果成绩依然相等,则有关运动员均应进入下一赛次。如实际条件不允许,应抽签决定进入下一赛次的人选。在决赛中第一名成绩相等,有关裁判长有权决定是否重赛,若无条件重赛,则并列第一,至于其他名次成绩相等,按并列处理。

(二)短跑及中长跑的起跑

1. 在国际比赛中,400米及400米以下(包括4×200米及4×400米的第一棒)各项目,运动员必须使用起跑器进行蹲踞式起跑。

2. 发令员的口令为“各就位”(On your marks)、“预备”(Set),最后发令枪响。在“各就位”之后,运动员必须走向起跑线,完全在自己的分道内和起跑线后做好准备姿势。双手和一个膝盖应触地,两脚应接触起跑器。发出“预备”口令之时,运动员应立即抬高身体重心做好最后的起跑姿势,此时运动员的双手仍须与地面接触,两脚不得离开抵脚板,运动员已就位时,其双手或双脚均不得触及起跑线或线前地面。

3. 在“各就位”或“预备”口令发出后,所有运动员均应立即做好预备姿势,不得延误。

4. 运动员在做好最后预备姿势之后,只能在接收到发令枪或批准的发令装置发出信号之后开始起跑。如果发令员或召回发令员认为有任何在发令枪或批准的发令装置发出信号之前开始的动作,都将判为起跑犯规。

5. 根据发令员的判断,以下情况也将被认为是起跑犯规:

(1)在“各就位”或“预备”口令发出后,未能在适当时间内执行起跑命令。

(2)下达“各就位”口令后,运动员用声音或其他方式干扰该项比赛的其他运动员。

6. 除了全能项目外,对第一次起跑犯规的运动员应取消其比赛资格。

在全能比赛中,如果一名运动员两次起跑犯规,将被取消比赛资格。

如因仪器或其他原因而非运动员造成的起跑犯规,应向所有运动员出示绿牌。

400米以上项目,起跑时只使用“各就位”口令,在所有运动员稳定时鸣枪或启动经批准的发令器材,起跑时,运动员的手不得触地。

(三)分道跑

在分道跑和部分分道跑的径赛项目中,运动员越出跑道,或冲撞、阻挡其他参赛者,会被取消资格。如果运动员被推出或挤出指定跑道,只要未获得实际利益也未影响他人,可以不取消其参赛资格。同样,任何参赛者在直道上跑出自己的分道,或在弯道中跑出其分道外侧分道线,没有获得实际利益且未阻碍他人,均不算犯规。

运动员自愿离开跑道后将不得继续参加该项目比赛。

（四）赛次和分组

径赛一般分为第一轮、第二轮、半决赛和决赛四个赛次。而赛次的安排、分组、每一赛次的录取人数等将根据报名参赛的人数决定。预赛分组时要尽可能把成绩好的运动员平均分配到不同的小组中去。在其后的各轮比赛中,分组依据运动员前一轮的比赛成绩。如果可能,相同系部或班级的运动员应分开。

（五）分道

运动员在所有短跑、跨栏跑和 4×100 米接力跑比赛中,应自始至终在自己的跑道内。800 米和 4×400 米接力赛中,运动员在自己的跑道内起跑,当运动员越过抢道线后才能离开自己的跑道,切入里道。运动员的跑道由技术代表抽签确定。第二轮开始的各轮比赛,跑道的选择还需依据运动员上一轮的比赛成绩,排名前四位的运动员(队)抽签决定分别占据 3、4、5、6 道,后四名抽签决定 1、2、7、8 道。

（六）接力赛

4×100 米接力跑是分道进行的,接棒者可以在接力区前 10 米内起跑。

接力赛中,运动员必须在 20 米的接力区内完成交接棒。“接力区内”的判定是根据接力棒的位置,而不是根据运动员身体或四肢的位置。

在 4×400 米接力跑中,第一棒全程及第二棒的第一弯道分道跑,第二棒运动员要越过抢道线后方可切入里道。第一棒的传接必须在运动员指定的跑道内进行,裁判员根据第二及第三棒运动员通过 200 米起点处的先后,按次序让其第三及第四棒的队友在接力区内,由内至外排列等候接棒。所有接棒者均不可在接力区外起跑。

接力棒必须拿在手中,直到比赛结束为止。完成交接棒后,运动员应留在本队的跑道中,以免影响他人而被取消比赛资格。任何人掉了棒,必须由其本人拾回,而且要在不影响别人的情况下进行。

（七）跨栏

运动员必须在自己的跑道内跨越每一个栏架,当运动员跨越栏架时,若其腿或足从低于栏架顶的水平线跨越,或跨越并非自己赛道上的栏架,或故意以手或脚撞到任何栏架,均应取消其比赛资格。

(八) 风速

在100米、200米和100米栏、110米栏比赛中,如果风速超过2米/秒,运动员创造的成绩就不能成为新的世界纪录。

二、田赛项目规则要点

(一)比赛方法

在奥运会田赛项目中,如果参赛运动员人数较多而无法顺利进行决赛时,应举行及格赛。举行及格赛时,所有运动员都必须参加,通过及格赛获得决赛资格,一般取12人左右。及格赛的成绩不能成为正式比赛的成绩。

田赛项目决赛前3轮比赛的顺序由抽签决定。前3次比赛结束后,应对运动员的成绩排序,按成绩取前八名运动员进行最后3次比赛;第4、第5次比赛顺序,应与前3次成绩排名相反。最后一轮的比赛顺序应于前5次比赛后的排名相反,成绩最好的排在最后比赛。如果成绩相等,比赛的顺序将按前3次的抽签顺序进行。

当运动员人数只有8人或少于8人时,每人均有6次比赛机会。如果前3轮比赛后有1人以上没有有效成绩,那么后3轮的比赛顺序是按他们原来的顺序排在其他有成绩的运动员之前,其他人后3轮的比赛顺序按成绩排名相反原则进行。

在一般比赛中,后3次的比赛顺序可以与前3次比赛后的排名相反进行。

(二)有效成绩

1. 除犯规外,跳跃远度项目比赛中,运动员每次试跳的成绩均为有效成绩。

2. 除犯规外,跳跃高度项目比赛中,运动员每次跳过的高度均为有效成绩。

3. 除犯规外,投掷项目比赛中,当运动员的器械完全落在落地区内(不包括落地区边线)才算有效,丈量成绩时从距离投掷区最近的落地点算起。其中标枪必须是枪尖首先触地,成绩才算有效。

(三)录取名次

每名运动员应以其最好的一次比赛成绩,包括因与第一名成绩相等而进行的决名次赛的成绩,作为其最后的决定成绩排定名次,成绩好者列前。如成绩相等,按下列规定解决。

1. 在以远度判定成绩的田赛项目中,如出现成绩相等,应以其次优成绩判定名次。如次优成绩仍相等,则以第三较优成绩判定,以此类推。

如仍相等,并涉及第一名者,则令成绩相等的运动员,按原比赛顺序,进行新的一次比赛,直至分出名次为止。

2. 在以高度判定成绩的田赛项目中,如出现成绩相等,则按以下规定解决:

(1)在出现成绩相等的高度上,试跳次数较少者名次列前。

(2)如成绩仍然相等,则在包括最后跳过的高度在内的全赛中,试跳次数较少者名次列前。

(3)如成绩仍相等,当涉及第一名时,在成绩相等的运动员间进行决名次跳,根据规则第 181 条中规定再试跳一次最后通过高度的下一个高度。如有关运动员都跳过或都未跳过而仍不能判定名次,则横杆应提升或降低:跳高为 2 厘米,撑竿跳高为 5 厘米。他们应在每个高度上只试跳一次,直到分出名次为止。如成绩不涉及第一名时,则运动员的比赛名次并列。

(四)犯规

1. 跳远、三级跳远出现下列情况之一者,即判试跳失败:

(1)在未做起跳的助跑中或在跳跃中,运动员身体任何部位触及起跳线之前的地面;

(2)从起跳板两端之外起跳,无论是否超过起跳线的延长线;

(3)触及起跳线和落地区之间的地面(不适用于三级跳远中的单足跳和跨步跳阶段的正常着地动作);

(4)在助跑或跳跃中采用任何空翻姿势;

(5)在落地过程中触及落地区以外的地面,而落地区外的触地点较落地区内的最近触地点更靠近起跳线;

(6)离开落地区时,运动员在落地区外地面的第一触地点较落地区内的最近触地点更靠近起跳线;

(7)未经允许进行试跳,无故错过试跳,无故拖延时限,都应判该次试跳失败;

2. 跳高出现下列情况之一者,即判试跳失败:

(1)使用双脚起跳;

(2)试跳后,由于运动员的试跳动作,致使横杆不能留在横杆托上。

(3)在跳过横杆之前,运动员身体的任何部位触及横杆后沿(靠近助跑道)垂直面以前的地面或落地区。如果运动员在试跳中一只脚触及落地区,而裁判员认为他并未从中获得利益,则不应因此原因判该次试跳失败;

(4)无故延误时限;

(5)当裁判员通知运动员试跳开始后,运动员才决定免跳,当时限已过时,应判该次试跳失败。

3.撑竿跳高出现下列之一者,应判试跳失败:

(1)试跳后,由于运动员的试跳动作,致使横杆未能留在横杆托上;

(2)在越过横杆之前,运动员的身体和所使用的撑竿的任何部位触及插斗前壁上沿垂直面以前的地面和落地区;

(3)起跳离地后,将原来握在下方的手移握至上方的手以上或握在上方的手向上移握;

(4)试跳时,运动员用手稳定横杆或将横杆放回;

(5)无故延误时限;

(6)当裁判员通知运动员试跳开始后,运动员才决定免跳,当时限已过时,应判该次试跳失败;

(7)当裁判员根据运动员登记的架距调整好后,计时员已开始计时,运动员再提出调整架距,则再次调整架距的时间应计入该运动员的试跳时间内,如因此而超出试跳时限,则应判断该次试跳失败;

(8)无故错过该次试跳顺序;

(9)试跳中,当撑杆不是朝远离横杆或撑竿跳高架子方向倾倒时,如有人接触撑杆,而有关裁判长认为,如果撑杆不被接触,将会碰落横杆,则应判该次试跳失败。

4.投掷项目中出现下列情况之一者,应判试掷失败。

(1)无故超出时限;

(2)投掷铅球和标枪技术不符合规则规定(规则要求铅球和标枪必须由单手从肩上掷出);

(3)在投掷过程中,身体和器材的任何一部分都不得触及投掷圈上沿或投掷圈外的地面和标枪投掷弧、延长线以及线外地面,包括铅球抵脚板的上面,否则即为投掷失败;

(4)只有当器械落地后,运动员才允许离开投掷圈或助跑道;标枪运动员在投出的标枪落地前,不能在投掷后转身完全背对其投出的标枪;完成投掷后,链球、铁饼和铅球运动员必须从投掷圈后半圈的延长线后面退出;标枪运动员必须从投掷弧以及其延长线以后退出;

(5)在没有犯规的情况下,运动员可以中止已经开始的试投动作,将器材放下以后暂时离开投掷区,并重新开始,但是必须在规定的时限内完成;

(6)运动员可以在比赛期间离开比赛场地,但必须由裁判员许可和陪伴;

(7)比赛过程中,运动员不能在比赛场地使用以下电子设备:摄像机、录放机、收音机、CD 机、手机等类似的电子设备。

5. 裁判员的旗示

在跳跃项目比赛中,通常有一名主裁判手持红、白旗各一面,用来示意运动员试跳是否成功。举红旗表示试跳失败,成绩无效;举白旗表示试跳成功,成绩有效。

在投掷项目比赛中,通常有两名主裁判手持红、白旗各一面,用来示意运动员试投是否成功。举红旗表示失败,举白旗表示成功。其中一名站在投掷区附近,称为内场主裁判,主要判定运动员在试投过程中是否犯规;另一名在落地区内,称为外场主裁判,主要判定器械落地点是否有效。

6. 田径成绩实时显示屏

在国际或国内大型田径比赛中,通常会在赛场显著位置放置两块电子显示屏,一块用来显示将要上场运动员的姓名、号码、国家(地区)、比赛的轮次,比赛成绩名次等;另一块是计时显示屏,用来显示试投或试跳运动员的剩余时间。

三、全能项目竞赛规则要点

全能比赛需要按照顺序进行各个项目比赛,所有比赛的场地和器材以及比赛规则与单项比赛基本相同;不同的是,运动员在单项径赛项目中第一次及之后起跑犯规的运动员都将被罚出比赛,但全能径赛中同一个人两次起跑犯规才被罚。新的世界纪录或奥运会纪录要求单项径赛时风速不能超过 2 米/秒,全能径赛则不能超过 4 米/秒。在跳远和投掷项目中,每名运动员只能试跳(掷)3 次。在跳高单项赛中,每轮横杆升高不得小于 2 厘米,而全能跳高赛中始终升高 3 厘米;撑竿跳高单项赛中每次至少升高 5 厘米,而全能比赛中始终升高 10 厘米。

(一)分组、分道和比赛顺序

全能项目最后一项比赛的分组,应将倒数第二项比赛后积分领先的运动员分在一组。

(二)录取名次

全能比赛以最后所有项目的总积分最多者为胜。如果积分相等,则以任何一个单项得分最高者为优胜。如再次成绩相等,则以第二得分高的单项分数较高者名次列前,并以此类推。此方法适用于全能比赛中任何名次的成绩相等情况。

思考题

1. 田径健身运动的意义和方法?
2. 田径健身运动的锻炼原则和注意事项有哪些?
3. 立定跳远的动作要领是什么?
4. 背向投掷铅球的动作要领是什么?
5. 主要的田径竞赛规则有哪些?

第三章　篮　球

第一节　移　动

根据篮球比赛中攻守对抗的规律，可将篮球技术分为进攻技术和防守技术。进攻技术有传接球、投篮、运球、持球突破等；防守技术有防守对手、抢、打、断球等。进攻技术和防守技术都有移动、抢篮板球。

一、移动技术

移动是篮球运动中队员为了改变位置、方向、速度和争取高度、空间所采用的各种脚步动作方法的总称。

篮球比赛是在长28m、宽15m的场地上进行的，双方队员攻守交替、互相争夺，力争更多地把球投入对方球篮，而不让对方投中本方球篮。为了达到这一目的，双方队员必须在球场上不停顿地移动，来寻找投篮机会或阻止对方投篮，争取进攻和防守的主动权。因此，移动技术是完成各项技术动作的基础，也是实现篮球战术目的的重要因素。为了方便学习，本节主要分析以下几个方面：

（一）准备姿势（基本站立姿势）

基本站立姿势是队员在起动前的基本准备姿势。两脚左右（或前后）开立，距离约与肩同宽；两膝弯曲，大、小腿之间的角度大约在135°左右；脚掌着地；两臂屈肘，置于身体两侧，上体微向前倾；两眼平视。队员为了迅速往不同方向起动和起跳，及时准确地完成动作，必须保证正确基本站立姿势。

动作要点：屈膝、降低重心，抬头，目光注视全场。

（二）起动

起动是队员在球场上由静止状态变为运动状态的一种动作，是获得位移速度的方法。进攻时，突然快速的起动，是摆脱防守的有效手段之一。防守时，突然快速的起动，可以抢占有利位置，看住对手。

动作要点：移重心，猛蹬地，快跨步，快频率。

（三）跑

跑是为了完成攻守任务而争取时间的脚步动作。比赛中经常运用的跑有以下几种：

1. 变速跑

变速跑是队员在跑动中利用速度变化来摆脱防守者的一种跑动方法。它利用突然加速或减速破坏防守者的正确位置，及时地完成切入、接球、突破和投篮等动作。

动作要点：加速时，上体前倾，步频加快，蹬跨有力。减速时，上体稍直起，步幅加大，控制速度。

2. 变向跑

变向跑是队员在跑动中利用突然改变方向完成攻守任务的一种方法。

动作要点：变向时，前脚掌内侧用力蹬地，另一脚步迅速朝变向方向迈出第一步。

3. 侧身跑

侧身跑是指队员在跑动中为了抢位，摆脱防守，接侧向或侧后方传来的球而采用的一种跑动方法。

动作要点：上体自然侧转，脚尖朝前。

（四）急停

急停是指队员在快速移动中突然制动速度的一种方法，是各种脚步动作衔接和变化的过渡动作，比赛中急停多与其他技术结合在一起运用。急停分跨步急停和跳步急停两种。

1. 跨步急停

动作要点：第一步要用脚外侧着地，微屈。第二步落地时用前脚掌内侧蹬地制动前冲速度。屈膝降低重心，腰胯用力。

2. 跳步急停

动作要点：落地时动作轻盈，身体在空中稍向任何一个方向自然侧转，以缓和前冲速度，落地后迅速降低重心，保持身体平衡。

（五）转身

转身是指队员以一脚做中枢脚进行旋转，另一脚蹬地向前后跨出，改变原来身体方向的一种动作方法。它可与急停、跨步、持球突破结合运用，有效地摆脱防守，创造传球、投篮机会。转身分为前转身和后转身。

1. 前转身

动作要点：转体蹬跨有力，重心迅速转移，跨步后降低重心，不要起伏。

2. 后转身

动作要点：腰胯带动躯干旋转，蹬跨有力，保持身体平衡。

（六）滑步

滑步是防守移动的一种主要方法。它易于保持身体平衡，可向任何方向移动。滑步可分为侧滑步、前滑步、后滑步三种。

1. 侧滑步

动作要点：侧滑步时，要保持屈膝低重心的姿势，身体不要上下起伏，两腿不要交叉，重心保持在两脚之间，两眼注视对手。

2. 前滑步

动作要点：前滑步时，保持屈膝降低重心，身体不要上下起伏，前脚同侧臂上举，另一臂侧下张开。

3. 后滑步

后滑步动作方法与侧滑步相同，只是向后滑步移动。

（七）后撤步

后撤步是前脚向后撤步的一种方法。

动作要点：前脚蹬地后撤要快，后脚碾地扭腰转髋要猛，后撤角度不宜过大，身体不要起伏。

（八）攻击步

攻击步是防守队员突然向前跃出，进行抢、打、断球的一种防守移动方法。

动作要点：蹬跨突然，落地平衡。

（九）跳

跳是指队员在场上争取高度及远度的一种动作方法。篮球比赛中很多技术需要队员在空中完成，队员必须能单脚、双脚起跳，会在原地跳，跑动中和对抗条件下向不同方向跳、连续跳等。并要求起跳快，跳得高，滞空时间长，更好地在空中完成各种攻守动作。跳有双脚起跳和单脚起跳两种方法。

1. 双脚起跳

动作要点：两膝弯曲降低重心，用力蹬地，向上摆臂，充分伸展，落地屈膝，保持身体平衡。

2. 单脚起跳

动作要点：踏跳脚和腿用力蹬地，起跳腿上摆，身体充分向前上方伸展，控制身体平衡。

二、移动技术的教学

（一）教学

1. 起动和跑的练习

（1）基本站立姿势（面向、背向、侧向），听或看信号做起动和跑的练习。

（2）在各种情况和状态下（蹲着、坐着、原地各种跑动中，原地向上、向侧跳起时，滑步中，急停以后），听或看信号向不同方向做起跑的练习。

（3）自已或同伴抛球，球离手后起动快跑接球，不让球落地，把球接住。

（4）原地运球，听或看信号做起动快速运球的练习。

（5）利用篮球场的圈、线做侧身跑和对角折线跑。

（6）两人一组做侧身跑。

（7）两人行进间传球，练习侧身跑。

2. 急停的练习

（1）保持基本站立姿势，慢跑两三步接着做跨步急停和跳步急停。

（2）以稍快节奏跑三五步，接着做跨步急停和跳步急停。

（3）快跑中听或看信号做跨步急停。

（4）跑动中做接球急停，然后传球。

（5）运球结束时做急停，接着传球或投篮。

3. 转身与跨步练习

（1）成基本站立姿势，分别以左、右脚为轴，做跨步前、后转身90°、180°、270°的练习。

（2）慢跑中急停，向左或右跨步做前、后转身90°、180°起动快跑。

（3）原地持球，分别以左、右脚为轴，做跨步前、后转身练习。

（4）跳起接球后，做前、后转身传球、运球或投篮。

（5）一对一攻守中，做前、后转身护球练习。

4. 跳的练习

（1）原地听信号向上起跳或跨步向前、侧、后上方做双脚起跳练习。

（2）助跑两三步后，做单脚或双脚起跳。

（3）结合跨步、转身、急停等动作练习起跳动作。

（4）助跑单脚起跳，用手摸篮板、篮圈的练习。

（5）单、双脚起跳后做接球、传球或断球等动作练习。

5. 防守步法练习

(1)听和看手势做向左、向右、向前、向后滑步。

(2)向前滑步变后撤步接侧滑步。

(3)向前或向后滑步,接攻击步变后撤步接侧滑步。

(4)按规定路线或按标志物做之字形、三角形、小8字形滑步和T字形碎步练习。

(5)一对一攻守中,迎上做碎步堵截对手移动路线练习;做攻击步抢球、打球练习。

6. 综合练习

(1)由攻转守综合性脚步练习。

(2)进攻跑动及换位综合性移动练习。

(3)半场摆脱与防摆脱练习。

(二)思考题

1. 移动技术包括哪些内容?

2. 详述急停和前后转身的动作要点。

3. 叙述移动的准备姿势。

4. 试述掌握正确多样的移动动作与现代篮球运动的发展的关系。

第二节　进攻部分

一、传接球

(一)传球动作方法及要点

1. 双手胸前传球

双手胸前传球是一种最基本、最常用的传球方法。其具有传球快速有力、准确性高、容易控制,便于与其他动作相结合的优点。

(1)动作方法

双手持球于胸腹之间,两肘自然弯曲于体侧,身体成基本站立姿势,眼平视传球目标,传球时后脚蹬地发力。身体重心前移,两臂前伸,两手腕随之旋内,拇指用力下压,食、中指用力拨球并将球传出,球出手后,两手向下略向外翻。

在掌握了双手胸前传球的基本方法后,一般中近距离传球靠翻抖手腕将球传出；远距离传球需加大蹬地跨步、伸上臂的力量。传球距离越远，蹬地跨步伸上臂的幅度越大。

(2)动作要点

持球动作正确，用力协调连贯，食、中指拨球。

2. 单手肩上传球

单手肩上传球是一种常用于中远距离的传球方法。传球时用力大，球飞行速度快，利于在发动长传快攻时运用。

(1)动作方法：双手持球于胸前，两脚平行开立，右手传球时，左脚向传球方向跨出半步，右手靠左手指拨送球的力量将球引至右肩侧上方，右肩关节引展，大小臂自然弯曲，手腕稍后屈，持球的后下方，左肩对着传球方向，重心落至右脚上，传球时，右脚蹬地发力，同时转体带动上臂以肘领先前臂，手腕前屈，食、中、无名指用力拨球将球传出。

(2)动作要点：自上而下发力，蹬地、扭转肩、挥臂扣腕动作连贯。

3. 单手体侧传球

单手体侧传球是一种近距离隐蔽传球的方法。外围队员传球给内线同伴时常用这种方法。与跨步、突破等假动作结合运用效果较好。

(1)动作方法

两脚开立，双手持球于胸前，右手传球时，左脚向左侧前方跨步的同时将球引至身体右侧呈右手单手持球，出球前一刹那，持球手的拇指在上，手心向前，手腕后屈。传球时，前臂向前作弧线摆动，手腕前屈，食、中、无名指拨球将球传出。

(2)动作要点

跨步与向体侧引球同时进行，前臂摆动要快，传球手腕用力，手指拨球。

(二)接球动作方法及要点

1. 双手接中部位的球

这是一种最基本的接球方法。

(1)动作方法

两眼注视来球，两臂伸出迎球，双手手指自然张开，两拇指成八字形，其他手指向前上方伸出，两手成一个半圆形。当手指触球时，双手将球握住，两臂顺势屈肘后引，缓冲来球的力量，两手持球于胸腹之间，成基本站立姿势。

(2)动作要点

伸臂迎球，在手接触球时收臂后引缓冲，握球于胸腹之间，动作连贯一致。

2. 双手接高部位的球

这种接球方法与双手接中部位高度的球相同，但要求两臂必须向前上方迎球伸出。其他动作同双手接中部位的球。

3. 双手接低部位的反弹球

(1)动作方法

接球时要及时迎球跨步,上体前倾,眼睛注视来球方向,两臂迎球向前下方伸出,掌心斜对来球的反弹方向,五指放松自然张开,手指触球后,两手握球顺势将球引至胸腹之间,保持身体平衡,成基本站立姿势。

(2)动作要点

跨步迎球要及时,手臂下伸要快。

4. 单手接球

单手接球范围大,能接不同方向和部位的来球,有利于队员接球后的快速行动,但没有双手接球牢稳。接高部位球、中部位球、低部位球的动作方法基本相同,只是在接高部位球时掌心向上。

(1)动作方法

原地单手接球,接球手向来球方向伸出,五指自然张开,掌心正对来球,腕、指放松。当手指接触球时,顺球的来势迅速收臂,置球于身体前方或体侧,另一手迅速扶球,保持身体平衡,做好下一个进攻动作的准备姿势。在移动中接球时,要判断来球的时间和落点,及时向来球方向跨步移动,接球后要迅速降低重心,衔接下一个进攻动作。

(2)动作要点

手指自然分开伸臂迎球,触球后球要快,另一手及时扶球。

(三)教学

1. 熟悉球性练习

练习一:用双手指腕连续拨翻球(手指弹拨、手腕转翻)。两手持球,手臂伸直于身前,用手腕、手指连续拨翻球,使球在两手之间快速移动。两手之间要保持一定的距离,练习时节奏可由慢至快,由快至慢,并不停改变球和两臂的高度(上至头、下至脚)反复练习。

练习二:双手胸前抛接球。两腿左右开立,双手持球向空中抛球,并在胸前或身后把球接住。熟练后可以跳起接球或接不同方向的地面反弹球。

练习三:球绕身体交换手接球。两脚开立,两手持球于腹前。两手交替使球绕腰、绕头,然后绕腰、绕腿、绕踝,连续反复练习。

练习四:单、双手体后抛球接球。两脚左右开立,左手持球于身后,然后抛球过异侧臂前方,右手迎上接球后用同样方法从背后抛球至异侧臂前方,左手迎上接球;也可以用双手背后抛球过头顶,双手胸前接球。

练习五:环绕双腿交接球。两脚开立约与肩宽,体前屈,用右手将球从两腿中间交给左腿后面的左手,左手持球绕过左腿外侧至左腿前,继续用左手将球从两腿中间交给右腿后面的右手,右手接球后经过右腿外侧还原成开始姿势。依此反复练习。

练习六:胯下两手交叉传球。两腿左右开立,体前倾,左手在前,右手在体后,胯下持球,然后双手用力将球抛起,左右手迅速换位,右手变前,左手变后,连续抛接球。

练习七:行进间胯下8字交接球。两脚左右开立,略宽于肩,持球于膝前。练习时,向前迈出右腿,同时左手持球在两腿中间将球交右手,左脚继续向前行进,右手持球经右腿外侧在两腿间将球交左手,依次前进做胯下8字交接球。行进速度与方向可不断交换。

2. 原地传接球练习

练习一:两人一组,原地徒手做各种模仿传球练习。可一人做动作,一人纠正。

练习二:两人一组对面站立,做各种传球练习,也可对墙进行练习,并用各种方法接反弹回来的球。间隔距离根据需要由近至远。

练习三:原地跨步,跳起接不同方向的传球。

3. 移动传接球练习

练习一:两人一组一球,相距4m面对站立,一人原地传球,另一人向左右、前后移动接球,传接球一定次数后,互相交换练习。

练习二:迎面上步传接练习。练习者跑动接球、急停、上步传球、跑动,以加大练习的难度。

练习三:三角形移动传接球。三组站立成三角,1队第一名队员传球给2队第一名队员后迅速跑至2队队尾,2队第一名队员立即将球传给3队第一名队员后迅速跑至3队队尾;3队第一名队员迅速传给1队的第2名队员。依次循环连续练习。

练习四:两人全场行进间传接球。

练习五:三人直线跑动传接球。

练习六:四角移动传接球。(方法同三角形移动传接球)

练习七:有防守情况下的传接球练习。

二、投篮

(一)投篮技术分析

投篮是一项复杂的技术动作,它主要由持球方法、瞄准点、出手动作、球的旋转、抛物线等环节组成。

1. 持球方法

持球是投篮能否牢固地控制球和完成投篮动作的前提。持球方法正确便于更好地发挥手指指端对球的感应和控制。持球有两种方法:

(1)单手持球方法

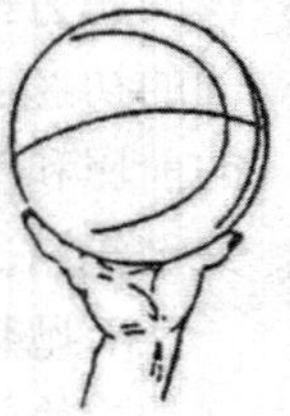

以原地单手肩上投篮为例,投篮手五指自然分开,用指根以上部位托球的后下方,手心空出,手腕略向后仰,球的重心落在食指和中指掌指关节处,肘关节自然下垂,置球于同侧肩的前上方。

(2)双手持球方法

以原地双手胸前投篮为例,两手手指自然分开,拇指相对成八字形,用指根以上部位握球的两侧后下方,手心空出,两臂自然屈肘,肘关节下垂,置球于胸与颚之间。

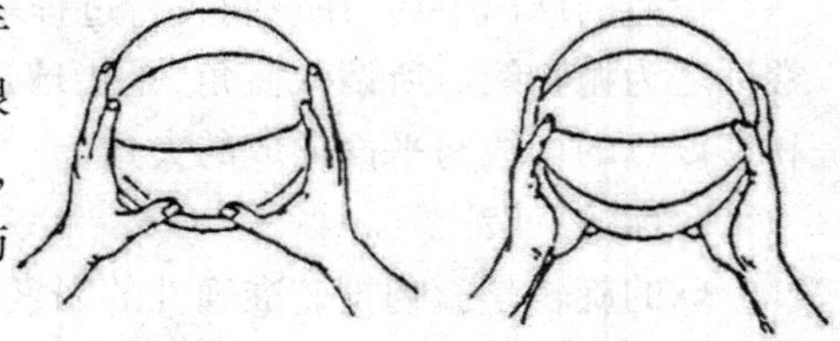

1 2

2. 瞄准点

是指投篮时眼睛注视篮圈或篮板的某一点。瞄准是为了精确地目测投篮的方向、距离,从而决定投篮出手的角度、用力的大小和球的飞行弧度的高低,是提高投篮命中率的重要环节。由于投篮有直接命中和碰板命中两种,所以瞄准点也有两种:

(1)直接命中的瞄准点

是指篮圈距投篮队员最近的一点,这种瞄准点在球场的任何地方投空心球都适用。

(2)碰板投篮的瞄准点

是指以篮板的某一点作为瞄准点,在投篮时将球投向篮板上能够碰板入篮的一点。

3. 出手力量

投篮用的力量是指投篮过程中身体各部位综合协调用力地过程。力的聚合是从投篮准备姿势开始,由下肢蹬地发力,然后随着投篮出手的方向伸展身体,特别是借助脊柱伸展的惯性促使下肢、躯干和上肢连贯协同配合,把身体各部位肌肉的力量聚于手臂、手腕、手指部位，最后以手腕的抖屈以及手指的弹拨或挑、点等动作将球投出。

4. 出手角度

出手角度是指投篮时球离手一瞬间运动方向与出手点水平面所构成的夹角。它决定球在空中飞行弧度的高低和入篮角的大小。

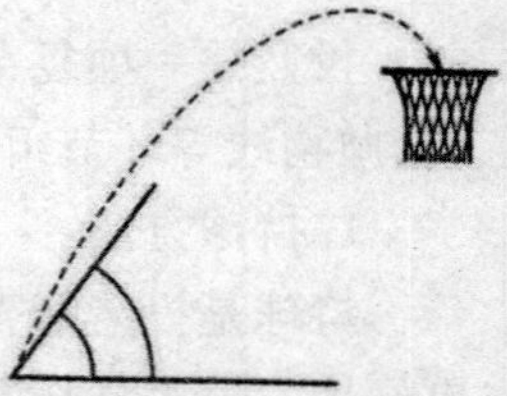

5. 出手速度

出手速度是指投篮时球出手的一瞬间，综合身体各部位的肌力作用于球体的效果，经过手腕和手指的调节，使球离手进入空间获得运动的初速度。合理的投篮速度，取决于出手力量和手腕、手指动作的速率。手腕的前屈和手指拨球动作的突然性、连贯性和柔和性，对取得合理的出手速度起着关键作用。

6. 抛物线及入篮角

投篮的球出手后，在空间飞行过程中受重力的影响，因此成弧形运行轨迹，通常称之为抛物线。所谓入篮角，是指球进入篮圈前一瞬间，运行轨迹反映的曲线和在该点的切线与平面形成的夹角。

7. 球的旋转

球的旋转是影响投篮准确性的因素之一。投篮出手时手腕、手指的动作和力量，决定球的旋转方向和速度。正确的投篮手法会使球适当地旋转。一般中、远距离投空心篮和正面碰板球时，大多是使球沿着球的横轴向后旋转，这样不但有助于保持飞行的稳定性，还有助于提高飞行弧度，在碰到篮圈时球的反弹方向是向下的，比不旋转的球更容易落入篮圈内。在篮的侧面碰板投篮时，应使球向侧面旋转；做行进间单手和双手低手投篮时，则应使球向前旋转。

（二）投篮动作方法

1. 原地单手肩上投篮

原地单手肩上投篮是各种投篮方法的基础，具有出手点高、便于结合其他技术动作和不易被防守的特点，是应用较广泛的投篮方法。

（1）动作方法

以右手投篮为例，右手五指自然分开，手心空出，用指根以上的部位持球，大拇指与小拇指控制球体，左手扶在球的左侧，右臂屈肘，肘关节自然下垂，置球于右肩前上方，目视球篮，两脚左右或前后开立，两膝微屈，重心落在两脚掌上。投篮时，下肢蹬地发力，右臂向前上方抬肘伸臂，手腕前屈，食、中指用力拨球，通过指端将球柔和地投出。球出手的瞬间，身体随投篮动作向上伸展，脚跟微提起。

1 2 3 4 5 6

(2)动作要点

上下肢协调用力,抬肘伸臂充分,手腕前屈,手指柔和地拨球,将球投出,中、食指控制方向。

2. 原地双手胸前投篮

原地双手胸前投篮是双手投篮中最基本的动作方法。它的优点是投篮的力量大,距离远,而且便于和传球、运球突破相结合;缺点是投篮时持球和出手部位较低,容易被防守方干扰。

(1)动作方法

双手持球于胸前,肘关节自然下垂,两脚前后或左右开立,两膝微屈,重心落在两脚之间,目视瞄准点。投篮时,上肢随着脚蹬地,两臂向前上方伸出,同时两腕内旋,拇指下压,手腕前屈,食、中指用力拨球,通过指端将球投出,球出手后,两手心自然向下向外翻,脚跟提起,身体随投篮出手方向自然伸展。

1 2 3 4

(2)动作要点

自然屈肘下垂,投篮时两臂用力均衡,前臂内旋,手指拨球用力与下肢动作要协调一致。

3. 行进间单手肩上高手投篮

行进间单手肩上高手投篮是在比赛中切入到篮下时常用的一种投篮方法。

(1)动作方法

以右手投篮为例，右脚向前跨一大步的同时接球，接着迅速上左脚蹬地起跳，右脚屈膝上抬，双手举球于右肩前上方，腾空后，上体稍后仰，当身体跳到最高点时，右臂向前上方伸展，手腕前屈，食、中指用力拨球，通过指端将球投出。球出手后掌心朝下，球向后旋转。

(2)动作要点

节奏清楚，起跳充分，举球、伸臂、屈腕、拨球动作连贯，用力适度。

4. 行进间单手肩上低手投篮

行进间单手肩上低手投篮是在快速跑动中超越对手后在篮下时最常用的一种快速投篮方法。它具有伸展距离远，动作速度快，出手平稳的优点，多在快攻或强行突破时应用。

(1)动作方法

以右手投篮为例，跑动中步法与行进间单手肩上高手投篮基本相同，只是在接球后第二步要继续加快速度，向前上方起跳，腾空时间要短。右手将球引至右肩侧前上方，持球手五指自然分开，手心朝上，托球的下部。投篮时，借助身体上升的惯性，手臂向前上方伸展，用屈腕、挑指的动作，使球由食、中指端向前柔和地投出。出手后掌心向上，球向前旋转。

(2)动作要点

腾空时身体向前上方充分伸展，保持托球的稳定性，腕指上挑，动作要协调、柔和。

5. 原地跳起单手肩上投篮

原地跳起单手肩上投篮是在原地单手肩上投篮基础上的一种投篮方式，也是现代篮球运动普遍应用的主要投篮方式。它具有突然性强、出手点高而快和不易防守的优点，动作方法与原地投篮相同，只是跳起后在空中完成投篮动作。

(1)动作方法

以右手投篮为例。两手持球于胸前，两脚左右或前后开立。两膝微屈，重心落在两脚之间。起跳时，迅速屈膝，脚掌用力蹬地向上起跳，同时双手举球到右肩上方，右手持球，左手扶球的左侧方，当身体接近最高点时，左手离球，右臂向前上方伸展，手腕前屈，食、中指拨球，通过指端将球投出，落地时屈膝缓冲。

(2)动作要点

起跳垂直向上，起跳与举球、出手动作应协调一致，在接近最高点时出手。

6. 接球急停跳起投篮

接球急停跳起投篮是在原地跳起投篮的基础上，在移动中接球后常用的一种投篮方法。

(1)动作方法

在移动中用跨步或跳步接球急停，两膝微屈，重心下降，突然向上起跳，同时持球上举，当身体腾空至最高点时，前臂向前上方伸展，手腕前屈，食、中指用力拨球，通过指端将球投出。

(2)动作要点

接球急停与起跳衔接要好,第一步要克服向前的冲力,蹬地、起跳快速有力。

7. 运球急停跳起投篮

运球急停跳起投篮是在运球过程中寻找战机,突然急停快速进行跳起投篮的技术方法。

(1)动作方法

在快速运球中,采用一步或两步急停接球,两膝微屈,重心快速移动至两脚之间并迅速蹬地向上起跳,同时双手举球,当身体接近最高点时,右臂向前上方伸展,手腕前屈,食、中指拨球,通过指端将球投出。

(2)动作要点

跳步或跨步接球急停时要面对球篮,急停与起跳动作衔接连贯,起跳突然,快速有力,空中保持身体平衡。

(三)教学

1. 模仿投篮

(1)徒手练习。做原地投篮动作,重点体会投篮的手法和用力过程。

(2)持球练习。学生两人一组一球,互相对投,体会原地投篮和跳起投篮的手法及身体各环节的协调配合。

(3)自抛、自接做原地及跳起投篮的模仿练习。向前抛球,起动,体会接球、起跳、举球协同配合的过程。

(4)行进间投篮模仿练习。可结合如“一二跳”等口令做,亦可利用吊球或其他教具协助练习。

2. 原地投篮

(1)正面定点投篮。学生每人一球,自投自抢,依次练习。

(2)不同角度投篮。队员列队站于投篮点,每人一球,排头队员自投自抢,并按照顺时针方向换位至下一队队尾,依次连续练习。

3. 行进间投篮。

(1)半场传、接球上篮。两人半场传球投篮,互换位置,依次练习。

(2)全场运球、投篮。分两组,分站两底线,投篮后,自抢篮板球再运至另一边,将球传给另一队第一名,本人排至队尾。

(3)全场运球、传球、接球、投篮的组合练习。

三、运球

(一)运球的动作方法

1. 高运球

是进攻队员在没有防守干扰的情况下,为了加快向前场推进的速度和在进攻中调整进攻速度以及进攻队员处于攻击位置时常采用的一种运球方法。其特点是按拍球的力量大,反弹高度高,便于控制,行进速度快。

(1)动作方法

两脚前后开立,两膝微屈,上体稍前倾,目视前方。运球手臂自然弯曲,以肘关节为轴,用手按拍球的后侧上方,球的落点在身体侧前方,球的反弹高度在腰、胸之间。

(2)动作要点

手按拍球的部位合理，手脚配合协调。

2. 低运球

进攻队员在受到对手紧逼或抢阻时，常采用低运球以保护球或摆脱防守。

（1）动作方法

两腿深屈，降低重心，上体前倾，用上体和腿保护球。同时，手短促地按拍球，球的反弹高度在膝关节以下，以便控制球和摆脱防守继续运球。行进间低运球拍球的部位在球的后上方或后侧方。

（2）动作要点

重心降低，上体前倾，按拍球短促有力。

3. 运球急停急起

在运球推进时，进攻队员利用速度变化摆脱防守的一种运球方法。

（1）动作方法

运球急停时，利用跨步急停动作，用手按拍球的前上方，变为暂时的原地运球，用臂、身体和腿保护球；急起时，身体重心迅速前移，后脚用力蹬地跨出，同时用手按拍球的后上方，推球前进。

（2）动作要点

重心转移快，脚蹬、抵地要有力，按拍球部位要正确，手、脚、身体协调一致。

4. 侧身体前换手变向运球

当对手堵截运球前进路线时，突然向左或向右改变运球方向，借以摆脱防守的一种运球方法。

(1)动作方法

运球队员从对手右侧突破时,先向对手左侧运球,当对手向左侧移动时,突然向右侧变向,用右手按拍球的右侧上方,同时,右脚向左前方跨出,用肩、腿、上体挡住对手,接着迅速换左手按拍球的后上方,从对方的右侧运球超越对手。换手时,球要低,动作要快。

(2)动作要点

变向时重心降低,转体探肩,蹬跨突然,还原快速用力,换手变向后加速要快。

5. 侧身体前不换手变向运球

当运球队员与防守队员接近时,为了摆脱和突破对手,运用上体的虚晃和左、右拨球动作不换手变向突破防守的一种运球方法。

(1)动作方法

1　　2　　3

将球从身体的右侧拨到体前中间位置,当防守队员重心向右侧移动时,突然将球拨回右侧,左脚向右侧跨出,借以摆脱防守,继续运球前进。

(2)动作要点

身体重心转移迅速,按拍球部位正确、熟练。

6. 运球转身

当对方逼近,不能用直线运球或体前变向运球突破时,可用此方法摆脱防守。

(1)动作方法

以右手运球为例,变向时左脚前跨一步为中枢脚,右手按拍球左侧前方,随着后转身动作,将球拉向身体的后侧方,然后换左手运球,从对手的右侧突破后加速前进。

(2)动作要点

最后一次运球要用力,转身迅速,重心不要起伏,按拍球的部位正确,转、蹬、转、拍,协调连贯。

7. 体后变向运球

当对手堵截运球一侧,距离较近,不便运用体前变向运球时,运球队员可采用背后运球,改变方向突破防守。

(1)动作方法

以右手运球为例,变向时,用右手将球控制到身后,按拍球的右侧上方,使球拍至左脚的侧前方,并立即换左手运球,右脚迅速向左向前跨出,用左手运球突破对手。

(2)动作要点

拍球的方法正确,变化迅速,跨步及时,重心跟上。

(五)教学

1. 熟悉球性练习

练习一:原地拍起静止不动的球。原地单蹲,将球放地使之静止不动,然后用腕指不断地拍球,利用球的反弹作用将球拍起,随后再把球拍至地上静止,再重新把球拍起。

练习二:固定手臂运球。准备姿势同上,把运球手的肘关节放在膝上固定不动,利用指腕力量低运球。

练习三:直臂对墙运球。一手托球于头前上方,利用指腕力量对墙进行运球。速度由慢到快,两手交替练习。

练习四:坐着运球。运球者坐在地上,两脚向斜前方分开,运球者沿腿的内外侧进行运球练习。

练习五:单臂支撑旋转运球。运球者单臂支撑成侧卧撑,以支撑手为轴,另一手运球旋转移动,然后换手支撑反复练习。

2. 原地运球

练习一:原地做高、低运球,左右手交替进行。

练习二:原地体前左右手变向运球。运球者两腿开立,约与肩宽,右手运球按拍球的右上方使球弹向左侧,左手按拍球的左上方使球弹向右侧,反复练习。

练习三:原地做体侧前后推拉运球。运球者两腿前后开立,运球手按拍球的后上方使球向前弹出,运球手迅速前移至球的前上方,按拍球的前上方使球弹回。熟练后可加大动作幅度,反复练习。

练习四:原地胯下左、右运球。运球者两脚前后开立成弓箭步,右手持球加力使球从胯下向左反弹,左手迎引球后,再加力使球从胯下向右反弹回来,依此两手交替运球。动作速度可逐渐加快。

练习五:原地背后换手变向运球。运球者两脚左、右开立,约与肩宽,左手持球向左挥摆至体侧,然后用手指、手腕加力,使球经身体左侧向右下方落于体前,使球向右侧上方反弹,右手在背后右侧控制球,然后再用右手加力向左运拍。依此在背后交替换手运球,反复练习。

3. 行进间运球

练习一:全场直线运球(图1)。学生分三组(图1)站位,做直线高运球、低运球练习。

练习二:弧线运球(图2)。队员沿罚球圈中圈做弧形运球到对面的底线,队员再沿相应路线运球返回。

练习三:运球急停急起(图3)。三队员每人一球,根据教师的信号练习急停急起或变速运球。

练习四:曲线运球(图4)。如图全场做曲线变向运球。

练习五:后转身运球或背后换手变向运球(图5)。按图示路线到障碍物时做后转身一次或背后运球一次,再换手运球加速继续前进。练习后站在另一组排尾,按顺序进行练习。

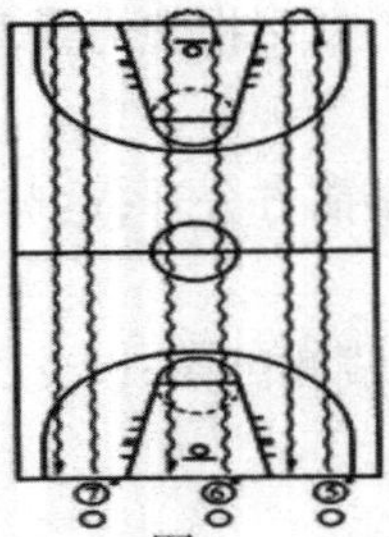
图1

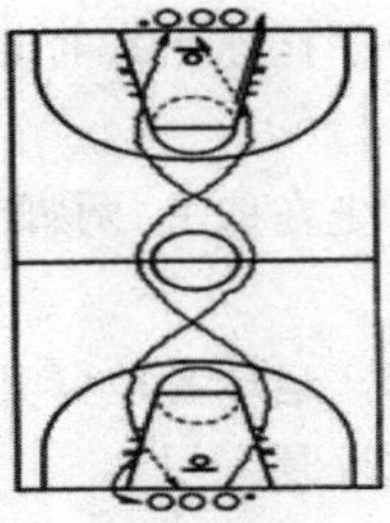
图2

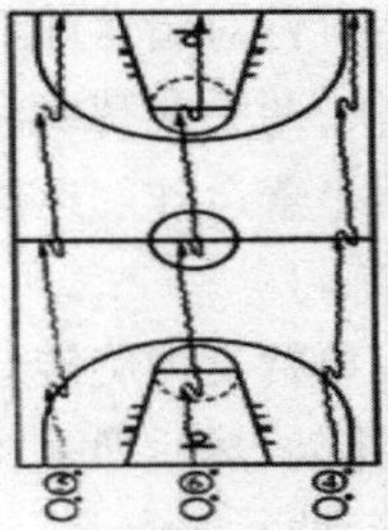
图3

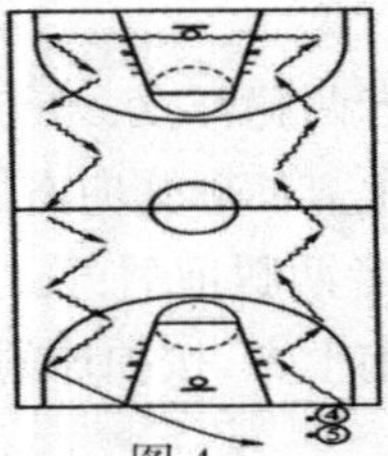
图4

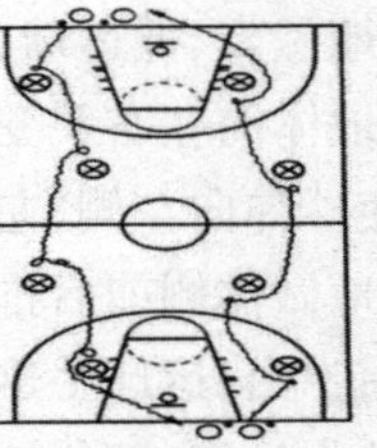
图5

四、持球突破

(一)持球突破动作方法及要点

1. 交叉步持球突破

(1)动作方法

以右脚做中枢脚为例。突破时,左脚向左前方跨出半步,做向左突破的假动作,当对手重心向右移动时,左脚前脚掌内侧迅速蹬地,向对手左侧跨出一大步,同时上体右转探肩,贴近对手;球移至右手,向左脚右斜前方推放球,右脚迅速蹬地跨步,加速超越对手。

(2)动作要点

假动作要逼真,后蹬有力,起动迅速突然,动作连贯。

4. 同侧步持球突破

(1)动作方法

以左脚做中枢脚为例。突破时,左脚内侧蹬地,右脚迅速向对手左侧方跨出一大步,同时向右侧转体探肩,重心前移,球移至右手并推放球于右脚斜前方,左脚迅速跨步抢位,加速超越对手。

(2)动作要点

起动突然,跨步、推放球快速连贯,中枢脚离地前球要离手。

(二)教学

1. 无防守情况下的练习

练习一:原地徒手或结合做持球突破的各种脚步动作的模仿练习。可在教师的口令下集体做。

练习二:每人一球,利用假动作做交叉步、同侧步突破的脚步动作练习,主要体会假动作、蹬跨、转体、探肩、放球、加速几个技术环节的衔接和连贯动作。

练习三:行进间自抛自接,接球后做交叉步、同侧步突破练习。

练习四:原地持球突破练习,队员每人一球,位于45°角处成一纵队。练习开始做原地交叉步和同侧步持球突破后运球上篮。投篮后自抢篮板球运球至队尾,依次练习。

2. 有防守情况下的练习

练习一:在防守情况下一对一连续突破练习。

练习二:接球急停突破上篮练习。

练习三:接侧向球急停突破上篮练习(图1)。①为传球队员,②持球。②传球①后上步接球急停,根据防守情况,用交叉步或同侧步迅速突破上篮。②投篮后至防守位置进行防守,抢篮板球后,运球至队尾。依次练习。

练习四:插上接球后突破上篮练习(图2),老师为传球者,为防守人,②摆脱背对球篮接球后,根据防守位置情况,可直接做前、后转身突破或转身做交叉步或同侧步突破上篮。②投篮后至位置进行防守,抢篮板球后传给老师,至队尾,依次练习。

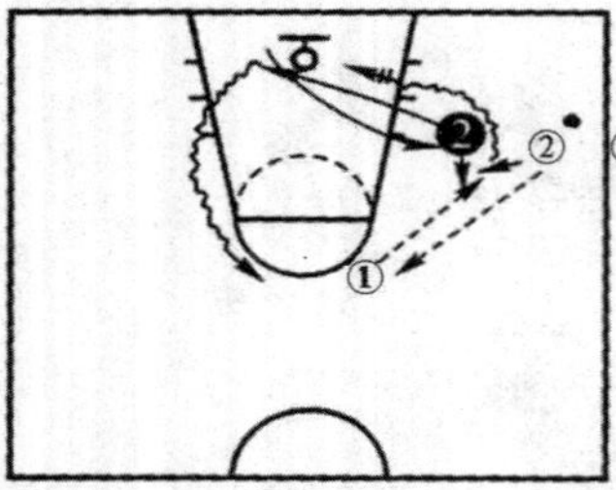

图1

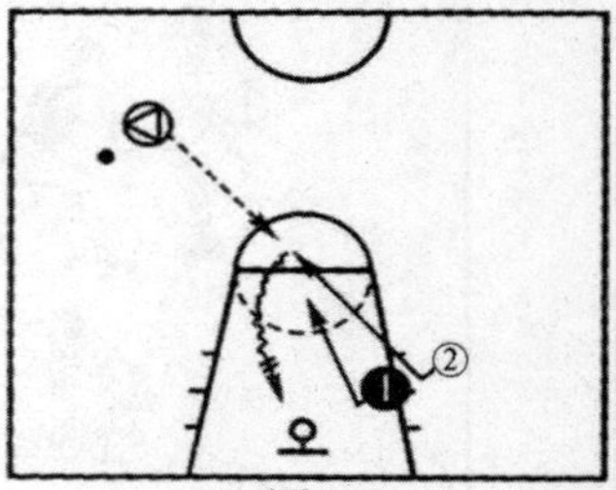

图2

3. 对抗情况下的练习

练习一:“一攻一守”持球突破,队员两人一组一球,做半场的一对一“斗牛”练习。

练习二:半场三对三攻守练习。要求防守采用人盯人防守,不许换人。进攻队员不许掩护,主要利用投篮和突破结合技术来进攻。练习一定次数或成功一定次数后,攻守交换。

(三)思考题

1. 简述双手胸前传球的动作方法。

2. 简述决定投篮准确性的几个重要因素。

3. 试述现代篮球运动中投篮技术的发展趋势与特点。

4. 分析原地单手肩上投篮的动作方法与要点。

5. 简述行进间高手投篮的教学步骤与方法。

第三节 防守技术

一、抢、打、断球

(一)抢、打、断球动作要点

1. 抢球

抢球是从进攻队员手中夺取球的方法。多在防守者离持球者近,而且持球者保护球不好时运用。

动作要点:出手要快、动作有力、扭拉要突然。

2. 打球

打球是指击落对方手中球的方法。包括打原地持球队员的球、打运球队员手中的球和打行进间投篮队员手中的球三种情况。

动作要点:选择好时机,上步快速,迅速出手,手臂撤离要快,打球后迅速抢球。

3. 断球

断球是截获对方传接球的方法。根据传球方向和防守队员断球前所处的位置,一般分为横断球,纵断球和封断球三种。

(1)横断球:是从侧面跃出截获进攻队的传球。

动作要点:蹬地有力、跃动迅猛、两臂快伸。

(2)纵断球:是从接球队员身后或侧后方突然用绕前防守步法跃出,截获进攻队的传球。

动作要点:侧身绕前、跨步要迅速有力,手部前伸突然。

(3)封断球:是在封堵持球队员传球时截获球的动作。

动作要点:判断传球意图、封球伸臂突然。

4. 盖帽

进攻队员投篮或上篮时,当球刚离手的一刹那(或球的上升过程),防守队员立即跳起将球打落,称为"盖帽"。

动作要点:判断准确,起跳及时,盖打后注意收腹,以免犯规。

(二)教学

练习一:原地抢球、打球练习。将学生分为两人一组,持球队员在原地做投切结合的脚步动作,防守者体会抢球、打球动作要领。练习数次后,互换攻守。

练习二:围抢、打落中锋队员手中球的练习。3人一组,两组进行三攻三守练习。

练习三:打运球起步上篮的球。

练习四:体会断球动作。两人传球,两人在侧面或后面练习断球。体会横断球和纵断球的步法和手臂动作,攻守交换练习。

练习五:往返断球反击练习。

练习六:断获球反击和回防练习。

二、防守有球队员

根据持球者所要进行的投篮、突破、运球、传球等不同的进攻动作,防守有球队员可分为:防投篮、防突破、防运球、防传球。

(一)防守有球队员的动作方法

1. 防投篮

当对手在离篮6m的范围内接到球时,威胁很大,他可直接投篮。防守者要站在对手与球篮之间,采用斜步防守,同对手保持一臂的距离。防守人要全神贯注,注意对手眼神和重心位置的变换,判断对手的进攻意图,不要被其假动作迷惑。当对手举球准备投篮时,防守人应随之将前伸的手臂扬起,手掌对准球;当对手投篮刚出手或起跳时,防守者及时起跳,伸直手臂用手腕封球,干扰其出球弧度,并争取“盖帽”。

2. 防突破

防对手持球突破,要根据对手习惯、技术特点(中枢脚、突破方向、假动作等)来采取相应对策。如对手以左脚为中枢脚,用交叉步从防守者的右侧突破时,防守者可稍偏于对手的左侧站立,以右脚在前的斜步(或平步)防守堵其左脚侧,与前脚同侧的手臂前伸指向球的部位,并伺机以小臂和手的短促动作挑打球;另一手侧伸防对手突破。

3. 防运球

当对手在离篮7m以外持球,投篮的准确性又较差时,防守者的任务主要是防运球。防守中应遵循两条原则:一是堵中路迫使其向边、角运球;二是堵强手迫使其用弱手运球。为了扩大防守面积,堵截对手向纵深方向运球时,应采取平步防守姿势。当对手开始运球时,防守者应将视线集中在对手运球的手和球上,并抢先快速向运球方向滑动,以身体的躯干对着球的着地点,阻止对手从中路运球突破。

4. 防传球

当对手善于传球助攻时,防守队员要积极阻挠其传球。防守时要根据其位置和视线,判断其传球意图。防守队员有时上前贴近对手,挥动手臂封堵其传球,迫使其向攻击威胁弱的位置传球;有时可向后撤步,协助同伴防守,使对手不能顺利传球给处在有利位置的进攻队员,同时要伺机抢断球。

(二)教学

练习一:一攻一守脚步移动练习。

练习二:全场一攻一守练习。

练习三:防中投练习。

练习四:综合练习。

三、防守无球队员

根据无球队员移动切入的路线,防守无球队员可分为防纵切和防横切。

(一)防守无球队员的动作方法

1. 防纵切

防守方法:一是防守者以后脚为轴随之做前转身,面向对手,同时举手,转头看球,贴近对手,封堵接球;另一种是防守者以后脚为轴做后转身,面向球,背对人,用手触摸对手,跟随他移动。

2. 防横切

贴近对手,伸右臂封锁接球,将对手逼向场角。

(二)教学

练习一:移动选位练习

练习二:强侧、弱侧防守练习。

练习三:防守纵切练习。

练习四:防守横切练习。

(三)思考题:

1. 防守移动技术包括哪些内容?

2. 防守有球队员的基本要求是什么?

3. 防守运球突破时有哪些要求?

4. 怎样防守无球队员的横切和纵切?

第四节 抢篮板球

一、抢篮板球的动作方法

(一) 抢进攻篮板球

1. 动作方法

当同伴或自己投篮时,处在篮下的进攻队员首先应判断球的反弹方向,然后向相反方向的侧前方跨出,利用身体虚晃的动作,诱开身前的防守队员,绕跨挤到对手的前面或侧前面。抢占有利位置,借助跨步或助跑起跳,跳至最高点补篮或抢篮板球。落地时,两臂弯曲,重心放在两脚之间,将球持于胸腹之间,两肘外展,高大队员可将球置于头上以便衔接其他进攻技术动作。如果外线进攻队员冲抢而被防守队员阻截,可运用虚晃动作或快跑摆脱防守队员的阻截,冲向球的落点进行补篮或抢球,抢获球后,可根据防守情况再进行投篮、传球或运球。总之,进攻队员抢篮板球要准确判断时间，绕步冲阻，及时起跳，补篮或迅速组织第二次进攻。

2. 动作要点

进攻队员首先准确判断，然后向相反方向侧跨步，抢占有利位置，及时起跳，跳至最高点补篮或抢篮板球，进攻队员抢篮板球要突出一个“冲”字。

（二）抢防守篮板球

1. 动作方法

保持正确的站位姿势，即两臂弯曲，上体稍前倾，重心放在两脚之间，两臂屈肘侧张占据较大面积。当对手投篮出手后，应注意对手的动向，并根据当时与进攻队员所处的位置和距离的远近，运用上步、撤步和转身，抢占有利位置，把进攻队员挡在身后，同时还要判断球的落点准备起跳。起跳时，用前脚掌用力蹬地，提腰向上摆臂，同时手向球的方向伸展。如果在空中没有传球落地时，应保持身体平衡，侧对前场，将球持平于胸腹之间或头上，以便及时运用传、运、突技术。总之，抢防守篮板球要准确判断球的反弹方向和落点，抢得球后及时起跳，迅速完成第一传。

2. 动作要点

防守队员首先准确判断球的方向和落点，抢占有利位置，运用移动和转身动作，合理地“挡”住对手向篮下冲跑的路线。

二、教学

（一）学生两列横队站立，根据教师口令做徒手原地双脚起跳，模仿单、双手抢篮板球动作的练习。

（二）学生相距一步，成两列横队，面对站立两人一组练习，根据教师信号，前排学生做前转身、后转身，挡住后排学生，连续做数次后交换练习。

（三）学生两列横队站立，每小组一球，向头上抛球后起跳，用双手或单手做空中抢球练习。

（四）每人一球，向篮板或墙上抛球后，上步起跳，用双手或单手在空中抢反弹回来的球。

（五）在球篮两侧 45 度角成纵队站立，进行一投一抢练习。

（六）学生三人一组在篮下分散，背对球篮站立，当教师向篮板掷球后，三人同时转身拼抢篮板球，抢到者立即投篮，其余两人进行防守。投篮不中，三人继续拼抢，谁抢到谁进攻，投中交换。

三、思考题

(一)简述抢篮板球的动作方法。

(二)在学习过程中,如何使自己抢篮板球的技术进步更快。

第五节　战术配合

一、进攻战术的基础配合及教学

进攻战术的基础配合是指在篮球竞赛中,进攻队员两三人之间组成的简单配合方法。它是组成全队进攻的基础。进攻战术基础配合有传切(空切)、突分配合、掩护配合、策应配合。现代篮球比赛中运用最多的是掩护配合(含挡拆)、其次是突分配合、再次是策应和传切配合。世界上所有的固定配合、整体配合都离不开这四种基础配合。都是建立在这四种基础配合之上的有机组合。

篮球进攻配合打来打去无非都是打这四种基础配合,不同的是,直接打四种基础配合属于局部战术,两三人参与;将这四种基础配合置于整体设计后就变成了带有整体性的固定配合以及整体移动配合,五位球员整体联动。比如,整体移动进攻"画圆战术"就将这四种基础配合有机地组成了两条移动路线:基本移动路线主要由反掩护、后掩护、侧掩护、单掩护、双掩护、连续掩护组成,变化路线由挡拆(掩护的形式之一)、突分、策应、传切(反跑)组成。

(一)传切配合

传切配合是指队员之间利用传球和切入技术所组成的配合。它包括一传一切和空切。传切配合是项基础的进攻配合。要求各个跑动队员之间都要相互观察自己的跑动路线,假动作要逼真、变向切入动作迅速、侧身看球并且要求传球队员动作要隐蔽、及时、准确。

在教学与训练过程中要培养队员的篮球视野,要求队员做到"人球合一""人球并重"。只有各个队员及人与球之间处理好传接球时机、传与切的关系,此战术才能熟练地应用于比赛之中。

1. 练习方法

(1)徒手与结合传接球的跑动练习。

(2)二三人的传切配合练习。

(3)多球传切配合练习。

(4)攻守转换的传切配合练习。

(5)加固定防守的传切配合练习。

2. 要求

(1)切入队员要根据情况掌握切入的时机,果断快速摆脱对手,并随时注意接同伴的传球。

(2)传球队员要运用假动作吸引、牵制对手。当切入队员已摆脱对手并处于有利位置时,应及时、准确地把球传给他。

(二)突分配合

突分配合是指持球队员突破以后,遇到对方队员补防或协防时,及时将球传给进攻位置最佳的同伴进行攻击的配合方式。

教学时,注意"突"与"分",突出了这两个阶段之间的联系。当持球队员遭遇对方补防或协防时,采用突分配合可打乱对方的防守部署、压缩防区,给同伴创造最佳外围投篮或篮下进攻的机会。要使突分的各个环节达到最优化,就要求队员在突破中动作要快速、突然。在准备投篮的同时要注意观察攻防队员的位置变化,及时、准确地将球传给进攻位置更好的同伴。当持球队员突破后,其他进攻队员要摆脱对手,离开原先位置,切向空隙区域,准备接球进攻获取抢篮板(要求突破队员要突破快速、突然,还要传球准确无误。无球队员要积极摆脱防守,积极寻找空当)。篮球运动本身就是一项集体运动项目,只有积极发挥各个队员的积极性、审时度势的技战术水平,才能达到最优化效果。

1. 练习方法

(1)快速突破上篮练习。

(2)两人一组一球,持球者向篮下运球,伺机将球传给摆脱要球的同伴投篮练习。

(3)三人一组一球,一人运球,两人摆脱要球,伺机接球投篮练习。

(4)二攻一,当防守者补防运球者时,伺机将球传给同伴投篮练习。

(5)三攻二,当防守者补防运球者时,伺机将球传给同伴投篮练习。

2. 要求

(1)在突破过程中首先要做好投篮的准备,又要随时观察场上攻守队员的位置和行动,以便及时、准确地传球。

(2)突破动作要突然、快速。

(3)其他进攻队员要掌握时机及时,跑到有利的进攻位置上接球。

(三)掩护配合

掩护配合是指进攻队员选择合理位置,借用自己的身体,用正确的技术、动作挡住同伴防守者的移动路线，使同伴借以摆脱防守，获得投篮攻击或进行其他攻击的一种配合方法。

教学过程中注意掩护形式的多样，我们从掩护组成行动上来看：一是主动给同伴作掩护，使同伴摆脱防守。二是摆脱者主动移动，利用同伴的身体位置将对手挡住，使自己摆脱防守。掩护配合是攻破紧逼人盯人防守最为有效的方法之一。掩护配合要求掩护者应选择正确的掩护动作和位置，掩护的一瞬间掩护者的身体是静止的，并与对方保持适当距离，两脚平行站立、两膝微曲、双手前后交叉放于胸前，有利于保护自己和攻守对抗。同时，要求被掩护者选择最佳摆脱角度，隐蔽掩护意图。掩护的同时，同伴间根据防守变化组织中投、突破、内线进攻。在掩护教学训练过程中，只有充分考虑到各个环节的内部联系，突出整体系统观念，有条不紊地把各个环节融合在一起，才能真正起到“整体大于部分之和”的作用。

1. 练习方法

（1）在场地上设置立柱，做掩护配合后，转身切入篮下练习。

（2）两人一组，借助立柱，一人掩护，一人突破练习。

（3）三人一组一球，进行反掩护练习。

（4）二对二半场掩护配合练习。

2. 要求

（1）掩护时，队员的身体姿势要正确，距离要适当，动作要合理，行动要隐蔽。

（2）掩护的对手要利用假动作配合行动，当同伴到达掩护位置时，摆脱对手的行动要及时、突然、快速。

（3）两人要配合默契，及时行动，并根据情况变化，及时应变，争取第二个攻击机会。

（四）策应配合

策应配合是指进攻队员背对或侧对球篮接球后，通过各种传球方式与外线队员的空切、绕切相结合，借以摆脱防守，创造各种里应外合的进攻机会的配合方法。

在策应配合教学和训练中要求策应队员突然起动摆脱对手，占据合理有利的策应位置。策应队员接球要求两脚开立、两膝微曲、两肘外展、用身体护球，准确判断场上攻守变化情况，及时地将球传给进攻位置最好的同伴或个人进攻。传球后跟进或抢篮板（策应队员不要站在限制区内，传球要隐蔽、及时、准确）。外线队员传球后利用起动速度或假动作摆脱对手，接到策应队员的传球后迅速做出投篮、突破或传球的最佳选择。只有把各个环节用合理的方式衔接起来，才能真正达到“策”的效果。同时还要求接应队员传球后，利用速度或假动作摆脱对手或吸引对方防守，给策应队员或自己创造传球、突破或投篮的时机，真正做到“应”的效果。总之，只有正确建立策应者及接应者内部各个环节之间的联系，同时采用合理的方式将“策”与“应”两个部分紧密结合起来，才能达到策应的整体性效果。

1. 练习方法

（1）队员分两组，一组做策应者，一组传球给策应者，策应者投篮，传球者冲抢篮板。

（2）队员分两组，一组做策应者，一组传球给策应者，策应者做投篮假动作，传球给切入的队员。

2. 要求

（1）策应队员策应前要注意及时抢占有利位置。

（2）在策应的过程中，要用转身、跨步及时调整策应的方向和位置，以便协助同伴摆脱防守，增加策应的变化与威胁。

（3）传球队员要根据策应者的位置和机会，及时传球给策应队员，争取做到人到球到，传球后要及时摆脱防守，准备接球。

二、二攻一和一防二

（一）二攻一

二攻一是两人合作，以快速动作突破一人防守的进攻方法，是快攻结束时以多打少的一种配合形式。

1. 动作要领

二攻一推进时，进攻队员之间要保持适当的距离，使对方不能同时防守两个人。当持球者推进到对方罚球区圈顶附近时，另一队员跑向篮下，牵制对方和接应同伴。如防守者不上来防守时就投篮，如防守者上来防守则传球给切入篮下的同伴投篮。

二攻一的重点、难点是保持距离，判断准确，动作果断，切分结合。

2. 教学

（1）无防守的二人全场传、运球推进练习。

（2）半场二攻一练习：要求先进行消极防守堵路线，然后再攻防结合进行练习。

（3）全场二攻一练习，要求攻防结合进行练习。

（4）抢篮板球后接二攻一练习：两人一组抢篮板球后斜插接应，做二攻一推进练习。

（二）一防二

一防二是防快攻中一种以少防多的个人战术动作，巧妙运用能堵住对方二攻一的快攻攻势。

1. 动作要领

当对方发动快攻反击，在后场出现一防二的情况时，防守队员要沉着冷静，选择有利位置，随时观察对方的进攻意图，正确运用各种防守动作，积极主动地进行防守。

一防二的重、难点是移动迅速，判断准确，动作果断，真假结合。

2. 教学

（1）一人运球上篮，一人积极跟进防守练习。

（2）一人急停跳投，一人做防急停跳投的练习。

（3）三人一组，两人半场传球推进，一人做防传球练习。

（4）三人一组，二人全场传、运球推进，一人做一防二的练习。

三、三攻二和二防三

（一）三攻二

三攻二是三人配合快速突破二人防守的战术。在快速反击中经常出现，以人数上的优势，攻击对方的薄弱环节。

1. 动作要领

三攻二时应保持适当距离，成三角队形。当接近对方圈顶时，中间队员运球突破，两侧队员向篮下直插，牵制对手，并随时准备接球投篮。如中间队员运球突破受阻，则立即分球给两侧队员投篮。如两侧队员运球突破时，中间队员应注意接回传球投篮。

三攻二的重难点是保持进攻队形，传、运、投巧妙结合。

2. 教学

（1）无防守的三人全场传球推进练习。

（2）消极防守的半场三攻二练习。

（3）半场和全场的三攻二练习。

（二）二防三

二防三是以少制多的一种防守方法，对于防快攻具有重要意义。

1. 动作要领

二防三时最好能迫使对方将球传给边线队员，以造成另一个防守者同时兼顾防守对方两个人进攻队员的局面。防守者的位置要随着进攻情况而变化,原则上一人看住持球者,一人兼防另外两名进攻队员。

二防三的防守形式

(1)二人平行站立,适用于对方两边队员突破能力较强的情况。

(2)二人重叠站立,适用于对方中间队员突破能力较强,边线队员进攻能力较弱的情况。

(3)二人斜线站立,这种防守具备了上述两种防守形式的优点,不会轻易让对方从中间突破,同时移动的距离也较短。

二防三的重点难点是两人的默契配合,抢占有利位置。

2. 教学

(1)半场固定路线,慢速进攻二防三练习。着重体会二防三的方法要点。

(2)半场三人传,运球推进,练习二防三的防守方法。

(3)全场推进的二防三练习。

四、半场和全场人盯人防守

(一)半场人盯人防守

半场人盯人防守是防守者在后场不分区域和位置,有组织地使每个队员紧紧盯住自己对手的防守方法。它常用于对方是中远距离投篮较准,而个人突破能力较差的球队。

1. 动作要领

半场人盯人防守通常是由本队的两个后位与中锋看守对方的三个锋线(一般中锋防中锋),两个前锋守两个后位,当对手持球时要紧紧逼住,不让其轻易地投篮或突破。对无球但离篮和球近的对手也要紧逼,占据"人球兼顾,以人为主"的防守位置,以堵截其进攻的移动路线。对无球而离篮和球较远的对手则可稍微松一些。当同伴漏人时还应协助防守。

半场人盯人防守的重点难点是选择防守位置要做到人球兼顾。

2. 教学

(1)徒手攻防落位的练习。要求防守队员根据球的转移迅速移动,选择恰当的位置。

(2)半场徒手练习人盯人防守动作方法。要求紧逼人盯人防守。

(3)在半场内一人运球进攻,一人做防守练习。

(4)在半场内三对三的攻防练习。

（二）全场人盯人防守

全场人盯人防守是防守者在全场内不分区域和位置，一个对一个地防守固定对手的一种方法。它能扰乱对方阵脚，破坏对方战术，为抢球创造更多的机会，有利于转守为攻，是一种攻击性较强的防守战术。在对方速度、灵活性和突破能力较差而中远距离投篮准的情况下，突然造成对方措手不及时效果较好。

1. 动作要领

全场人盯人防守要求防守队员在全场始终盯着自己的对手，积极阻挠对手移动、运球、传接球和投篮，并利用夹击、阻截、换防和补防等集体配合来破坏对方有组织的进攻。当本队由进攻转入防守时，防守队员应迅速地找到自己防守的对手，抢占有利位置，积极移动干扰对方行动；当对方推进到中场时，应尽力破坏对方进攻配合，控制对方进攻速度，堵中放边，夹击抢断，逼其失误或者违例，当进攻队已推进到防守队的后场时，应积极封堵持球队员，积极破坏对方习惯打法和进攻节奏。

全场人盯人防守的重点、难点是正确地夹击、换防、堵截和封锁对方，抢占有利位置、断球。

2. 教学

（1）一对一全场徒手人盯人攻守练习。

（2）半场攻守练习。可采用一个盯一个或者放弃发球者二夹一两种形式练习。

（3）五对五全场人盯人防守的教学比赛。

第六节　三人制篮球赛规则

第一条

一、运动员人数：比赛双方可报名 6 人，上场队员为 3 人。

二、比赛时间：

（一）全场比赛时间为 30 分钟，上下半场各 15 分钟，中间休息 5 分钟。每队每半场可请求一次暂停，暂停时间为 1 分钟。暂停时可替换队员。

（二）比赛中除在罚球、暂停、球员受伤（需替换时）等情况下均不停表。总决赛时比赛最后 1 分钟，罚球、暂停、球员受伤（需替换时）停止计时表外，其余情况均不停表。

第二条

一、比赛开始:双方以掷硬币的形式决定发球权,然后在发球区处掷界外球开始比赛。

二、发球区:在中圈里发球,不得出圈,否则判违例,同时交换发球权。

三、上下半场第一次发球后,随后所有涉及发球情况都采用发球权交替拥有规则。

第三条

一、在赛程表规定的比赛时间内,一方队员不足3人,该场比赛被判为弃权告负。

二、比赛开始5分钟内不允许替换队员、请求暂停等,5分钟后一切恢复正常。

第四条 攻守转换

一、每次投篮命中后,都到中圈里由对方发球。

二、所有交换发球权的情况(如违例、界外球及投篮命中后),均为死球,在发球区处掷界外球继续比赛。在这些情况下,发球前,必须由裁判员递交球。

三、守方队员断球或抢到篮板球后,必须将球运(传)出三分线外(持球队员必须双脚踏在三分线外),才可以组织进攻,否则判为进攻违例。

四、争球时,在罚球圈跳球,任何一方得球都必须将球运(传)出三分线(持球队员必须双脚踏在三分线外),才可以组织进攻,否则判为进攻违例。跳球意外中球投中无效,重新跳球。

第五条 犯规法则

一、比赛中,每个队员允许三次犯规,第4次犯规将被罚出场。

二、任何队员犯规被判取消比赛资格,则该队员失去比赛资格。

三、每队累计犯规达5次后,该队以后的侵人犯规由对方执行2次罚球。前5次犯规中,凡对正在做投篮动作的队员犯规:若投中,记录得分。记录对方个人和全队犯规次数,追加罚球1次(如罚中,由守方发球继续比赛;如罚不中,双方队员应抢篮板,比赛继续进行);若投篮不中,则判给攻方被侵犯的队员罚球(三分线内投篮犯规罚球2次,三分线外投篮犯规罚球3次),罚中得分;最后一罚投中,由守方掷界外球,罚不中抢篮板。一般犯规,被侵犯方不罚球,直接取得发球权。

四、队员技术犯规、违反体育道德犯规、队员取消比赛资格和教练员(场外队员)技术犯规 ,均是2次罚球和1次掷界外球;即无论罚球中与否,均拥有1次掷界外球权。

五、如果犯规严重,大会有权利取消犯规参赛队比赛资格。如果在比赛中出现打架等不理智行为,取消该队比赛资格。

第六条 替换

一、只能在比赛时经裁判准许的情况下替换队员，替换时需经记录台告知裁判，方可换人。

二、如出现队员受伤流血须立即替换，受伤队员进行紧急处理后，须经裁判员检查无妨碍后，方可允许作为替换队员。

三、被罚出场的队员，任何情况下不得再重新替换上场。

第七条 胜负决定

一、比赛时间终止，以得分多者为胜方。（三分线内投中篮计 2 分，三分线外投中篮计 3 分，罚球中计 1 分。）

二、小组赛及半决赛阶段，比赛时间终止，如得分相等，场上 3 名球员进行 3 轮罚球以决胜负，如得分仍相等则执行一对一依次罚球决胜负，即只要出现某队领先 1 分即为胜方，比赛结束。

三、总决赛阶段，比赛时间终止，如得分相等，则增加 3 分钟决胜期（加时赛），发球权仍以掷硬币的形式决定。如果决胜期得分仍相等，场上 3 名球员进行 3 轮罚球以决胜负，如得分仍相等则执行一对一依次罚球决胜负，即只要出现某队领先 1 分即为胜方，比赛结束。

第八条

一、队长：队长是比赛场上的唯一发言人。

二、纪律：比赛中应绝对服从裁判，以裁判员的判罚为最终判决。

三、着装：比赛中队员应统一着装，并明确号码。

四、比赛：所有参赛队首场比赛须按比赛时间表进行。应当在赛前 20 分钟到达检录台进行检录，在赛前 5 分钟到达指定场地并接受当值裁判员检录。比赛开始 5 分钟后未到场或到场人数少于 3 人，视为弃权。

第四章 排 球

排球运动是由跳跃、补救、传垫、扣击、封拦等动作组成,并在快速多变的情况下进行的一项集体对抗性球类运动。自我国女子排球队于八十年代获得世界性“五连冠”的光荣战果以来,它已成青少年们普遍关心和喜爱的体育项目。经常从事这项运动,对发展身体、锻炼灵敏、弹跳力、速度、力量、耐力、时空感等身体素质与能力有良好作用。因为是集体项目,对于培养学生团结协作、机智灵活、迅速果断、勇敢顽强等优良品质都有积极的作用。

排球教学的主要任务是使学生了解排球运动的基础知识,掌握基本技术、技能、简单战术,增强学生上肢力量,发展弹跳能力,提高快速反应能力,培养学生优良的意志品质和集体主义精神。

排球教学内容包括技术基础(准备姿势和移动)、基本技术(发球、双手上手传球、双手下手垫球、扣球、拦网等)、简单战术(发球和接发球站位、“中一二”和“边一二”进攻、“插上”、防守站位与补位、双人拦网等)。

第一节 技术基础

一、准备姿势和移动

准备姿势和移动是排球运动中一项重要的基本功,也是学好排球各种基本技术的基础。

(一)动作要领

1. 准备姿势:一种为平行站立法,即两脚开立,脚尖稍向内,脚跟提起,着力点在前脚掌内侧,两膝半蹲稍内扣,膝垂线超出脚尖,重心落与两脚之间。上体适当前倾,两手置腹前,两眼注视来球,保持随时起动状态,一如“箭在弦上、引而待发”之势,并用余光注意场上队员位置,及时调整站位。另一种为两脚前后错开站法,习惯右手的人,左脚前出约一脚距离,右脚跟提起。

2. 移动:移动的目的是使身体接触球并做好准备姿势,当准确判断后,根据来球距离、速度不同,采取相应移动步法,快速移动。

3. 滑步移动:一脚向前或侧方迈出一步,另一脚迅速滑行跟上成准备姿势。

4. 上步移动:一脚向前迈步后,后脚蹬地迈步超过前脚成准备姿势。

跨步(弓箭步)移动:当来球较低,距身体1米左右采用。移动时,,一脚向前或侧方跨出一大步,膝部深蹲,重心移至跨出腿上,上体前倾,胸部接近大腿,臀部下降,后腿自然伸直或随重心前移而跟着上步。

5. 交叉步移动:当来球距离较远或对方突然吊球时采用。重心迅速转向移动方向,两腿交叉移动,步幅适中,节奏与交换频率要快,最后一步制动要跨步较大,降低重心。前脚掌内侧用力蹬地以控制冲力,准备接球。

6. 后退:身体保持较低准备姿势,两脚交替快速向后退步,重心应在体前。

7. 跑步移动:当来球落点较远,采用其他步法不能接到球时,可用跑步移动。两脚用力蹬地,迅速起动,用力摆臂,降低重心。

(二) 准备姿势和移动的教学重点

两膝弯曲,重心降低并落于前脚掌是准备姿势的教学重点。移动的重点和难点为判断,取位,脚步移动快而准,并注视来球。

二、教学

1. 徒手模仿练习:两列横队松动站立的做原地跑步准备姿势练习,看到教师手势或听到信号时,立即做好准备姿势。学生常易犯臀部后坐,两腿弯曲不够或体前倾,重心过高,移动不灵活等错误。教师除强调提踵,重心降低并落于前脚掌外,多做低姿练习。可令前排向后转,两两相对,互相纠正。

在准备姿势的基础上,看教师手势。反复作向前、后、左、右的并步、上步、跨步、交叉步、后退和跑步的移动练习。最后练习看谁起动快。

2. 有球的练习:两人一组,相距3~4米站立,一人将球向另一人前、后、左、右随意抛出,球的落点约距另一人2~3米远,接球人在做好准备姿势的基础上,用各种移动步法去接球,主要练习移动,两人轮换练习。有球练习时,学生易犯伸手过早或脚步移动慢的错误,教师应随时提醒学生注意判断准确、移动迅速,并做好准备姿势接球。

3. 摸球移动比赛:将人数相等的两队各成一路纵队站在两端线外,听哨音,两方队员依次进行左右移动,触摸地上的球。以步法灵活、移动迅速、没有犯规的队优胜。

4. 绕球移动比赛:在场内用排球摆成各种图案,确定几种步法连续移动。要求学生面对球网，以移动快、步法正确、无人犯规、队形整齐的队优胜。

第二节 基本技术

一、发球

(一)发球

发球是进攻的开始，也是得分的一种手段，不但可以直接得分，而且可以破坏对方的战术意图。

1. 动作要领(均以右手发球为例)

(1)正面下手发球：面对球网，两脚前后开立，左脚在前，两膝微屈。重心落于右脚，左手持球腹前。发球时，将球在体前右侧抛起，右臂以肩为轴，由后向前摆动，至腹前，用掌根、手掌或虎口击球的后下部，随着重心迁移，迅速进场。

(2)侧面勾手飘球：左肩对网站立，两脚左右开立约同肩宽，左手由胸前将球平稳地抛向额部左前上方约一臂高，同时右臂向后摆动，利用转体力量，迅速而放松地向左上方摆动，用掌根击球的后中部。击球时，手腕保持紧张，成一坚硬平面，用力迅速、集中、动作突然、短促，击球部位的高低随身体高矮、发球距离和出球弧度的变化而有所不同。如身材高、站位远，发弧度较平的飘球，击球部位就高些。击球后，身体自然向左扭转并迅速进场。

(3)正面上手飘球：面对球网，两脚前后开立，左脚在前，重心落在右脚。左手由胸前将球平稳抛向头额的右前上方约一臂高，同时左臂屈肘上抬与肩平，上体略右转，挺胸展腹。利用蹬地收腹动作，带动右臂向前上方挥动，用掌根击球的后中下部，击球刹那，若手臂做迅速下托动作，可能使球产生重飘或上下飘现象；若手臂突然随作用力的方向前送、不带腕，可能使球产生飞行突然减速下降现象。侧面勾手飘球同此。

1　2　3　4　5

2. 各种发球的挥臂击球动作是教学重点

抛球稳，部位准，击球作用力通过球的重心是难点。

（二）教学

1. 可先做抛球、击球和两者结合的徒手模仿练习，重点解决挥臂击球的协调性，然后做有球的反复抛球练习。要求抛得平稳，直上直下，力量、高度和部位要固定。进而练习正确挥臂，空中接住球但不击出，使抛击动作逐步协调。也可以用吊球练习，提高正面上手击球动作的正确性和击球点的准确性。

2. 对墙发球练习。距墙 5 ~ 9 米，墙上画着与网同高的白线，练习发球高过白线，主要体会发球的正确动作和全身协调用力。

3. 两人相距 6 ~ 8 米（也可隔网站立），先练习近距离对发轻球，主要体会和掌握正确动作。之后，做对发轻球升级练习，先成功三次者则向后延展 0.5 ~ 1 米的距离，掌握不好的不许延展，看谁先延展到端线外发球。

4. 一发一接练习。要求发球人发得准，接球人做好准备姿势，球发出后，及时快速移动，对准来球站稳，将球接在手内。

5. 发球区发球。先要求落在对方场地内，熟练后，再要求落在指定区域内，以至发边的和发点的。

6. 各种姿势发球教学比赛，每人各五球，看谁发的好球多，错误动作少。

7. 结合接发球站位练习发球。

二、双手上手传球

（一）双手上手传球

接发球组织第一次进攻和接扣，吊球组织反攻中，传球技术起着串连和纽带作用，是组织进攻战术的基础。传球技术分为上手传球、背传球、跳传球、倒地传球等，以双手上手传球为最本质的基本的动作。

1. 动作要领

对准来球迅速移动、选位、做好准备姿势。当球将来至脸前上方时，两手在额前成半球形，两臂下垂，肘自然弯曲，手腕稍后仰，掌微向内倾，手心斜相对，食指微屈，拇指相对接近“一”字形（若低传球则成“一”字形，背传球则在头上成“一”字形或反“八”字形）。传球时手腕、手指保持一定的紧张用力，利用弹力及伸臂的迎击动作和身体协调用力配合，将球击出。触球时，主要以拇、食、中三指承受球的压力，无名指和小指帮助控制球。击球点在额前上方约一球距离，但也需根据来球的高、低、轻、重，以及背传、侧传或跳传等不同传球方式，调整击球点的高低。

2. 掌握合适的击球点与用正确的手形传球和全身协调用力是重点传出的球稳和传球目标准确是难点。

（二）教学

1. 原地做传球模仿练习后，让学生跟着教师练习双手持球，体会击球手形和触球部位。

2. 两人一组面对面站立，一人双手持球伸向前上方，另一人插入球下做好准备姿势，用传球动作接触球（不要用力），体会传球手形、合理击球点和全身协调用力。或一人按传球手形持球于脸前上方，另一人用手轻按住球，持球人用传球方法向上展臂，体会手型、手指用力和全身协调用力。

3. 自抛自接，高约 1 米，用传球手形去触球并接住，观察手型和击球点是否正确。也可同时顺势做向前上方推送动作，进一步体会传球动作。在反复练习中，注意纠正学生易犯的手心朝前、拇指前伸、两肘外张，手指相对等错误手型。

4. 两人一组，一人抛球另一人根据或前或左或右抛来的球移动选位，做好准备姿势，使身体对准传球方向，用传球动作将球拿住，体会选位和完整的身体协调传球动作。

5. 自抛传球。将球抛至头上 50 厘米左右高，再利用传球动作传给对方，体会传球要领。

6. 近距离对墙传球，主要会传球手形，伸臂动作和用力方法，并通过这一教法，注意纠正学生易犯的传球时上体后仰，重心后移等错误，可要求学生传球后立即向前进步，迫使重心前移，还应注意要求他们根据反弹回来的球，选好站位，做好准备姿势。此外，也要注意纠正伸臂过早、击球点太远错误现象。

7. 为了提高传球技能，应多做些发展手指、手腕的弹力和控制球能力的练习。如采用一人反复抛球给对方，让对方用上手将球传回。自己连续对墙传球和对准墙上目标传球，或原地连续向头上自传20厘米、1米、2米左右不同高度的球。也可固定位置，让学生传球入篮球篮筐或传向其他固定目标。

8. 采取各种变换性练习，提高传球技能和技术。如结合移动对传，传球后退回原处。三人同时传两个弧度较高的球或二人对传两球，弧度一高一平，二人相距3～4米，对墙站立，做前后换位的或左右移动的连续依次向墙传球，或二人对传，做突然变换方向与快速移动传球等。

9. 分组传球比赛。如规定3或5分钟，看哪组传球数量多而失误少。

三、双手下手垫球

（一）双手下手垫球

垫球是接发球、扣球、吊球、后排防守和保护的主要方法。由于来球的方向、弧度、速度、落点的多样性，垫球动作、方法也各异，主要有正面双手或侧面双手、前扑、鱼跃、滚动、背向的垫球等，而正面双手下手垫球是最基本的。

做好准备姿势，双手重叠互握，两拇指平行，两臂自然伸直，两小臂靠拢并稍外旋成平面。垫球时，两臂迅速插入球下，含胸提肩，手腕下压，迎球送臂并向前上方抬起，同时蹬腿提腰，利用小臂的前半部在腹前把球垫起。

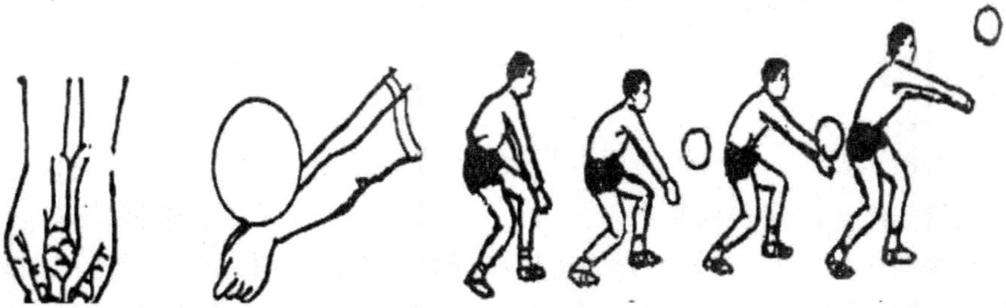

垫球动作的合理选位，做到球在腹前一臂远距离及时插入球下是重点，两小臂靠拢并外旋，直臂上抬不屈肘是难点。

（二）教学

1. 听教师口令做徒手垫球动作，体会夹臂、提肩、顶肘、压腕、抬臂动作要点。然后结合准备姿势、垫球手法（一夹二插三抬臂）向前、后、左、右移动后，做徒手垫球动作。

2. 垫固定球。一人持球于腹前，另一人用垫球动作击球，持球人随击球动作移动将球抬起，让垫球人体会击球点、击球部位，以及蹬地、提肩、抬臂、送球动作要领。

3. 一人抛，一人垫回，互相观察是否两前臂靠拢，接触球部位是否正确。同时注意预防或纠正学生易犯的抬臂过早、过高、屈臂垫球，两臂不靠拢，控制不住垫球方向等错误。待基本正确后，进一步练习移动垫球。一人先抛球至垫球人身前，继而抛向垫球人或身前或侧面稍远处，要求垫球人移动后垫球。抛球落点的范围要逐渐加大，以提高难度。要求垫球人移动及时，站稳后垫球，之后迅速回到原位。初次练习，学生易犯移动不及时、未对准来球、击球点不在两臂之间，以及准备姿势不正确、重心高、过早互握双手等错误。在练习中，教师应反复强调并让学生互相帮助提示与纠正。

4. 二人对垫，由近到远，由低到高。然后两人对墙做移动垫球，逐步提高垫球技能。

5. 连续对墙垫球，垫过一定高度或垫向目标，体会正确击球点和全身协调用力，提高控球能力。进而练习接隔网抛过来的球，要求垫至 3 号位，掌握一传。

6. 练习接轻球和重球。一人抛球，时轻时重。要求垫球人垫轻球时，主动抬臂击球；垫重球时，要撤臂缓冲。在此基础上，练习一扣一垫。先轻扣，逐渐加大扣球力量。要求垫球时注意先找球，选好位，后屈腕肘，然后收腹含胸，将球垫起。

7. 接发球练习。可先发力量小、弧度稍大的球，然后逐渐加大力量。接发球人可按"中一三二"或"边一三二"站位，要求将球垫起并垫到 3 号位或 2 号位。

8. 垫球教学比赛，可采用固定位置的和不固定位置的。

四、扣球

(一) 扣球

扣球是进攻中最积极和有效的方法，是得分的重要手段。根据击球时挥臂方向与技术动作特点的不同，可分为正面扣球和勾手扣球两大类。在正面扣球的基础上，又有快球、转体、转腕、平拉开、短平快、时间差、位置差，以及轻吊、重吊、轻打、夹塞、打手出界等。最基础的是正面扣球。

1. 动作要领

助跑与起跳。一般多用两步或三步助跑(以两步为例)，第一步决定助跑的方向，步子要大，既为增加弹跳高度，也为接近和对准球，第二步为调整人与球的距离并立即起跳。

起跳有：①并步法起跳。即一脚跨出后，另一脚迅速向前并步，随即用力起跳，两臂又后经体侧迅速上摆，同时展体，帮助起跳；②跨跳法起跳，即一脚跨出的同时，另一脚也跨跳出去并有一腾空阶段。两脚几乎同时蹬地起跳。前者重心稳,适用性强,后者蹬地力量大,有利增加弹跳高度。最后一步脚尖应向扣球臂一侧扭转与倾斜,以加大手臂的摆幅和提高击球点。

挥臂与击球 。起动后抬头挺胸、上体稍后仰,如右手扣球,则身体略向右扭转,左臂置于体前。右臂屈肘,大臂抬起并高于肩,手指、手腕放松,五指自然张开成勺形。击球时,利用转体和收腹动作,带动手臂猛烈挥出,小臂要快有如挥鞭抽击。击球刹那,手臂充分伸直,用全掌击球的中上部,手腕快速下甩,若扣远网球,要击球的后中部或后下部,手腕要向前推压屈腕。

落地。力争两脚掌先着地,同时屈膝弯腰,以缓冲下落力量,并立即做好下一个动作准备。

2. 扣球技术的起跳和挥臂甩腕扣球的手法是教学重点

掌握合适起跳时间和起跳是难点。

(二)教学

1. 先按两步助跑不起跳——两步助跑轻跳起——两步助跑全力起跳——三步及多步的步骤练习助跑起跳。要求最后一步步幅稍大,两膝弯曲,向上抬臂起跳。做此练习时学生易犯助跑节奏不对、最后一步太小、制动差、向前冲等错误,可在地上画出标志或助跑扣吊在网上的球,以掌握最后一步步幅。

2. 做徒手挥臂扣球的练习,重点体会正确的摆臂、抬臂、挥臂、甩腕和身体协调用力。再做助跑起跳、挥臂扣球和落地连贯动作的徒手练习。教师可在起跳时给以信号,用来克服和防止助跑最后一步停顿的错误。

3. 左手将球按在身体右上方的墙上,右手挥臂击球,体会挥臂、甩腕击球的正确动作。再练习原地扣固定吊球,体会正确的击球点、击球部位和协调用力。

4. 做对墙自抛自扣练习或连续扣反弹球,着重练习手法和挥臂动作。

5. 助跑起跳扣不同高度的吊球,建立完整的扣球意识,使学生体会准确的起跳点。

6. 手持小球从三米线处开始助跑起跳,从网上挥臂将球甩到对面场地三米线处，体会和掌握空中抬臂、挥臂、甩腕动作和挥臂速度。

7. 助跑起跳向墙扣教师抛出的球，引导学生观察分析和判断传球点，先不用力扣，要求动作连贯、协调，掌握起跳点和准确时间以及空中击球位置。待动作合乎要求并熟练后，再用力扣球。学生在往前练习助跑起跳和扣球时，易犯起跳前冲力太大，触网或落地过线错误，教师要随时提醒学生，跨最后一步时，要求重心向后移，或让学生触摸网顶吊球代替挥击以纠正最后一步助跑起跳，并使落地脚不过线。

8. 击球时，学生易犯手臂不充分伸直，用不上挥臂甩腕力量以及击球手法不对，全掌包不住球，击出的球不向前旋转等错误。前者可让学生原地做双手头上掷实心球或对墙扣平远的球来纠正，后者可让学生用扣球动作对墙投掷垒球、实心球、或原地对墙扣平球，或降低网高度，练习自抛自扣过网等方法纠正。

9. 结合双手上手传球和双手下手垫球，练习正面扣球。

10. 扣球教学比赛，扣球有力，路线清楚，好球多为赢方。

五、拦网

（一）拦网

拦网是最积极的防守技术，又能起到直接进攻作用。分单人拦网和集体拦网。拦网技术由准备姿势、移动、起跳、空中拦击和落地五个部分组成。

1. 动作要领

离中线 20～30 厘米处，两脚开立站，膝微屈，两臂自然弯曲于胸前成准备姿势。当判断出对方进攻点时，迅速移动选位，使身体正对球网。起跳时，两脚用力蹬地，两臂用力上摆，带动身体垂直跳起，并稍收腹。拦远网球或高球，起跳时间稍晚于扣球者，如扣快球，起跳应快些。空中拦击动作，要求两臂伸直，靠近网上缘，两手间距小于球体，手指张开，手腕伸直并保持一定紧张程度，看准来球向前拦击。拦近网球时，两手尽量靠近对方网上的球，如在 2 号位或 4 号位拦网时，外侧手应注意“包球”以防打手出界。当手触球时手腕前屈，两手下压。拦远网球时，尽量高跳伸臂，如超手扣球，拦网手型稍向后仰。落地时，前脚掌着地，屈膝缓冲。

2. 拦网技术的起跳、伸臂、手型是教学重点

掌握好起跳时间和判断扣球人扣球线路是难点。

（二）教学

1. 首先应使学生思想明确，拦网的判断是从对方接发球一传开始，直到拦网结束为止。主要判断有无两次球、扣球线路、远网还是近网、是扣是吊还是打手出界，判断准确后迅速移动选好位置。判断不准，会影响选位和起跳。

2. 两人相对站立，一人持球由头后向前摆动，另一人双手上伸做拦击动作，当手触球时，同时手腕前屈，两手下压，体会手腕动作。

3. 先在网前依次做移动、选位、起跳、伸臂拦击、落地动作和各动作结合的练习，进而两人一组隔网站立，用相同的节奏，做向体侧跨步同时起跳的拦网练习。注意纠正学生易犯的起跳距网太近、前冲力大造成触网等错误。

4. 网上吊球，令学生做起跳拦网动作，体会双手臂伸出网上和手腕下压“包球”动作。然后一人将球抛过网（比网稍高），隔网站立的人练习跳起拦网。

5. 作一扣一拦的练习。学生易犯起跳时间掌握不好，不是过早就是过晚的错误，应强调当对方扣球队员挥臂击球时，可作为起跳时机主要信号。

6. 迅速移动，拦各个位置扣来的球。让学生根据二传情况确定起跳时间。

7. 拦网教学比赛，可规定拦成功即判得 1 分，拦死者再加 1 分。

第三节　简单战术

一、接发球站位

（一）接发球站位

这是由防守转入第一次进攻的开始，关系着第一回合竞争的胜负及能否夺取主动，在比赛中占重要地位。它是根据本方进攻战术与对方的发球方法等情况确定站立的位置，应合理部署。如本队运用“中一二”进攻战术时，接发球可采用“中一二”站位形式。若本方运用“边一二”进攻战术时，可采用“边一三二”站位形式。

1. 站位要领

站位时，前后排不要互相阻挡视线。根据射影原理，4 号位队员应站在距中线 4 米左右，距边线 0.5 ~ 1 米处，2 号位队员（“边一二”战术除外）则应站在距中线 3 米左右、距边线 1 ~ 1.5 米处，其他位置队员根据情况相应站位。接发球时，做好思想上和动作上的充分准备，注意观察判断发球，要根据发出球的初速度，判明来球方向、弧度、速度和落点，由处于适当位置的队员去接球。若发来球的弧度较高，落点较多时，站位相应疏散一些，若弧度较平，速度较快，落点靠后时，站位相应密集些。

2. 站位正确和准确判断来球落点是教学重点，接发球一传到位是难点。

（二）教学

1. 先做无球的“一三二”接发球的站位。再练习依次轮换位置，使学生明确各位置站法和轮换次序。之后，结合发球练习轮换。

2. 六名学生按“一三二”或“边一三二”站位，一人在对方场地依次抛球给场上每个队员，要求一传尽量到位，传到 3 号位或 2 号位。使学生明确站位、接发球范围、职责和战术关系。基本明确后，改为发球区发球练习。

3. 两队均按“一三二”站位，进行垫球教学比赛。由一方发球开始，要求 3 次垫球过网。

4. 学生常发生前后排和左右之间联系不明确，发生来球互抢或互让现象。教师应在练习中反复提醒学生指定范围。指出前排应先准备接球，再准备进攻，防止只想扣球，不准备接球或犹豫不定，影响后排接球。另外 3 号位应更积极主动地去接发球。

此外，学生常犯准备姿势未做，造成移动太晚太慢现象。教师可让学生做好准备姿势，接教师突然从网上抛来的各种球，练习快速移动。

接发球时，其他 5 人，尤其是相邻的队员不注意接应和保护接球技术差的队员。对此，教师可指定专人靠近接球的队员站位，并强调其他队员注意观察队员动作，以提高接应和保护能力。

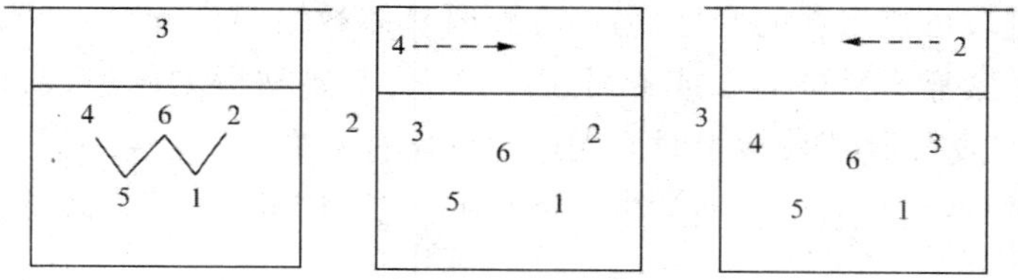

二、“中一二”和“边一二”进攻战术

（一）“中一二”和“边一二”进攻战术

二者是组成简单，易于掌握的基本战术形式，适合扣、传力量不够平衡，水平较低的队。

1. 动作要领

“中一二”战术是由 3 号位队员作二传，把球传给 2 或 4 号位队员扣球的进攻形式。3 号位队员应靠近 2 号位或 4 号位的 3 等分线处，以利于做正面长传或背后短传，并与后排 6 号位队员交错站位，避免重叠，阻挡视线。“边一二”战术是由 2 号位队员作二传，把球传给 3 或 4 号位队员扣球；或由 4 号位队员作二传，把球传给 3 或 2 号位队员扣球。前者适合右手扣球，后者适合左手扣球。

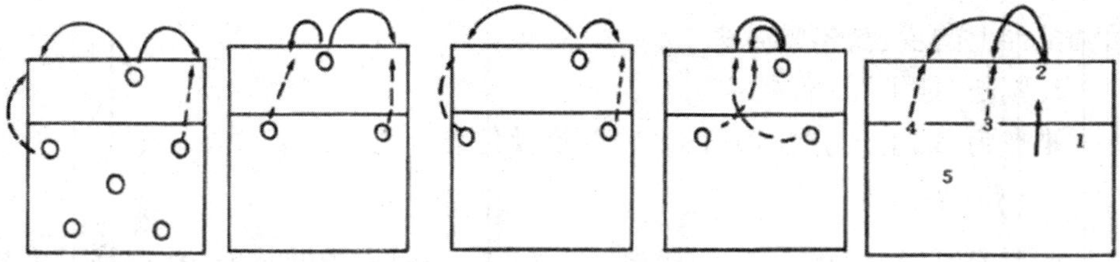

2. 配合默契，能发挥扣球手攻击作用是教学重点

一传到位，二传稳准，切合实际是难点。

（二）教学

1. 按“中一二”或“边一二”站位，依次抛球给后五人，先做一传到位练习，基本掌握后，再轮换作二传和扣球的练习，

2. 接对方发来的球，练习“中一二”或“边一二”进攻战术动作。

3. 学生在一传中易犯的错误为不到位，如偏前，偏右，较低，平快而冲向球网，离网过远等；在二传中易犯的错误为不够稳，不准，不到位，不合时宜，扣球易犯盲目、随意错误。教师应组织学生多做传球、垫球、扣球的基本技术练习，同时引导学生重视每一传的重要性，加强战术意识和责任感。

在进攻中往往配合不好，不能发挥拉开或快攻威力。对此，教师一方面要向学生明确进攻可能出现的变化，另一方面要具体教给学生配合方法，如“边一二”要让二传手紧靠3号位的2或4号位上站立，不要站得太靠边线，以免运用“拉开”、“快球”或“围绕”等战术时因太远而变化有困难。

4. 通过分组教学比赛，使学生熟练“中一二”和“边一二”进攻战术。

三、“插 上”

（一）“插上”

“插上”是当对方发球或第三次扣球攻击性不强或推攻过网，而本方前排3人又能扣球时用之。此时，由后排3人作二传。有1号位插上，5号位插上，6号位插上和双插上等，以1号位插上较为多用。因其攻点多，能充分利用网展，并可以组织多种多样的战术，造成对方拦网和防守的困难，增强了攻击力量和进攻的突然性、多样性，故成为排球比赛先进的战术之一。

1. 动作要领

插上队员站在前排队员的侧后方，尽量缩短插上路线，并避免影响其他队员接球。而后排其他两人应互相补位，站位要均匀。插上之前，要估计发球落点，先做好一传准备。如发球不在插上的步速，迅速插至网前，若一传不到位，应立即撤回调整插上的步速，先慢后快。

2. 判断“插上”与否是教学重点

难点为“插上”与“撤回”的及时变换及位置调整。

（二）教学

1. 可通过无球的练习站位和跑动“插上”，进而采用抛球的，重点练习1号位“插上”，最后结合比赛练习“插上”。

2. 在练习与比赛中，学生易出现盲目插上，削弱后排力量，造成“位置颠倒”犯规，只顾“插上”传球，不顾扣球保护，以及影响前排队员扣球等错误现象。

3. 纠正方法：首先应使学生明确“插上”的意义和作用，了解“插上”的长处与缺陷，然后让学生多做接抛过来的球或发球，练习1号位插上，反复做一传球和扣球保护的移动练习。

四、防守站位、补位

（一）防守站位、补位

这是防守战术的基础内容。站位合理又有策略，补位及时且机动灵活，既可以提高防守的严密性，又可积极转入进攻，由形式上的被动转为内容上的主动。

防守站位有接发球站位、拦网站位与补位和扣球保护等。补位有心跟进补位和边跟进补位。

1. 动作要领

若对方发球速度快、弧线平、落点靠近后场,则站位要靠后并较为密集;若发球弧度较高、落点较多时,则相应站位疏松些。

若对方扣球本方无人拦网时,2 号或 3 号位队员应留在网前,防守对方吊球。若对方 2 号或 4 号位扣球,本方 4 号或 2 号位拦网时,3 号位队员应及时后撤,5 号位或 1 号位队员做跟进补位,进行保护,防对方吊球或拦网触手的反弹球。

2. 教学重点

根据对方发球或扣球及时准确地做好防守站位和拦网补位保护,是防守站位、补位的重点和难点。

(二)教学

1. 首先做接发球站位的练习,接着做两人配合练习,一人拦网,一人跟进补位进行保护。

2. 在此基础上,一组练习扣吊球,一组同时练习拦网与保护。

3. 由于在分组比赛时,学生常忘记补位和保护,应让学生反复做 2 号或 4 号位扣球或拦网,3 号位后撤补位保护练习,或 3 号位扣球或拦网,2 号和 4 号位后撤防守,6 号位做心跟进补位练习,形成防守圈,每人防守一块区域。

五、双人拦网

(一)双人拦网

由于网上扣球进攻的威力大而多变,形成网上的激烈争夺,单人拦网就很难奏效,双人拦网就可弥补这一缺陷。拦住一段网口,虽是防守的第一线战术,但也可转为直接得分的进攻战术。

1. 动作要领

前排队员都要密切注意扣球人的助跑方向、线路,进行拦网。3 号位拦网作用最大,网上各点拦网,不是以他为主,就是和 2 号位或 4 号位配合进行双人拦网。

当不易辨别扣球的飞行方向时,应由靠标志杆的人主要负责。3 号位队员距标志杆远时,应斜向跳起,努力向标志杆一侧伸臂。拦远网扣球时,要在对方击球时起跳,两人尽力向上伸直手臂、手腕,拦住通往端线以内的球。拦球时,应与扣球人同时起跳或略早,动作小而快,两手尽量上伸过网包住球。

2. 判断扣球位置与扣球线路及起跳时间是双人拦网的教学重点

两人空中协调配合、严密封拦是难点。

(二)教学

1. 由对面向网口抛球、前排三人根据过网点做双人拦网练习,判断起跳时间,练习两人伸臂动作。

2. 一组练习 4 号或 2 号位扣球,一组练习双人拦网。

3. 在分组比赛中,学生易犯跳起后两人手臂间隔太大或重叠、互相冲撞、彼此干扰的错误,除强调观察和判断起跳位置及空中协调配合外,多做徒手抛球和扣球的双人起跳伸臂拦网练习。另外注意让高个学生起跳稍微迟一些或矮个学生稍早一些。

(三)思考题

1. 排球的移动有几种形式?

2. 正面双手垫球的动作要领是什么?

3. 简述"一三二"接发球站位阵形。

第四节 排球比赛规则

一、比赛规则

1. 初赛、复赛采用三局两胜制,前二局每局 25 分,第三局 15 分。决赛采用五局三胜制,前四局每局 25 分,第五局 15 分。

2. 每场比赛开始前 10 分钟,各队领队必须把首发的 6 名队员名单和替补队员名单提交本场的记录员。双方在每局中有权申请暂停两次,每局比赛可换 3 人次,每局中间休息 1 ~3 分钟。比赛前由裁判执行掷硬币,决定第一局的发球及场区,掷硬币由双方队长参加。

3. 25 分局,如出现双方比分到 24 平时,比赛继续进行,直到一方领先 2 分,比赛结束。15 分局,如出现双方比分到 14 分,且至少领先对方 2 分即获胜,否则继续比赛直到产生两分差距为止。15 分局,在一方先得到 8 分时交换场地。

4. 发球和接球:

(1)比赛时,每队上场六人。

(2)各方场上的六人须轮流发球,不得有人多发或少发,发球区域在底线后。

参赛队员只得用手进行发球。

(3)发球时,裁判哨声吹响后队员必须在5秒内将球发出,过时失败,对方得分、发球时抛起击球,否则失败,对方得分。发球不得踩线或进入球场内。

(4)每队触球三次必须过网,但前排拦网不计在三次触球之内。后排队员在3m线前不得起跳击球,队员接球可以用身体任一部位。

(5)一人不可连击两次,如犯规对方直接得分。

(6)在球未落地、分出胜负前,队员在任何情况下,不得触网,不得脚过中线,不得进入对方场内。

5. 比赛弃权:

(1)代表队无故不参加规定的比赛即弃权,对方获胜。

(2)以赛程表比赛时间为准,若某队运动员不齐,第一次出现,可推迟比赛10分钟,10分钟后该队运动员仍不齐,即以弃权论处,判对方获胜。第二次出现,每迟到一分钟,计该队输一局。

(3)运动队不服从裁判员的裁决,中断比赛超过5分钟,即为罢赛,判决对方获胜。

二、注意事项

1. 所有比赛按比赛赛程进行,如遇雨、大风等特殊情况则取消比赛,开赛时间另行通知;

2. 参赛队员必须无条件服从裁判的判决,若有意见,当场比赛间歇由队长向裁判申诉;

3. 参赛队员有不服从判决、辱骂、殴打裁判员者,裁判员有权立即将该队员罚令出场。对情节严重者,经决定,可取消该队的比赛资格;

4. 无故殴打工作人员、观众者送交组委会处理,取消该队的比赛资格。参与打架的个人,给予记过以上处分;

5. 参赛运动员应文明比赛,如有讲脏话等不文明行为,立即停止该队员比赛;啦啦队不可喝倒彩,场上场下以和谐团结为主,如因比赛发生打架、群架等情况,立即停止所在班级代表队的比赛。

第五章 足 球

第一节 足球运动概述

内容提要:本章主要阐述足球运动的特点和价值,阐述了古代足球运动的发展以及现代足球运动的诞生和发展概况,以及国际足联组织的各项世界性比赛。

足球运动是一项主要以脚来完成技术动作,两队相互对抗,以攻入对方球门多少进球来判断胜负的球类运动。足球运动是当今世界体育运动中开展最广泛、影响最大的运动项目,被誉为“世界第一运动”。

一、足球运动特点与价值

(一)足球运动的特点

1.群众性足球活动易于开展

除了正规的足球比赛,只要有一块场地,有个足球,人们就可以活动。非正式的足球比赛,即使没有球门,以可以用砖头、石块、衣物、书包等代替。群众性的足球活动技术动作简单易学,一年四季都可以在室外开展。

2.竞技性足球比赛难度大、观赏性强

高水平足球比赛,激烈精彩,变化莫测,胜负难以预料,扣人心弦,具有极高的观赏性。一场高水平的足球比赛对抗激烈,要求运动员不仅要有很好的体能、技术以及在对抗中合理运用足球技术的能力,而且必须具备很高的战术素养、遵守战术纪律。

3.丰富的文化内涵和经济功能

足球运动具有丰富的文化内涵,能够满足人们生理、心理需要,人们在足球运动中表现的各种行为举止、思想感情等,从侧面反映了人的性格特点,文化修养,甚至一个民族的特性、优秀品质。足球运动发展到今天,高度的国际化、职业化使得很多国家把足球作为一种产业来拉动经济发展。

（二）足球运动的价值

1. 增强体质，增进身体健康

经常踢球能够发展力量、速度、耐力、灵敏及柔韧素质，提高心肺机能和神经系统的调节能力。

2. 培养道德、陶冶情操

通过足球运动可以培养人们勇敢机智、顽强拼搏、坚韧不拔、热爱集体、团结协作、遵守纪律及胜不骄、败不馁的良好品德，陶冶人们文明礼貌、光明磊落、奋发向上、勇于竞争及不卑不亢的情操。

3. 增进友谊、振奋精神

通过足球比赛可以促进和发展地区间、国际的交往，加深友谊，丰富人民群众的文化生活。在国际足球比赛中的胜利，可以振奋民族精神，提高民族自豪感，弘扬爱国主义精神。

4. 活跃经济、创造财富

在现在市场经济中，足球具有良好的商业价值，各国利用足球本身的魅力大力发展足球产业。通过比赛门票、运动员转会、广告、电视转播以及足球彩票等获得丰厚的利润。此外，足球运动的开展还进一步促进了运动器材、服装、餐饮、旅游等行业的发展。

二、足球运动的发展简史

内容提要：1980 年 4 月，国际足联秘书长布拉特在亚洲足联会员国秘书长学习班所做的《国际足球发展史》的报告中明确指出："足球起源于中国，由于战争传入西方。"

在古代中国，最初的足球游戏是一种儿童御寒游戏，逐渐发展成为祭祀的舞蹈和军事训练的手段，并在唐宋时期达到了发展的顶峰。战争将这种古代足球的萌芽带到了西方，经过漫长的发展演变，足球在英国逐渐规范并蓬勃发展起来。同时，足球运动通过海员、士兵、商人、传教士等多种渠道从英国向欧洲及世界各地传播开来。如今，足球运动以其独特的魅力受到世界各国人民的喜爱，被誉为"世界第一运动"。

（一）中国古代足球运动的发展简况

我国古代足球运动有可靠史料证明的最早时期为战国时代。例如，《战国策・齐策》中就有这么一段话："临淄甚富而实，其民无不吹竽、鼓瑟、击筑、弹琴、斗鸡、走犬、六博、蹋鞠者。"其中的"蹋鞠"，就是以足"蹋鞠"为乐的足球活动，也称“蹴鞠”。《西京杂记》中记载：“太上皇徙长安居深宫，凄怆不乐。高祖窃因左右问其故，以生平所好，皆屠贩少年，酤酒卖饼，斗鸡蹋鞠，以此为欢。今皆无此，故以不乐。”这里说的太上皇就是刘邦的父亲，他青壮年时期是在战国末年的楚国，说明战国时期蹴鞠在楚国也甚为流行。两汉时期，随着社会经济的发展，蹴鞠活动发展比较快，在社会各个阶层都有开展。其社会功能除娱乐性之外，还增加了军事功能。霍去病是汉武帝时期的名将，史料记载：“卒乏粮，或不能自振，而去病尚穿域蹋鞠。”说明在战争中，霍去病曾将蹋鞠作为军事训练和鼓舞士气的重要手段。到了唐宋时期，蹴鞠活动的发展达到了我国古代足球运动的顶峰。从唐代开始有了充气足球，唐人徐坚说：“今蹴鞠曰戏毬，古用毛纤结为之，今用皮，以胞为里，嘘气闭而蹴之。”由于吹气很费力，后来改为“打揎法”。打揎是用一种鼓风箱来打气。说明当时对球的气压已有规定，但对球的体积并无记载。唐代的蹴鞠的踢法也出现了新的变化和发展，其中一种是有球门的比赛叫“筑球”，另外一种是不用球门的比赛称为“白打”，蹴鞠从唐代传到了日本。从宋代开始，出现了以踢球表演为职业的踢球艺人，有官私两种，官家的是在朝廷宴会中做表演。私人的是在瓦子（城市中的游乐场所）表演，以卖艺谋生。元、明、清时代足球活动逐渐衰落。

（二）世界古代足球运动

远东流行的足球游戏由战争带入了中东，并逐渐西进，在罗马发展成为“哈姆斯托姆”的游戏，这是一种把球带到对方一端为胜的竞赛。其后古罗马统帅凯撒发动战争，又把足球游戏传入了法国高卢。到公元1066年，罗马的征服者威廉发动哈斯汀战争入侵英国，又将足球游戏带入了英国，并发展成为“苏克尔”（SOCER）。

（三）现代足球的诞生与发展

现代足球运动起源于英国。19世纪40年代，一些学校，如剑桥大学、新科里夫顿大学、哈多公学、马集公学等，不仅重视学校教育，课外体育活动也十分活跃，经常开展校内和校际间的足球比赛。1848年足球运动的第一个文字性规则《剑桥规则》诞生；1857年英国成立了世界上第一个足球俱乐部；1863年10月26日，成立了世界第一个足球协会—英格兰足球协会，还制定了世界第一个较为统一的足球竞赛规则，这一天也被认为是现代足球的诞生日。在英国的带动下，到19世纪末，荷兰、丹麦、新西兰、阿根廷、智利、比利时和意大利等国先后成立了足球协会。奥地利、西班牙、意大利、捷克等国先后成立了职业足球俱乐部。这些都极大地促进了足球运动的发展。与此同时，建立一个国际性的用以协调各国足球运动的开展,组织各国之间的比赛的足球组织的呼声越来越高。为适应这种要求,1904 年 5 月 21 日,国际足球协会联合会(简称国际足联,Federation Internationale de Football Association,法文缩写 FIFA)在法国巴黎成立。国际足联不断发展壮大,到现在为止,已经有协会会员 200 多个,成为世界上最大的国际单项体育联合会之一。

国际足联组织的世界性比赛推动了世界足球运动的普及与提高,这些世界性的比赛主要有:

1. 世界杯足球赛

创始人为国际足联第三任主席儒勒斯·雷米特,每四年一届,到现在为止已经举行了 20 届。世界杯足球赛是由国际足联组织的规模最大、水平最高的足球比赛,国际足联下属的协会成员均可报名派一个队参加,职业和业余队员均可报名参赛。比赛分预赛和决赛两个阶段,决赛队数由最初的 12 个增加到 24 个,到 1998 年第 16 届世界杯比赛增加到 32 个,冠军奖杯原为"雷米特"杯,后被三次夺冠的巴西队永久占有,故从 1974 年第 10 届比赛开始改为国际足联世界杯的新杯,又称为"大力神杯"。到目前为止,各届世界杯比赛参赛队成绩如下:

届次	时间	举办国	冠军	亚军	季军
1	1930 年	乌拉圭	乌拉圭	阿根廷	美国
2	1934 年	意大利	意大利	前捷克斯洛伐克	德国
3	1938 年	法国	意大利	匈牙利	巴西
4	1950 年	巴西	乌拉圭	巴西	瑞典
5	1954 年	瑞士	联邦德国	匈牙利	奥地利
6	1958 年	瑞典	巴西	瑞典	法国
7	1962 年	智利	巴西	前捷克斯洛伐克	智利
8	1966 年	英国	英国	联邦德国	葡萄牙
9	1970 年	墨西哥	巴西	意大利	联邦德国
10	1974 年	联邦德国	联邦德国	荷兰	波兰
11	1978 年	阿根廷	阿根廷	荷兰	巴西
12	1982 年	西班牙	意大利	联邦德国	波兰
13	1986 年	墨西哥	阿根廷	联邦德国	法国
14	1990 年	意大利	联邦德国	阿根廷	意大利
15	1994 年	美国	巴西	意大利	瑞典

（续表）

届次	时间	举办国	冠军	亚军	季军
16	1998 年	法国	法国	巴西	克罗地亚
17	2002 年	日本、韩国	巴西	德国	土耳其
18	2006 年	德国	意大利	法国	德国
19	2010	南非	西班牙	荷兰	德国
20	2014	巴西	德国	阿根廷	荷兰

2. 奥运会足球赛

从 1896 年第一届现代奥运会到 1908 年第四届奥运会，足球是表演项目，直到 1912 年第五届奥运会时足球才成为正式比赛项目，但是奥运会足球比赛对参赛队员年龄加以限制，1993 召开的国际足联执委会决定，允许每个参加奥运会足球决赛的队有三名年龄超过 23 岁的队员。

3. 世界青年足球锦标赛

始于 1977 年，最初的两届世界青年足球赛，为试办性质。1981 年在澳大利亚举办的第 3 届世界青年足球赛得到国际足联的正式承认，被命名为国际足联世界青年足球锦标赛（即可口可乐杯赛），因此第三届世界青年足球赛又叫第一届世界青年足球锦标赛。国际足联所属协会会员均可报名参加，队员必须在 20 岁以下。比赛分为预选赛和决赛两个阶段，各洲青年足球锦标赛为预选赛，决赛参赛队为 16 个。

4. 世界女子足球比赛

1991 年在中国举行了首届女足世界杯。中国女足曾在 1999 年女足世界杯比赛中一路过关斩将杀入决赛，最后以点球惜败与美国获得亚军。1996 年第 26 届奥运会上，女子足球正式成为比赛项目。

现代足球运动从诞生、发展到现在已经进入一个崭新的阶段。当今世界足球水平以欧洲、南美洲最高，但近些年来非洲一些国家有了长足的进步，亚洲国家也在努力提高。由于足球运动本身的魅力，加之世界通讯、传媒的迅速发展，各大洲不同国家之间的足球比赛交流也越来越多，队员们在竞争中相互学习、借鉴、融合、促进，既不断完善自己、又推动对方进步；共同朝着技术、战术、身体、心理素质全面发展的方向努力。

第二节　足球基本技术

内容提要:本章主要介绍了足球技术的基本理论、特点、规律。重点分析了足球技术的动作结构与学习中常见的错误。

足球技术是运动员在比赛中运用身体的合理部位所完成的动作方法的总称。它是在比赛实践中逐步形成、发展和完善起来的。足球技术是完成战术配合的基础和保证,战术的不断发展同时对技术完成提出了更高的要求。

一、踢球技术

(一)踢球一般原则

1. 踢球时,保持身体重心稳定。

2. 在踢球时,正确把握触球部位,控制好击球脚型。

3. 培养正确的踢球节奏,掌握好触球时机。

(二)踢球动作结构

1. 助跑。一个是调整人与球之间的相对位置,使踢球时有一个理想的支撑点;另一个是通过助跑使身体获得一定的速度,以增加踢球力量。

2. 支撑脚的站立。支撑脚的站立应以能使踢球脚最便于准确触球和发挥踢球脚的最大速度为原则。一般都是踏在球的侧方或侧后方,支撑脚的膝关节应微屈,以便稳固地支撑体重,起到踢球时固定支点的作用。

3. 踢球脚的摆动。踢球脚的摆动以髋关节为轴,大腿带动小腿,小腿加速前摆。同样,在不大摆幅的情况下,利用肌肉的强烈收缩也可以增加出球的速度。

4. 脚触球踢球时,脚与球的接触部位应符合动作的要求,并保持功能性紧张使脚型固定。另外,膝关节弯曲,膝关节应在球的上方或者侧上方,以便保持脚触球部位的正确和控制出球的高度。

5. 踢球的随前动作。随前动作的目的是为了保证前 4 个环节的顺利进行。如果身体不跟随前进而单纯是踢球腿的摆出,那么就会使踢球腿继续绕髋关节而向上摆动,使出球方向向上。

(三)常用的踢球技术

1. 脚内侧踢球。踢定位球时,直线助跑,支撑脚踏在球侧约 15cm 处,膝微屈,脚趾指向出球方向。踢球腿以髋关节为轴由后向前摆动,膝、踝外展,脚尖稍翘,以脚内侧部对准来球，当膝关节摆至接近球体正上方时，小腿加速前摆，击球刹那，脚跟前顶，脚型固定，以脚内侧击球的后中部。

易犯错误：踢球腿膝、踝外展不够，脚趾没勾翘，击球脚型不对，影响击球效果；踢球腿直腿摆击，击球乏力；击球刹那，脚型不固定，出球不顺畅。

2. 脚背内侧踢球。踢定位球时，斜线助跑，助跑方向与出球方向约成45°，支撑脚踏在球侧后方约25cm处，膝微屈，脚趾指向出球方向，重心稍倾向支撑脚一侧。在支撑脚踏地的同时，踢球腿以髋关节为轴，大腿带动小腿由外后向前内略呈弧线摆动，髋关节稍外旋，当膝关节摆至接近球的内侧上方时，小腿加速前摆。击球时，膝向前顶送，脚背绷直，脚趾扣紧斜下指，以脚背内侧击球的后中下部，击球后踢球腿顺势前摆着地。

易犯错误：支撑脚选位不当，脚趾没对准出球方向，影响摆踢动作的完成；击球刹那，膝不向前顶送，而是顺势内拐，出球侧内旋；踢球腿后摆动作紧张，影响前摆速度，击球发力不足；支撑脚偏后，上体放松后仰，出球偏高。

3. 脚背正面踢球。踢定位球时，直线助跑，支撑脚踏在球侧约15cm处，脚趾指向出球方向。前摆时，大腿以髋关节为轴带动小腿前摆，当膝关节摆至接近球体正上方时，小腿加速前摆，脚背绷直，脚趾扣紧，以脚背正面击球的后中部。击球后，踢球腿顺势前摆落地。

易犯错误：支撑脚选位不当，影响摆踢发力和击球效果；击球刹那，脚型不稳脚尖上挑，影响出球力量和方向；踢球腿摆踢路线不直，出球方向不正。

4. 脚背外侧踢球。动作方法类似于脚背正面踢球，只是摆踢时，脚面绷直，脚趾内扣斜下指，用脚背外侧击球的后中部，击球后，踢球腿顺势前摆着地。

易犯错误：支撑脚选位不合理，影响摆踢发力；摆腿时髋关节内转或直腿击球，击球发力不足；膝、踝旋内不够，影响击球准确性；击球刹那，脚型不稳，脚尖上撩，出球不稳。

二、接球技术

接球是指运动员有目的地运用身体有效部位，将运动中的球控制在所需位置上的动作方法。它是运动员获得球的主要手段，是运动员控球能力的一种表现。接球是一种将动态中的球控制住的过程，从其动作结构分析，一个完整的接球动作应包括以下几个环节：

（一）判断选位

接球前，运动员首先判断来球的路线、落点、速度及性质等，并注意观察附近对手的情况，在此基础上合理地移动选位，占据有利的接球位置。

（二）接球支撑

接球腿的膝关节应适度弯曲，身体重心略降，以加强支撑的稳固性。支撑脚的选位则应再根据接球的方法和目的来确定。

（三）触球动作

接球的根本问题是削弱来球的冲力，削减来球的冲力通常可以采用缓冲或改变来球运行路线的方法。

接球按触球部位可以分为脚部、腿部、胸部、腹部和头部五类。以下主要介绍几种基本的、使用比较多的接球技术。

1. 脚内侧接球

接地滚球时，身体正对来球，判断来球的速度和方向，选好支撑脚的位置，膝关节微屈。接球脚根据来球的状态相应提起，膝、踝关节旋外，脚趾稍翘，用脚内侧对准来球，触球刹那，接球部位做相应的引撤或变向接球动作，将球控在所需的位置上。

接反弹球时，接球腿小腿应与地面形成一定的夹角，向下做推压动作时，膝要领先，小腿留在后面。

接空中球时，接球腿要屈膝抬起，可根据需要采用引撤和切挡的动作，接球落地后应随即在地面控制住。

易犯错误：接球腿膝、踝关节外展不够，影响触球角度，控球不稳；迎撤接球时机控制不好，缓冲效果差；压推或拨转接球后，重心跟进慢，接、控动作脱节；接球腿动作僵硬，直腿接球，难以接控。

2. 脚背正面接球

身体正对来球，判断来球路线和速度、支撑脚稳固支撑，接球腿屈膝提起，以脚背正面对球迎出，触球刹那，接球脚引撤下放，膝、踝关节相应放松，以增强缓冲效果。

易犯错误：接球腿膝、踝关节紧张，动作僵硬，缓冲效果差；引撤时机和速度掌握不好，控球不稳；对球的判断不准，接球部位没对准来球，将球碰跑。

3. 脚背外侧接球

接地滚球时，判断来球情况，选好支撑脚的位置，接球腿屈膝提起，膝踝关节内翻，以脚背外侧对准来球，当球临近时，接球脚以脚背外侧部对准来球，接球脚以脚背外侧推拨球的相应部位，将球控在相应的位置上。接反弹球时，要判断好球的落点，接球腿小腿应与地面形成一定的夹角，以膝关节领先做扣压动作，防止球的反弹。

易犯错误:支撑脚选位不当,影响接球腿完成动作;掌握不好球的落点和推压球的时机,接不住球或接球不稳;膝、踝关节的摆动僵硬不灵活,接球力量失控。接反弹球时,小腿与地面的夹角不当,接球"卡壳"或控球不到位。

4. 胸部接球

挺胸式接球,适用于接一定弧度的高球。接球时,身体正对来球,两腿自然开立,膝微屈,两臂在体侧自然屈抬,上体稍后仰与来球形成一定的角度。触球刹那,胸部主动挺送,使球触胸后向前上方弹起落于体前。缩胸式接球,适用于接齐平于胸的平直球。

5. 缩胸式接球与挺胸式接球的差异

在于触球刹那，靠迅速收腹、缩胸，缓冲来球的力量，使球直接落于体前。

易犯错误：触球刹那，躲闪转体，接球动作不稳定；收挺时机掌握不好，缓冲效果差；挺胸式接球时，上体仰角不合理，球的反弹角度不理想。

三、运球技术

运球是指运动员在跑动中为控制球而用脚部进行的推拨球的动作。采用运球的方法超越防守队员时称为运球过人。

（一）运球动作分析

运球技术包括跑动与触球两种因素。运球跑动具有步幅小、频率快、重心低的基本特征，适应做一些运球急停、变速或变向等以摆脱防守队员。

一个运球的动作过程，往往包含多种运球的动作方法。但不管哪种触球方法，完成一次运球动作都要经历三个阶段：(1)支撑脚踏地支撑阶段，(2)运球脚前摆触球阶段，(3)运球脚踏地支撑阶段。

（二）运球的动作方法

1．脚背外侧运球

直线运球时，自然跑动，步幅稍小，上体稍前倾，两臂协调摆动。运球腿屈膝提起前摆，脚趾稍内扣斜下指，当膝至球体上方时，以脚背外侧部推拨球后中部，身体随即跟上。曲线运球时，触球作用力应偏离球心，使球略成弧线运行。变向运球时，应注意根据变向角度的大小，调整支撑脚的位置和触球部位及运球脚用力方向，保证蹬摆用力与推拨触球能协调一致。

易犯错误：运球脚直腿前摆，难以控制推拨力量；膝、踝关节僵硬，影响控球效果；身体重心偏高或坐后，影响重心跟进。

2．脚背正面运球

自然跑动，步幅稍小，上体略前倾，两臂协调摆动，运球腿屈膝提起前摆，脚背绷直，脚趾下指，在着地前用脚背正面推拨球前进。

易犯错误:运球脚触球时松动不稳定,难以控制运球的力量和方向;脚踝关节僵硬,变推拨为捅击动作,控制不住球;支撑脚靠后,推球后重心滞后,人球分离。

3. 脚背内侧运球

自然跑动,步幅稍小,上体前倾并向球侧稍转,两臂协调摆动,运球腿屈膝提起,脚尖稍外转,前摆用脚内侧部向侧前推拨。

易犯错误:身体重心过高或侧倾不够,影响运球变向;触球时脚型不稳,影响控球效果。

4. 脚内侧运球

支撑脚在球的侧前落位,膝微屈,上体稍前倾。随重心前移,运球脚膝外转,用脚内侧部推运球。

易犯错误:支撑脚选位不好,挡住球路或影响运球脚做动作;推拨球时踝关节松动或脚尖外转不够,影响运球方向。

四、头球技术

头顶球是指运动员有目的地用额部将球击向预定目的的动作方法。

(一)技术动作分析

头顶球是一个自上而下全身协调发力的动作过程,在比赛条件下完成这一动作过程应包括以下几个方面:

1. 判断与选位

判断与选位是提高头顶球动作的前提,可直接影响顶击球的时间、力量和方向。合理的选位应以准确的判断为依据。因此,运动员首先要判断来球的路线,速度和性质,并据此进行相应的移动选位,选位中两眼要注视来球,不断调整自己的移动路线,使自己处于最佳的预顶位置。

2. 蹬地与摆动

蹬地是顶球发力的开始,其作用一是利用下蹬反作用力,支撑腾空使身体达到跳顶位置,二是通过有力的后蹬加速身体的摆动,增大顶击力量。摆动是顶球的主要力量来源。摆动的效果主要取决于腰腹部肌肉的力量与协调性。摆幅应根据顶球的目的确定。

3. 击球动作

击球是顶球技术的关键环节,击球时颈部应保持适当的紧张,顶球时颈部的发力应短促有利。

4. 击球后身体控制

顶球后身体既要注意落地缓冲和保护动作,又应注意控制身体姿势,保持重心的稳定,保证动作的转换速度。

(二)头顶球的动作方法

1. 额正面顶球

原地顶球时身体正对来球,两腿自然开立,膝微屈,两眼注视来球。随球临近,上体后仰,展腹挺胸,两臂自然张开,下颌收紧,身体自下而上蹬地、收腹、摆体、顶送发力,当头摆至身体垂直部位时,用额正面顶击球的后中部。

跳起顶球时,要选好起跳位置,掌握好起跳时机,起跳脚积极蹬地发力,手臂协调向上提摆,以加强起跳力量。起跳后,展腹挺胸,形成背弓,两眼始终注视来球。跳至最高点时快速收腹摆体,下颌收紧,前额积极迎球顶送发力,顶球后屈膝缓冲落地。

易犯错误：上、下肢发力动作脱节，不协调，影响发力效果；击球时机掌握不好，使头在被动位顶球，影响顶球效果；击球刹那闭眼缩颈，影响顶球力量和准确性；跳起顶球时，起跳点、起跳时机和击球掌握不好，影响顶球质量和出球效果。

2. 前额侧面顶球

身体稍侧对来球，两脚前后开立，出球侧支撑腿在前，身体侧后微屈，重心落在后腿上，两臂自然张开，眼睛注视来球。顶球时，后脚向出球方向猛力蹬伸，身体随之向出球方向转动侧摆，同时颈部侧甩发力，用额侧部将球击出。

跳起顶球时，类似额正面跳顶，只是在起跳上升阶段上体应向出球的相反方向侧摆，最后用额侧面将球顶出。

易犯错误：身体侧屈转体和回转侧摆动作不协调，顶球发力不足；支撑脚站位不当，不能充分利用腰腹力量；起跳点和时机掌握不好，影响顶球动作质量和效果；起跳于空中动作不协调、脱节，无法完成跳顶动作。

五、守门员技术

守门员技术是指守门员围绕球门安全所采用的有效的防御性动作和组织发动进攻时所采用相应的动作方法的总称。

（一）技术动作分析

守门员技术属于一种位置技术，是守门员位置各种技术的综合体。它包含多种技术要素，就其防守行动过程大致可以分为以下几个阶段：

1. 观察判断

观察是守门员防守的第一步，视野要开阔，纵观全局，以球的发展为核心。在观察的基础上，通过判断球的路线、性能、速度、落点等做出心理准备和动作准备。

2. 移动选位

在观察判断的基础上，守门员要根据球的发展变化进行相应的移动和选位。

3. 准备姿势

大多数情况下，守门员的身体姿势为两脚平行开立，上体略前倾，两腿自然屈蹲，脚跟稍提，重心落在前脚掌上，两臂自然屈伸，掌心向下，手指张开，眼睛注视来球使身体处于“一触即发”的良好状态。

4. 防守应答

防守应答是指守门员对那些球门构成威胁的来球做出相应的反应。

（二）守门员技术

1. 下手接球

下手接球的基本手型似“簸箕”状，手指张开，掌心向上，小拇指靠拢。适用于接地滚球、低平球、低弧度的反弹球和高弧度的落降球，接球的姿势有跪式、俯背式和站立式。

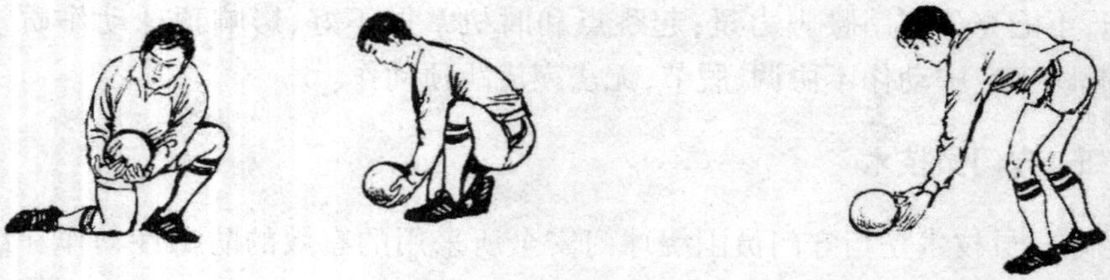

动作方法：身体正对来球，当球临近时，根据球的高度做好相应的准备姿势，接球时，两臂伸出迎球，手型相对稳定，角度合理，当手指触球刹那，屈臂夹肘收球缓冲，并顺势屈腕，压胸将球抱于胸前。

易犯错误：屈臂收球不夹肘，使球从两臂间漏掉；引球时机不准，缓冲效果差；接球时手指过分弯曲，手型太小，接球不稳。

2. 上手接球

上手接球的手形似“球窝状”，掌心向前内倾，手指向上，拇指靠拢。

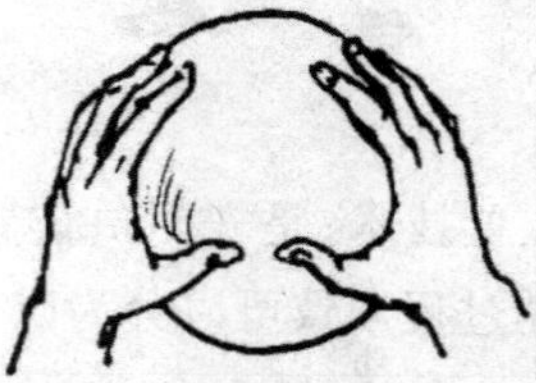

适用于接胸以上的各种高球。接球的基本姿势有原地站立接球和单、双脚跳起接球。

动作方法：原地接球时身体正对来球，当球临近时，两臂举起迎球，控制好接球手型，触球刹那，掌心要空，手腕手指用力接球，手臂顺势下引缓冲收球，手腕扣紧，两臂旋外夹肘，两臂贴紧球体表面翻转滑动，将球牢牢抱于胸前。跳起接球时，注意起跳时机，在空中注意保持平衡，落地时注意缓冲。

易犯错误：接球时肘外张，影响接球手型；接球手型后仰，拇指间距过大，接球脱手或漏球；手臂下引收球时，前臂没有旋外夹肘动作，接控球不稳；跳起接球时，时机掌握不好，影响接球效果。

第三节　足球战术

内容提要：本章主要阐述足球攻守战术与战术原则，比赛阵型的发展与衍变。

足球战术是指在比赛中，为了战胜对方，根据主客观情况所采取的个人行动和集体配合的方法。比赛实践证明，合理巧妙地运用战术是夺取比赛胜利的重要因素。战术在比赛中的作用是有目的的将集体的力量和谐地组织起来，充分发挥每个人的特长，做到扬长避短，克敌制胜。

一、战术原则

足球战术原则是足球比赛攻守基本规律的反映，是人们在长期的足球比赛中探索出的指导足球比赛的基本原则。在足球比赛中，必须做到攻守兼备。既要创造进攻优势，又要减少和破坏对方的进攻，确保本方球门的安全，以保持攻守的一致性。足球比赛的战术配合千变万化，但是概括起来就是进攻和防守两个方面。

（一）进攻战术原则

在比赛中，一次完整的进攻是由组织发动、突破防线和结束进攻三个步骤构成。当然并不是每次进攻都是完整的，但一般来说这三个步骤都是存在的，差别在于参与进攻的人数和整个过程的长短。因此，进攻应遵循以下原则：

1. 组织发动进攻要制造宽度、保持纵深。制造宽度和保持纵深的目的都是为了拉开对方的防守，创造进攻的空间。只有这样，进攻才能更有效率，才能更好地控制比赛的节奏。

2. 突破防线要利用空当，渗透切入。防线突破以后一定要充分利用人数优势留下的空当，渗透切入，有效地把球攻到前场，达到射门的区域。

3. 结束进攻要敢于"冒险性"传球，拼抢射门区。在比赛中，越是接近对方球门区，防守越密集，盯抢越凶狠，这就要求进攻队员要大胆地运用各种技术使球通过狭窄的空当，把球传给飞速插入的同伴，创造射门机会。

4. 临场运用要机动灵活，随机应变。变则灵，足球场上的节奏千变万化，进攻方应根据对手的防守情况，机动地改变进攻节奏、方向、位置、距离等。在技战术运用上要灵活，随机应变。

5. 攻中寓守。进攻和防守永远是矛盾的对立面,但两者之间又是相互联系的。现代足球发展到今天,只有那些攻守平衡的球队才能在大赛中取得优异的成绩。在比赛中,要有人从后面接应控球队员,一方面是进攻的需要,另一方面,一旦控球队员失误,接应队员就能立即上去紧逼对手,延缓对方的进攻。

(二)防守原则

1. 延缓对方的进攻速度。在本方队员失球后,全体队员应迅速选择有利的防守位置,采取有效的防守行动。

2. 迅速回防布防。失球后,距离球近的队员应迅速做出防守反应,进行阻截,延缓对方进攻节奏,为本方队员争取回防布防的时间。

3. 收缩保护,防止突破。防守中,当中场盯抢失败后,要迅速收缩防区,组织全队整体防守,以便保护、补位。特别是"自由中卫"要审时度势、选好位置,随时准备补位和抢断传入的身后球。

4. 封锁射门区、保护球门区。当对方进攻到本方球门区附近时,每一个防守队员都必须紧盯自己负责看防的队员,不给对方起脚或插入进攻的机会。另一方面还要注意避免犯规,一旦对方射门,要注意及时保护和补位。

5. 守中寓攻。一旦本方失球,要立刻逼抢,争取重新夺回控球权,特别是在中前场,一旦反抢成功可以迅速组织进攻。

二、比赛阵型

比赛阵型是指比赛场上队员的位置排列、攻守力量搭配和职责分工的形式。

比赛阵型的演变是随着足球水平不断地提高发展的。概括起来,足球阵型的发展塔体经历了以下四个阶段:

(一)比赛阵型的萌芽阶段

随着1863年现代足球运动的诞生,制定了统一的竞赛规则,使足球比赛在公平竞争的条件下进行,队员在场上需要基本的职责与分工,随之创造了比赛阵型。最初的比赛阵型一般有"一二七"式、"二二六"式和"二三五"式即塔式阵型。

(二)比赛阵型平稳发展阶段

1925年国际足联修改了越位规则,将进攻队员与对方端线之间不足三人改为两人视为越位后,促进了战术打法与比赛阵型的改革。经过不断实践总结,1930年英国人赫波特·契普曼创造了"WM"式阵型。这个阵型分工明确,攻守力量平衡,后来逐渐被人们接受,并在很长一段时间内为各国所用。

(三)比赛阵型的迅速发展阶段

由于训练水平的不断提高和人们对足球比赛规律认识的不断深化,比赛阵型与战术打法也经历了三次大的变革。20 世纪 50 年代初,匈牙利针对"WM"式阵型三后卫防守的特点,为了加强进攻,将中锋后撤,两个内锋突前,创造了"四前锋"式阵型,并取得了震惊世界的成就。50 年代后期,巴西队吸取匈牙利队进攻变革的成功经验,针对"四前锋"式阵型攻强守弱的特点,将一名前卫撤到后防线,创造了"四二四"式阵型,结果战绩显赫,被誉为比赛阵形和战术打法的第二次变革。经过 20 世纪 50 年代和 60 年代攻与守的较量,各国都在精心研究一种更合理有效的阵型,1974 年世界杯荷兰队和联邦德国队将"一三三三"和"四三三"式阵型作为基本阵型,标志着全攻全守的战术打法已经是大势所趋,被誉为比赛阵型与战术打法的第三次变革。

(四)比赛阵型的进一步探索和发展阶段

随着人们对足球攻守平衡重要性的进一步认识,各国根据自己队伍的特点,创造出了一些新的阵型,1990 年世界杯,一些优秀的球队采用了"三五二"和"五三二"的比赛阵型和战术打法。

第四节　足球竞赛规则与裁判法

俗话说"没有规矩,不成方圆。"在足球比赛中如果没有比赛规则,那么足球运动也绝对不会发展到今天成为"世界第一运动"。现代足球运动诞生时,最初制定的比赛规则只有 14 条,随着足球运动的发展,足球比赛规则规定的范围也已经扩大到 17 个方面。足球比赛规则制定的基本原则是保护运动员的安全、双方对等公平进行比赛、避免比赛中非体育行为的产生、促进技战术尤其是进攻战术的发展,提高比赛的观赏性。

一、规则简介

(一)比赛场地与用球

1. 比赛场地

(1)球场呈长方形,长 90 ~ 120 米,宽 45 ~ 90 米,标准场地长 100 ~ 110 米,宽 64 ~ 75 米,国际比赛场地一般为长度 100 ~ 110 米,宽度 64 ~ 75 米。

(2)球门区在场地的两端,从距每个球门内侧 5.5 米处,画两条垂直于球门线的线。这些线伸向比赛场地内 5.5 米,与一条平行于球门线的线相连接,由这些线和球门线组成的区域范围是球门区。

(3)罚球区从距每个球门柱内侧 16.5 米处,画两条垂直于球门线的线。这些线伸向比赛场地内 16.5 米,与一条平行于球门线的线相连,由这些线和球门线组成的区域范围是罚球区。

(4)中圈是在场地中线的中点处做一个标记,以距中心标记 9.15 米为半径画一个圆圈。

比赛场地
The Field of Play

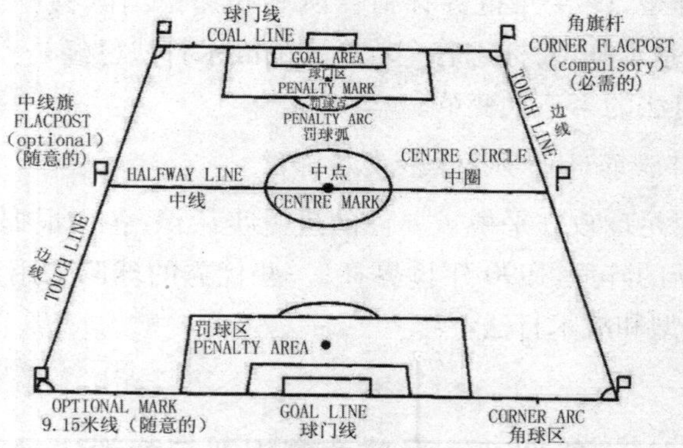

(5)角球弧在比赛场地内,以距每个角旗杆 1 米为半径画一个四分之一圈。

(6)点球点距球门线中点的垂直距离为 11 米。

(7)罚球区前面的圆弧是以点球点为圆心向外以 9.15 米为半径画圆,超出球门区的部分有效。

角旗杆
Corner Flagpost

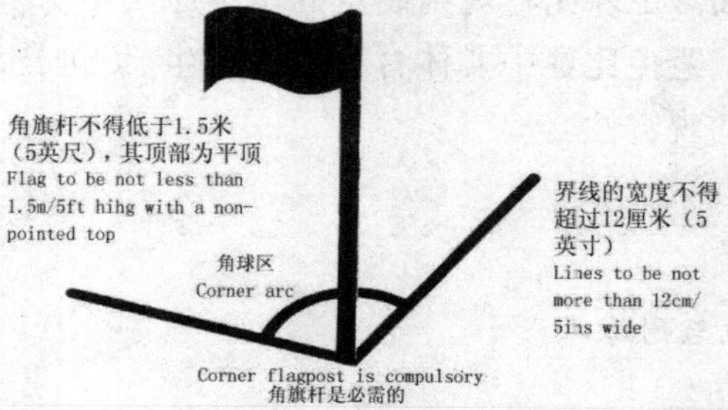

(8)球门必须放在每条球门线的中央。两根柱子之间的距离是 7.32 米,从横梁下沿至地面的距离是 2.44 米。

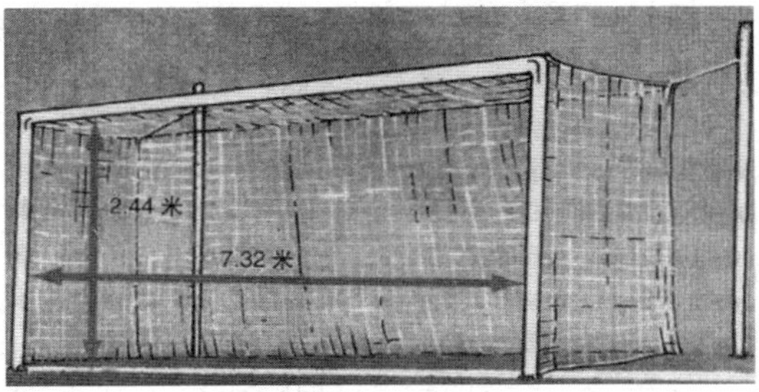

2. 比赛用球

正式足球比赛的用球要求用皮革或其他适当的材料制成，圆周不长于 70 厘米，不短于 68 厘米。重量在比赛开始时不多于 450 克，不少于 410 克。压力在海平面上等于 0.6 ~ 1.1 个大气压力。

（二）越位

越位判罚一直以来都是足球比赛中一个争议最多的话题，它的判罚准确与否直接影响着比赛结果。因此，初学足球知识的人都应当对基本的越位规则加以了解。

1. 越位位置

队员处于越位位置是指队员较球和最后第二名对方队员更接近于对方球门线。队员处于越位位置本身并不是犯规。在以下情况下：他在本方半场内；他齐平于最后第二名对方队员；他齐平于对方两名对方队员时，进攻队员不处于越位位置。

2. 犯规时

处于越位位置的队员，在同队队员踢或触及球的一瞬间，裁判员认为其就下列情况而言"卷入"了现实比赛中时被判为越位犯规：干扰比赛；干扰对方队员；利用越位位置获得利益。如果队员从下列情况下直接得球，则没有越位犯规：球门球、掷界外球、角球。

（三）犯规与不正当行为

足球比赛对抗性强，允许进行合理冲撞，在快速、激烈的对抗中，队员要克服许多困难去争抢球、控制球、处理球以便发挥其身体、技术方面的优势，一些非技术动作、犯规与不正当行为时有发生。在《足球竞赛规则》第十二章关于直接任意球和间接任意球的判罚的条款如下：

1. 直接任意球

如果队员违反下列犯规中的任何一种，则将判给对方踢直接任意球：踢或企图踢对方队员；绊摔或企图绊摔对方队员；跳向对方队员；冲撞对方队员；打或企图打对方队员;推对方队员;为了获得对球的控制而抢截对方队员时,于触球前触及对方队员;拉扯对方队员;向对方队员吐唾沫;故意手球。

2. 判罚点球

在比赛进行中无论球在什么位置,如果队员在本方罚球区内违反了上述十种犯规中的任何一种,应被判为点球。

3. 间接任意球

如果守门员在本方罚球区内违反下列四种犯规中的任何一种,将判给对方踢间接任意球:用手控制球后在发出球之前持球超过6秒;在发出球之后未经其他队员触及,再次用手触球;用手触及同队队员故意踢给他的球;用手触及同队队员直接掷入的界外球。裁判员认为队员在出现下列情况时,也判给对方踢间接任意球:动作具有危险性;阻挡对方队员;阻挡对方守门员从其手中发球;因规则未提及的其他任何犯规而停止比赛应被警告或罚令出场,在犯规地点踢间接任意球。

二、足球裁判法简介

裁判法是足球比赛过程中,裁判员与助理裁判员执行工作时相互配合的方法。正式的足球比赛是由一名裁判员和两名助理裁判员执行裁判工作,此外还必须有一名预备裁判员。

(一)裁判员的职权与职责

1. 裁判员的职权

(1)自进入比赛场地时起,至比赛结束前,均有判罚权,包括比赛成死球和中场休息时。

(2)比赛进行中,根据事实情况和比赛结果所做的判决为最后判决。

(3)发觉判罚有误,可以改判,但必须在比赛重新恢复之前。

(4)认为巡边员不能正常工作时,可以停止其工作,由预备裁判员代替。

2. 裁判员的职责

(1)执行规则,掌握“有利情况”,不做对犯规有利的判罚。

(2)记录比赛成绩、比赛时间,因故损耗的时间应予补足,客观情况不利于比赛进行时,可暂停、推迟或终止比赛。

(3)根据队员犯规情况,正确使用红、黄牌。

(4)及时处理受伤队员。

(5)比赛暂停后用哨声或手势指示恢复比赛。

(6)审定比赛用球。

（二）助理裁判员的职责

1. 看好边线、端线。用旗示确定某队掷界外球、踢球门球或角球。

2. 看好越位线。攻势向本方半场发展时，应始终与守方倒数第二个队员平行站位，根据场上防守队员位置的变化及时调整位置。

3. 看好球门线。攻方射门时，及时移动到端线附近，观察是否进门。

4. 完成裁判员交予的其他工作。例如观察犯规、旗示换人、记录比赛时间、比赛成绩等。

（三）预备裁判员职责

1. 记录比赛成绩（进球队员号码、进球时间、红黄牌情况等）。

2. 掌握换人。

3. 维持运动员座席秩序。

4. 当裁判员、助理裁判员因故不能继续执法时，随时做好接替裁判员或助理裁判员的工作。

第六章 羽毛球

第一节 羽毛球运动概述

一、羽毛球运动的诞生与发展

相传羽毛球运动最早起源于14－15世纪时的日本,球拍是木制的,球是用樱桃核插上羽毛制成。这种球由于球托是樱桃核,太重,球飞行速度太快,使得球的羽毛极易损坏,加之球的造价太高,所以该项运动时兴了一阵子就慢慢消失了。

现代羽毛球运动诞生于18世纪的英国,由网球派生而来。1873年,英国公爵鲍弗特在格拉斯哥郡伯明顿镇的庄园里进行了一次羽毛球游戏表演,从此,羽毛球运动便逐渐开展起来,“伯明顿”即成了羽毛球的名字(Badminton)。那时的活动场地是葫芦形,两头宽中间窄,窄处挂网,直至1901年才改作长方形。1899年举行了第一届全英羽毛球锦标赛,此后,羽毛球便传到其他国家。1934年成立国际羽毛球联合会,第一任主席是汤姆斯。首届世界男子团体锦标赛(汤姆斯杯)和世界女子团体锦标赛(尤伯杯)分别于1948年和1956年举办。

二、中国羽毛球运动的发展

羽毛球运动约于1920年传入我国,最早在上海,随后在广州、天津、北京、成都等城市的基督教青年会和学校中有所开展。

新中国成立后,党和政府十分关心人民群众的健康,体育运动得到了蓬勃的发展,羽毛球运动也逐渐为群众所喜爱,并作为我国重点开展的体育项目之一。1953年在天津首次举办了羽毛球表演赛,当时只有五个队19名选手参加。1956年5月,在天津举行了第一届全国羽毛球比赛,以后每年举行一次。由于政治上的原因,我国直到1981年5月才被国际羽联恢复在国际羽联的合法席位,从此揭开了国际羽坛历史上新的一页,进入了中国羽毛球选手称雄国际羽坛的辉煌时期。1982 年中国首次参加第 12 届汤姆斯杯赛即获团体冠军，1984 年的第 10 届尤伯杯赛，中国女队首次加盟也捧杯而归。可进入 90 年代，随着杨阳、赵剑华、李玲蔚等一批优秀运动员的相继退役，我国羽毛球运动人才暂时出现了一段青黄不接的时期，而印尼、韩国、马来西亚及丹麦各国新人辈出，世界羽坛进入了群雄抗衡的时代。在 1992 年巴塞罗那奥运会上，我国羽毛球项目竟与金牌无缘，直到 1995 年才逐渐步出低谷，首次夺得“苏狄曼杯”，至此中国羽毛球又开始步入再铸辉煌的历程。

第二节　羽毛球运动基本技术

一、握拍技术

正手握拍法：虎口对着拍柄窄面的小棱边，拇指和食指贴在拍柄的两个宽面上，食指和中指稍分开，中指、无名指和小指并拢握住拍柄，掌心不要紧贴，拍柄端与近腕部的小鱼际肌平，拍面基本与地面垂直（如左下图）。正手发球、右场区各种击球及左场区头顶击球等，一般都采用这种握法（以右手握拍者为例）。

反手握拍法：在正手握拍的基础上，拇指和食指将拍柄稍向外转，拇指顶点在拍柄内侧的宽面上或内侧棱上，中指、无名指和小指并拢握住拍柄，柄端靠近小指根部，使掌心留有空隙。球拍斜侧向身体左侧，拍面稍后仰（如右下图）。一般说来，击身体左侧的来球，大都先转体（背对网），然后用反手握拍法击球。

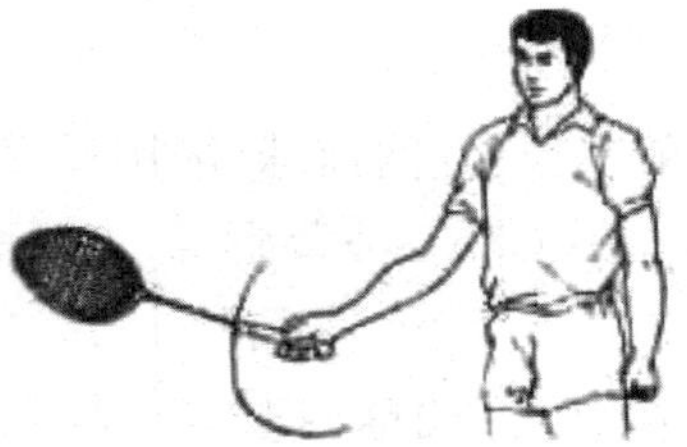

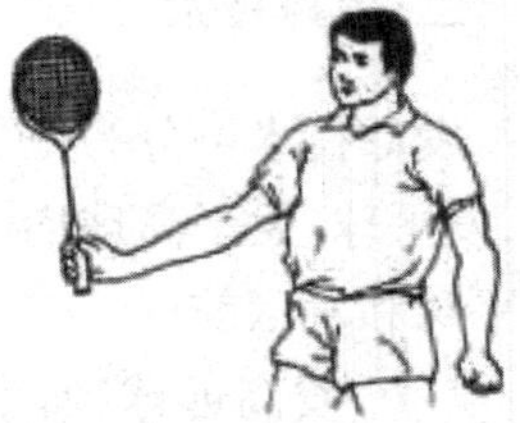

握拍的灵活性：根据对方来球的不同角度和为了控制准确的落点，握拍的方法也随时会有些细微的改变。例如：

正手网前搓球的握拍：在正手握拍的基础上，拇指、食指、中指和无名指稍松开，使拍柄离开掌心，拇指斜贴在拍柄内侧的上小棱边上，食指稍前伸，使第二指带斜贴在拍柄外侧的宽面上（如左下图）。

反手网前搓球的握拍：在正手握拍的基础上，拇指、食指、中指和无名指稍松开，拍柄离开掌心同时使球拍稍向内转，拇指贴在拍柄内侧的上小棱边上，食指第三关节贴在拍柄外侧的下小棱边上（如右下图）。

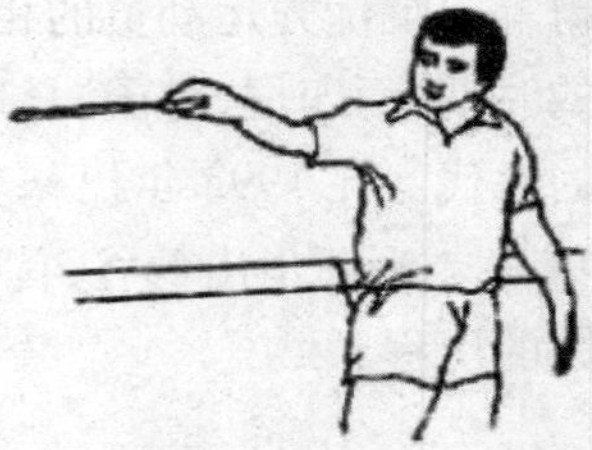

正手接杀球勾对角网前球的握拍：在正手握拍的基础上，拍柄稍向外转，拇指斜贴在拍柄内侧的宽面上，食指第二指关节和其他三指的指根贴在拍柄外侧的宽面上，拍柄不贴掌心（如左下图）。

反手接杀球勾对角网前球的握拍：在正手握拍的基础上，拇指、食指、中指和无名指稍松开，拍柄离开掌心，同时将拍柄向内转动，拇指第二指关节的内侧贴在拍柄内侧的上小棱边上，食指第二指关节贴在拍柄的下中宽面上，其余三指自然抓在下中宽面和拍柄内侧的宽面上（如右上图）。

二、发球技术

发球技术可分为正手球和反手球技术。一般来说，发网前球，采用反手发球发，发平球、发平高球均可采用正手发球法。基本的技术有：发高远球、发平高球、发平球和发网前球。

（一）发高远球：所谓高远球是把球发得又高又远，使球向对方后场上方飞去，球的飞行路线与地面形成角度，要大于45°角，使球在对方场区底线附近垂直下落。如下图：

1　2　3　4　5

（二）正手发高平球：姿势、动作和发正手高远球一样，只是发力方向和击球点不同，发高平球时球运行的抛物线不大，使球迅速地越过对方场区空中而落到底线附近，球在空中的路线和地面形成的仰角是45°左右。如图：

1　2　3　4　5　6

（三）正手发网前球：发网前球就是把球发到对方发球区内的前发球线附近，球拍触球时，拍面从右向左斜切击球，使球刚好越网而过，落在对方前发球线附近。如图：

1　2　3　4　5

（四）反手发网前球：反手发网前球就是运用反手发球技术把球发至对方发球区内前发球线附近，击球时球拍由后向前推送击球，使球运行的弧线最高点略高于网顶，球拍触球时，拍面呈切削式击球，使球落到对方场区的前发球线附近。如图：

1 2 3 4

(五)反手发平球:反手发平球与发正手球的球路、角度、落点一样。发球时,球拍的挥动方向也与反手发网前球一样,只是在击球的一刹那,手腕有弹性地击球,拍面与地面的角度接近垂直,将球击到双打后发球线以内的区域。

三、接发球技术

(一)接发球的站位和姿势

单打站位:一般是在离发球线1.5米处,站在右发球区靠近中线的位置,在左发球区则站在中间的位置。这样站主要是防备对方直接进攻反手部位。一般左脚在前,右脚在后,双脚微屈,收腹含胸,身体重心放在前脚上,后脚脚跟稍抬起。身体半侧向球网,球拍举在身前,双眼注视对方。如图:

双打站位:由于双打发球区比单打发球区短0.76米,发高远球易被对方扣杀,所以双打发球多以发网前球为主。接发球时要站在靠近前发球线的地方。双打接发球准备姿势和单打姿势基本相同。只是身体前倾较大,身体重心可前可后,球拍举得高些,在球飞行到网上最高点时击球,争取主动。但是注意对方在右场区发平快球突袭反手部位。

(二)接发各种来球

对方发高远球或平高球时,可用平高球、吊球或杀球还击。一般来说,接发高远球是一次进攻的机会,还击得好,就掌握了主动。一些初学者常因后场技术没掌握好,还击球的质量较差,以致遭到对方的攻击。

对方发网前球时,可用平高球、高远球、放网前球、平推还击;如对方发球质量不好,也可用扑球还击。要洞察对方发网前球的意图,如果是要发球抢攻,而自己的防守能力又不强,那么,就放网前球或平推球还击,落点要远离对方的站位,控制住球,不让对方进攻。当对方连续发球抢攻时,接发球一定要冷静、沉着,若疏忽麻痹,回球质量稍差,就可能让对方抢攻得手。对方发来平快球时,可用平推球、平高球还击(如图),以快制快。由于接球方还击的击球点比发球方高,下压得狠些可以夺取主动。当然,亦可以高远球还击,以逸待劳。不能仓促还击网前球,因为击球质量稍差,就有可能遭受对方的进攻。

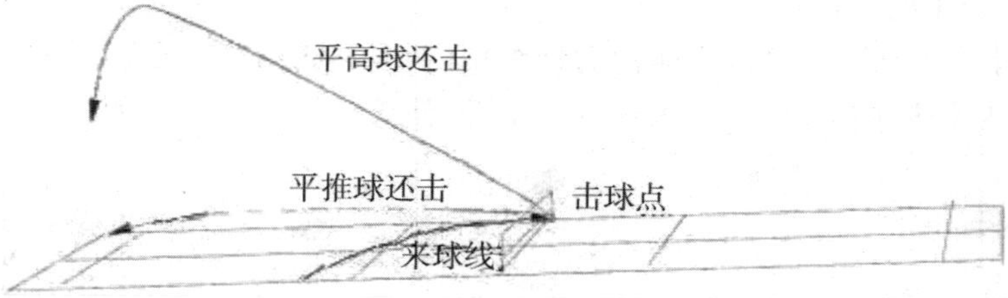

四、击球技术

(一)羽毛球前场击球技术

前场击球技术包括网前的放、搓、推、勾、扑、挑球等。其中搓、推、勾、扑属进攻技术,要求击球前期动作有一致性,击球刹那间产生突变;握拍要活,动作细腻,手腕、手指要灵巧,以控制好球的落点。

前场击球的威胁较大,因球飞行距离较短,落地快,常使对手措手不及而直接得分。即使不能直接得分,也能迫使对方被动回球,创造下一拍的机会。若网前进攻和中后场进攻能紧密结合起来,则能发挥前后场的连续进攻,掌握主动权。

1. 放网前球

(1)正手放网前球:当对方将球击至自己正手网前时,以正手握拍法,用球拍轻轻切、托,将球向上弹起恰好一过网就朝下坠落,其一般的动作是:侧身向球的方向移动,上身稍前倾,右手握拍于体前。步法移动的最后一步是右脚向来球方向。跨大弓箭步,身体重心要提高,前臂伸向来球,要往前上方举,稍上仰,斜对网。争取高点击球,握拍放松稍收腕,向球托斜侧提击或搓切。击球过程中左手要向后平举以协调动作。挥拍的力量、速度和拍面角度的大小,主要取决于来球离网的远近和速度的快慢。来球离网远,速度快些,则放球时的力量要大些,反之则力量要小些。放网后,身体还原准备姿势。如图:

(2)反手放网前球:击球前的动作要领同正手放网前球动作,只是方向相反。反手握拍,反面迎球,击球时,主要靠小臂的前伸、外旋和手腕由内收至外展的合力,轻托底部把球轻松过网。击球后,整个动作还原成下次击球的准备姿势。

2. 网前搓球

(1)正手网前搓球

击球前,小臂稍外旋,手腕由后伸至稍内收闪动;击球时在正手放网前球动作基础上,加快挥拍速度,搓切来球的右下部,使球旋转滚过网。如图:

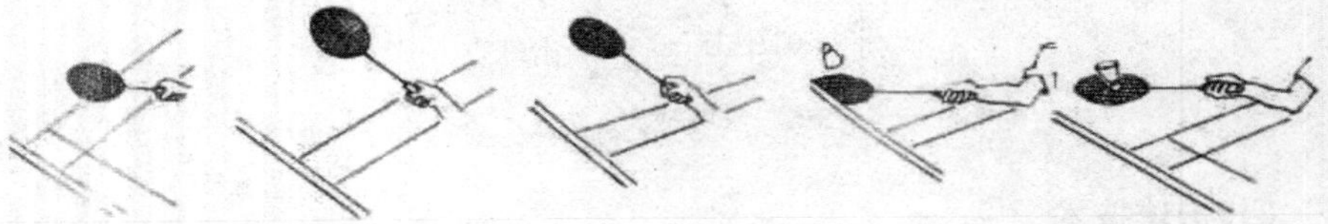

(2)反手网前搓球

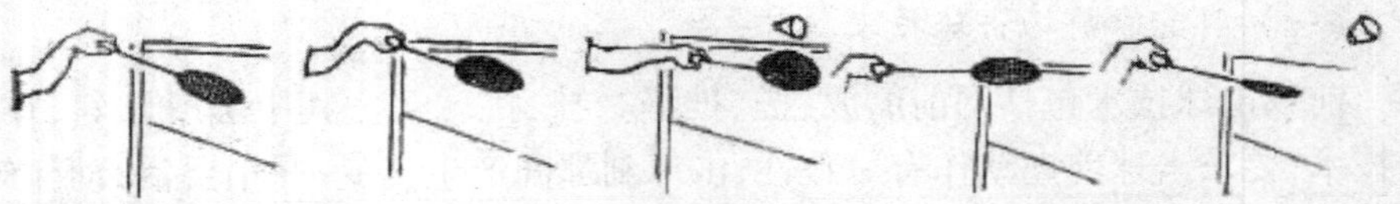

击球前,小臂前伸外旋,手腕由内收至外展状;搓击球的右侧后底部,使球侧旋滚动过网。另外还可以小臂稍伸直,手腕由外展到内收,带动球拍向前切送,击球托的后底部,使球下旋滚动过网。如图:

3. 网前推球

(1)推直线:站在网前,当球飞过来,球拍向右侧前上举。在肘关节微屈回收时,小臂稍外旋,手腕稍后伸,球拍也随着往右稍下后摆,拍面正对来球。小指和无名指稍松开,使拍柄稍离开手掌鱼际肌。拇指和食指稍向外捻动拍柄,拍面更为后仰。

（2）正手推对角线球：推对角线技术的准备姿势和击球前动作与推直线相同，但是击球时击球点在右肩前，要推击球托的右侧后部，使球沿对角线方向飞去。这时，手腕控制拍面角度，闪腕时手臂不要完全伸直。如图：

（3）反手推直线球：在网前较高的击球点上，以反手握拍法，用推击的方法向对方底线击出弧度较平，速度较快的球。其击球动作是：用反手握拍法，前臂伸时稍外旋，手腕由外展至伸直闪腕，中指、无名指和小指突然握紧拍柄，拇指顶压球拍，往前挥拍，推击球托的左侧面。

（4）反手推对角线球：反手推对角线的击球动作基本与推直线相同，区别点是在击球一刹那要急速向右前方挥拍，推击球的左侧后部，使球沿对角线方向飞行。如图：

4. 网前勾球

（1）正手网前勾对角线球：勾球一般采用并步加蹬跨步上网的步法。在步法移动的同时，球拍随着前臂往右前上方举起，前臂前伸的同时，稍有外旋，手腕微后伸，这时的握拍稍有变化——将拍柄稍向外捻动，使拇指贴在拍柄的宽面上，食指的第二指节贴在与其相对的另一个宽面上，拍柄不触及掌心。击球时，靠前臂稍有内旋往左拉收，手腕由稍后伸至内收。球拍拨击球托的右侧下部，由手腕和手指控制拍面角度，击球后，球拍回收至胸前。如图：

（2）反手网前勾对角线球：随着步法移动的同时，手臂向左侧前方平举（注意手臂不要伸直，稍弯即可）。击球时，随着肘部下沉，前臂回收外旋的同时，食指和

拇指协调用力挥动拍柄，使拍面拨击球托的左侧后部，将球沿对角线飞越过网，击球后，球拍回收至胸前，为下次的来球作积极的准备。

5. 扑球

扑球是当来球在网顶上方时，能以最快的速度上网扑压来球的技术动作。扑球可分为正手扑球和反手扑球两种，其路线有线，对角线和补随身球三种。扑球在网前进攻技术中是威胁较大的一种技术。扑球的关键在于"快"。首先取决于判断快，一经作出判断，即要求起动快并采用蹬跨步或跳步上网，同时出手快，抓住来球在网顶的最高点机会出手，以迅雷不及掩耳之势，一举解决战斗。

(1)网前扑球

身体腾空跃起或右脚蹬跨的同时，前臂往前上方举起，球拍正对来球方向。击球时，着手臂由屈至伸，手腕由后伸至向前闪动及手指的顶压，将球扑下。其中手腕是控制力量的关键，挥拍距离短，动作小，爆发力强，扑击的球才会具有一定威胁。如果球离网顶较近，就采用"滑动式"扑球方式，用手腕从右向左将球扑压下去，这样可以避免球拍触网犯规。扑球后，注意腿上的缓冲，控制重心，以免身体触网。如图：

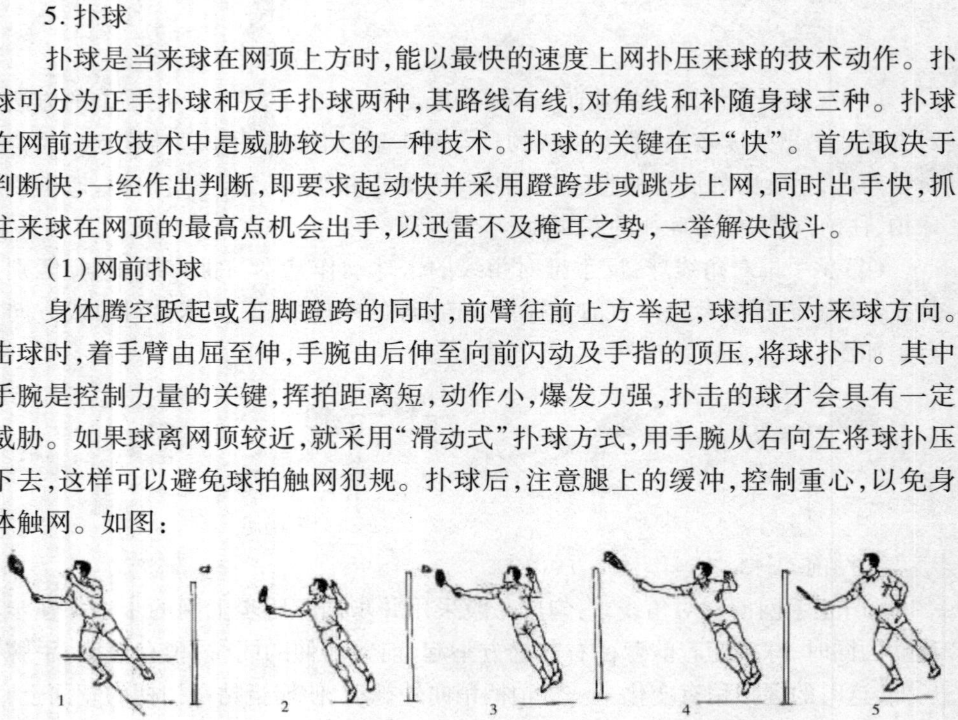

(2)反手网前扑球

反手握拍，持于左侧前。当身体跃起或蹬跨上网时，球拍随前臂前伸而举起，手腕微屈，拇指顶压在拍柄宽面上，其他四指自然并拢，拍面正对来球。击球时，手臂由屈至伸，手腕由微展至后伸并用力闪动，拇指顶压，加速挥拍扑击，击球后，球拍随手臂回收至体前。

扑球动作的常见错误有：

(1)动作太大，挥拍时间长，因而不能及时把握时机，并且易出现触网犯规现象。

(2)手腕没有闪动动作，使球缺少向下的飞行趋势，容易造成底线出界。

(3)顾手不顾脚。扑球动作向前惯性大，初学者往往只注意手上的动作，而忽视击球后的腿的缓冲动作,因而容易造成犯规。

6. 挑球

(1)正手网前挑球:

准备动作同正手放网动作。击球前前臂充分外旋,手腕尽量后伸。击球时,从右下向右前方至左上方挥拍击球。在此基础上,若球拍向右前上方挥动,挑出的是直线高球;若球拍向左前方挥动,挑出的则是对角高球。如图:

(2)反手网前挑球

准备姿势同反手放网动作。击球前右臂往后拉抬肘引拍。击球时前臂充分内旋,手腕由屈至后伸闪动挥拍击球。若球拍由左下向左前上方挥动,则球向直线方向飞行;若球拍由左下向右前上方挥动,则球向对角线方向飞行。

前场技术易出现的毛病:手腕与手指运用不当,不是用力过猛,就是拍面控制不好,使击出的球离网太高、太远或落网;站位离网过近,妨碍了击球动作;击球前肘部过直。

7. 抽球

抽球是把在身体左、右两侧,肩以下,腰以上的来球平扫过去。有正手抽球和反手抽球两种。

(1)正手抽球

站在右场区中部,两脚平行开立稍宽于肩,重心在两脚间,微屈膝收腹,正手握拍举于右肩前。击球前肘关节前摆,前臂稍往后带外旋,手腕稍外展至后伸,引拍至体后。击球时前臂内旋,手腕伸直闪动,手指抓紧拍柄,球拍由右后往右前方高速平扫盖击来球。击球后手臂左摆,左脚往左前方迈一步,右脚跟一步回中心位置。

(2)反手抽球

右脚前交叉在左侧前,重心在左脚上,右手反手握拍在左侧前。击球前肘部稍上抬,前臂内旋,手腕外展,引拍至左侧。击球时,在髋的右转带动下,前臂外旋,手腕由外展到伸直闪动,挥拍击球托的底部。击球后,球拍随身体的回动收回到右侧前。

8. 吊球技术

吊球是自后场打到对方前场向下坠落的球。吊球技术分为正手、反手和头顶三种手法，按球的飞行弧线和击球动作的不同分为劈吊、拦截吊和轻吊。劈吊击球前动作和打高球、杀球相似。击球时用力较轻，带有劈切动作，落点一般离网较远。拦截吊是把对方击来的平高球拦截回去，击球时用拍面正对来球，轻轻拦切或点击，使球以较平的弧线、较慢的速度越网垂直下坠。轻吊击球前动作和打高球相似，击球时拍面正对来球，在触球的刹那，突然减速或轻切来球，使球刚一过网即下坠。

(1)正手吊球

击球准备和前期动作同正手高球。只是击球时拍面稍向内倾斜，手腕做的快速切削下压动作，击球托的后部和侧后部。若吊斜线球时，则球拍切削球托右侧并向左下方发力；若吊直线球，则拍面正对前方向下方切削。

(2)反手吊球

击球准备和前期动作同反手高球。不同点在于击球时拍面的掌握和力量的运用。吊直线球时，用球拍反面切削球托的后中部，向对方的右半场网前发力；吊斜线球时，用球拍反面切削球托的左侧，朝对方左半场网前发力。

(3)头顶吊球

击球准备和前期动作同头顶高球。头顶吊斜线球时，中指、无名指和小指屈指外拉拍柄，使拍子内旋，拍面前倾，以斜拍面击球托左侧部位；头顶吊直线球时，球拍击球托的正中部位(如下图)。

9. 接高球技术

高球是自后场打到对方后场端线经过高空飞行的球。高球分为正手、反手和头顶三种手法。

(1)正手高球

首先要判断好来球的方向和落点，侧身后退，使球处在自己的右肩稍前上方的位置。左肩对网，左脚在前，右脚在后，重心在右脚上。左臂屈肘，左手自然高举，右手持拍，手臂自然弯曲，将球拍举在右肩上方，两眼注视来球。击球时，右上臂后引，随之肘关节上提明显高于肩部，将球拍后引至头部，自然伸腕（拳心朝上）。然后在后脚蹬地，转体收腹的协调用力下，以肩为轴，上臂带动前臂快速向前上方甩腕，在手臂伸直的最高点击球。击球后，持拍手臂顺惯性往前左下方挥动并收拍至体前，与此同时，左脚后撤，右脚向前迈出，身体重心由后脚移到前脚上（参考左图）。正手高球也可起跳击球，按上述要求做好准备动作，然后右脚起跳，随即在空中转体，并完成引拍击球动作。击球动作是在球将从空中最高点落下的瞬间完成（如下图）。

（2）反手高球

当对方将球击到己方左后场区时用反手击高球。首先判断好对方来球的方向和落点，迅速将身体转向左后方，移动步伐，最后一步用右脚前交叉跨到左侧底线，背对网，身体重心在右脚上，使球处在身体右上方。击球前，迅速换成反手握拍法，持拍于右胸前，拍面朝上。击球时，以上臂带动前臂，通过手腕的闪动，自下而上地甩臂，将球击出。在最后用力时，要注意拇指的侧压力与甩腕的配合，以及两腿蹬地转体的全身协调用力（如图）。

(3)头顶击高球

动作要领与正手高球基本相同,只是击球点偏左肩上方。准备击球时,身体偏左倾斜。击球时,上臂带动前臂使球拍绕过头顶,从左上方向前加速挥动,注意发挥手腕的爆发力击球。落地时左腿向左后方摆动幅度大些(如下图)。

10. 杀球技术

杀球是把对方击来的球在尽量高的击球点上斜压下去。这种球力量大,弧线直,落地快,给对方的威胁很大。它是进攻的主要技术。杀球分为正手杀直线和对角线球、头顶杀直线和对角线球、正手腾空突击杀直线球和反手杀直线球。

(1)正手杀直线球(侧身起跳):准备姿势和动作要领与正手击高球大体相同。步子到位后,屈膝下降重心,准备起跳。侧身起跳时,往右上方提肩带动上臂、前臂和球拍上举,以便向上伸展身体。起跳后,身体后仰挺胸成反弓形。接着右上臂往右后上摆起,前臂自然后摆,手腕后伸,前臂带动球拍由上往后下挥动,这时握拍要松。随后凌空转体收腹带动右上臂往右上摆起,肘部领先,前臂全速往前上挥动,带动球拍高速前挥。当击球点在肩的前上方时,前臂内旋,腕前屈微收,闪腕发力杀球。这时手指要突然抓紧拍柄,把手腕的爆发力集中到击球点上。

球拍和击球方向水平面的夹角小于90度,球拍正面击球托的后部,使球直线下行。杀球后,前臂随惯性往体前收。在回位过程中将球拍回收至胸前(如下图)。

(2)正手杀对角线球(侧身起跳):准备姿势和动作要领与正手杀直线球相同。不同点是起跳后身体向左前方转动用力,协助手臂向对角方向击球。

(3)头顶杀直线和对角线球:动作要领和准备姿势与头顶击高球相同。不同点是挥拍击球时,要集中全力往直线方向(如下图左)或对角方向(如下图右)下压,球拍面和击球方向水平面的夹角小于90度。

(4)反手杀直线球:准备姿势和动作要领与反拍击高球相同。不同点是击球前的挥拍用力要大,击球瞬间球拍与杀球方向的水平面夹角小于90度(如图)。

(5)腾空突击杀直线球:侧身右脚后退一步准备起跳。起跳后,身体向右后方腾起,上身右后仰或反弓形,右臂右上抬,肩尽量后拉。击球时,前臂全速往上摆起,手腕从后伸经前臂内旋至屈收,同时握紧球拍压腕产生爆发力,高速向前下击球。突击扣杀后,右脚在右侧着地屈膝缓冲,重心在右脚前;右脚在左侧前着地,利用左脚蹬地向中心位置回动,手臂随惯性自然往体前回收(如图)。

（二）羽毛球中场击球技术

1. 挡网前球技术

（1）正手挡网前球

用接杀球的步法移至右场近边线、身体右倾，手臂右伸，前臂外旋，手腕外展，持拍准备接球。击球时，前臂内旋稍外翻带动球拍由右下向前上方推送击球，把球推向直线网前。

另一种是击球时前臂由外旋到内收，带动球拍由右向前切送挡直线网前。击球后，身体左转成正面对网，然后右脚上前一步，球拍随身体向左转收至体前。

（2）正手挡对角网前球

准备姿势同上，挥拍击球时，在肘关节屈收的同时前臂稍有内旋，手腕由后伸到内收闪动击球托的右侧。击球点在右侧前，手腕手指控制拍面角度，使球向对角线网前坠落。

（3）反手接杀挡直线网前球

用接杀球的步法移至左场区边线，身体左转前倾，右肩对网，右肘弯曲，手腕外展，引拍至左肩前上方。击球时，借对方来球的冲力，以前臂带动球拍由左上方向左前方用拇指的顶力挥拍轻击球托，把球挡回直线网前。击球后，身体右转成正面对网，球拍随身体的移动收至体前。

(4)反手接杀勾对角网前球

用反手接杀勾对角握拍法。击球时,手腕由外展到外伸闪动挥拍击球托的左侧下部,使球向对角飞行。

(5)正手接杀挑直线后场高球

击球前右肩稍向右后拉,前臂外旋,手腕尽量后伸,引拍于右后侧。击球时,前臂内旋,手腕从后伸到收腕闪动,急速向前挥拍将球挑到对方后场。击球后前臂内旋,球拍往体前上方挥动再回收到体前。

(6)反手接杀挑后场高球

击球前,小臂内旋,手腕外展,引拍至左侧前。当对方杀左边线球时,快速移到球前,大臂支撑,小臂急速往右前方挥摆,手腕由外展至后伸闪动,握紧球拍,加上拇指的顶力,全速挥拍击球,使球向直线方向飞行。若向对角线方向挥拍,则球向对角线方向飞行。

2. 抽球技术

(1)正手平抽球

站在右场区的中部,两脚平行站立稍宽于肩,重心在两脚间,微屈膝收腹,正手握拍举于右肩前。击球前肘关节前摆,前臂稍往后带外旋,手腕稍外展至后伸,引拍至体后。击球时前臂内旋,手腕伸直闪动,手指抓紧拍柄,球拍由右后往右前方高速平扫盖击来球。击球后手臂左摆,左脚往左前方迈一步,右脚跟一步回中心位置。

(2)反手平抽球

右脚前交叉在左侧前,重心在左脚上,右手反手握拍在左侧前。击球前肘部稍上抬,前臂内旋,手腕外展,引拍至左侧。击球时,在髋的右转带动下,前臂外旋，手腕由外展到伸直闪动，挥拍击球托的底部。击球后，球拍随身体的回动收回到右侧前。

平抽球易出现的错误：身体重心不稳，影响了手臂的击球动作；击球时间掌握不准确；击球时没有完成前臂带动腕部，手指抽鞭式地向前闪动，影响了爆发力。

3. 快打技术

(1)正手平挡

两脚分开，右脚稍前，左脚在后，两膝弯曲成半蹲式，正面握扣(虎口对宽面)，举起球拍，拍面超过头顶。当判断来球是在头顶上时，身体稍往前移，同时左脚往前跨一小步，右脚稍微伸直，成左弓箭步，把击球点选在右肩的前上方。上臂向前上方抬起，肘弯曲，前臂稍后摆带有外旋，引拍于头后。击球时前臂向前，手腕由后伸至前屈闪动挥拍击球托的后部，使球平直、急速地飞向对方中间场区附近。击球后，球拍随势前盖，右脚往左前方迈一步，站在中线两侧稍偏后的位置上，球拍由左下回举至前上方，准备迎击第二次来球。

(2)反手平挡

两脚平行站在左场区，重心在右脚，举拍于右侧前。当判断来球是在左场内时，右前臂往左摆，身体稍向左转至右肩对网，左脚也往左侧迈一小步，前臂内旋，手腕外展引拍于左侧后。击球时，前臂外旋，手腕伸直闪动，手指突然抓紧拍柄，前盖球托后部，使球比较平直地向前飞进。

（三）羽毛球后场击球技术

1. 击高球

击高球是后场击球技术之一，高球又分为高远球和平高球。击高远球就是把球打得又高又远，球飞至对方底线。平高球是从高球发展而来，它飞行的速度比高远球快，弧线比高远球低，是后场进攻的有效技术之一。击高球可分为正手、头顶、反手击直线和对角线高球。

(1)正手击直线高球和对角线高球

起跳后手腕控制球拍对准来球路线，快速挥拍击打球的后部，球即沿着直线飞行；若手腕控制拍面击球托的右下方，球则沿着对角线方向飞行。击球后，手臂随惯性自然回收至胸前。如图：

(2)头顶击直线高球和对角高球

如果对方过来的球飞往后场区，那么击球点应该选择在头顶上前方的部位，用力挥拍鞭击球托后部，使球沿直线高飞过网。

头顶击对角高球，握拍手法略有不同，用拇指和食指向左捻动拍柄，使虎口对准拍靠外的小棱边，球拍仍由右后绕过头顶，小臂向前方内旋带动手腕收发力，形成鞭击，击球托的左后部。击球后，小臂内旋较明显，惯性作用较大，手臂自然往前摆动。

(3)反手击高远球

如果对方的来球向左后场区的时候,要迅速把身体转向后方,移动到适合的击球位置,背对球网,反手握拍,沿半弧形击球,把球击向后上方。

2. 吊球

如果对方击来高球,本方可以从后场轻击、轻切、轻劈到对方的近网附近,这叫吊球。吊球根据其动作方法、球的飞行弧线的不同可分为轻吊、拦吊、劈吊;根据出手的位置和球落向的位置又可分为:

(1)正手吊直线球和对角线球

吊直线球时,击球用力的方向是朝前下方,但是击球瞬间,小臂突然减速,用手腕的闪动向下轻轻切击球托的右侧后下方,使球越网后即下落;吊对角线球时,击球用力的方向是对角线斜下方。如图:

(2)头顶吊直线球和头顶吊对角线球

击球动作几乎和头顶直线高远球相似，只是击球的瞬间，小臂突然内旋并往前下方挥拍，手腕的外伸后展带动球拍轻点球托的左侧后下部，球沿直线飞行。如图：

(3)反手吊直线球和反手吊对角线球

反手吊直线球和反手吊对角线球的击球前的动作同反手击高球动作类似。不同的是小臂要上摆，用拇指内侧顶住拍柄，手腕向后"甩腕"轻击球托的后下部位，使球的飞行方向朝着直线和对角线方向落到对方网前。如图：

3. 扣杀球

(1)头顶扣杀球

头顶扣杀直线球的准备姿势同头顶击高球类似，不同之处在挥拍击球时，要靠腰腹带动大臂，协调小臂、手腕的综合力量形成鞭击动作，全力往下方击球，拍面与水平面的夹角小于90°头顶扣杀对角线球的动作方法基本同上，只是击球时要全力向对角线方向击球才行。如图：

(2)反手扣杀球

反手扣杀球的准备动作与反手击高球相同,不同之处是击球前的挥拍用力要大,跳起后身体反弓加上手臂、手腕的延伸、外展的鞭打用力,可向对方的直线或对角线的下方用力,击球瞬间球拍与扣杀球方向的水平夹角应小于 90°。

(3)腾空突击扣杀

除了上述三种扣杀技术外,还有一种扣杀是比赛中经常会用到的,它就是腾空突击扣杀技术。当对手击出弧度较低的平高球时,身体腾空,上体后仰成反弓形,肩尽量后拉,击球时,小臂快速举起,手腕从后伸到旋内,小臂跟着屈收压腕鞭打,高速向前下击球。

五、羽毛球基本步法

(一)羽毛球步伐的技术环节

1. 起动

对来球一有反应判断,即从中心位置上准备接球姿势转为向击球位置出发,称为起动。一场比赛要起动几百次(基本上是每回击一拍起动一次)。要做到起动快,必须反应敏捷、判断准确和起动的准备姿势正确。准备姿势可分为两种,一种是接发球姿势(必须按规则要求原地站立),应该左脚在前,右脚在后,侧身对网,重心在前脚. 右脚跟离地,双膝微屈,收腹含胸,放松提拍屈肘举在胸前,两眼注视对方发球动作(图);另一种是对方双打过程中的准备姿势,应该是右脚在前,左脚在后,脚前掌着地,脚跟提起,膝关节微屈,上体稍前倾,重心落在两脚之司,持拍于腹前,整个姿势要协调放松,保持一触即发的起动姿态(图)。

2. 移动

主要指从中心位置起动后到击球位置的移动方法。移动的基本步法有垫步、交叉步、小碎步、并步、蹬转步、蹬跨步和腾跳步等。运用这些方法,构成了从中心位置到场区不同位置击球的组合步法——后退步法、两侧移动步法和上网步法。自中心位置到击球点的步数,一般用一步、两步或三步,这必须根据当时球离身体的远近来决定。影响移动速度的因素有步数的多少、步频的快慢和步幅的大小。下面将各种移动的基本步法介绍给大家,以便在场上灵活运用。

(1)垫步:当右(左)脚向前(后)迈出一步后,后脚跟进,紧接着以同一脚向同一方向再进一步,为垫步。垫步一般作为调整步利用。

(2)交叉步:左右脚交替向前、向侧或向后移动为交叉步。经另一脚前面超越的为前交叉步,经另一脚后面超越的为后交叉步。交叉步一般在后退打后场球时后退得较多。

(3)小碎步:以小的交叉步移动的称为小碎步。由于步幅小,步频快,一般在起动或回动起始时用。

(4)并步:右脚向前(或向后)移动一步时,左脚即刻向右脚跟并一步,紧接着右脚再向前(向后)移动一步,称为并步。

(5)蹬转步:以一脚为轴,另一脚作向后或向前蹬转步。

(6)蹬跨步:在移动的最后一步,左脚用力向后蹬的同时,右脚向来球的方向跨出一大步,称为蹬跨步。它多用于上网击球,在后场底线两角移动抽球时也常采用。

(7)跳步:起跳腾空击球的步法为腾跳步。它可分为两种,一种是上网扑球或向两侧移动突击杀球时,以领先的脚(或双脚)起跳,作扑球或突击杀球;另一种是对方击来高远球时,用右脚(或双脚)起跳到最高点时杀球。

3. 到位配合击球

移动本身不是目的,它是为击球服务的,所谓"步法到位",即指根据不同的击球方式,运动员应站到最适合这种击球的最有利的位置上,如果没有占据最理想的位置,最后(击球前)还需要做小步调整,使击球动作能协调发力。

4. 回动(回中心位置)

击球后,应尽力保持(或尽快恢复)身体平衡,并即刻向中心位置移动,以便在中心位置上做好迎击下一个来球的准备,称为回动。初学者往往缺乏"回中心"的意识,在哪里打完球就停在哪里,这是必须改正的。当然,运动员随着比赛经验的积累,逐渐体会到并非千篇一律地每击一次球都必须回中心,而应根据比赛当时的实际情况,根据双方技、战术的特点,选择最有利回击对方来球的回动路线和回动位置。

(二) 基本步法

1. 上网步法

从中心位置移动到网前击球的步法,称为上网步法。上网步法可根据各人习惯采用交叉步、并步、垫步或蹬跨步。

(1) 右边上网步法：可采用两步或三步交叉步加蹬跨步移动的方法；也可采用垫一步再跨一大步移动的方法上网。

(2) 左边上网的步法：同右边上网，只是移动上网是朝左边网前。

2. 上网移动步法要求

(1) 什么位置作最后一步蹬跨为好，要看球的位置而定，一般都以最后一步跨出以后，侧身对网，自然伸直手臂让拍子能引到球为宜，太远打不到球，太近也会妨碍击球动作，且延长了回动距离。

(2) 最后的蹬跨步都应是右脚在前，步幅较大，着地点超越膝关节，重心在右脚上。右脚应以脚跟外侧先着地，然后过渡到脚掌，并用脚趾制动，不使身体再前冲。

(3) 放网前球、挑球一般采用低重姿势。搓球、推球、勾球时身体较直，重心较高。扑球时往往需向前方蹬跳。

2. 两侧移动步法（接杀球）

从中心向左右两侧移动到击球点上击球的步法，称为两侧移动步法。它一般用于中场接杀球，起跳突击。

3. 向右侧移动步法：离中心较近时用蹬跨一大步到位击球，如离中心较远，则垫一小步后右脚再跨一大步。

4. 向左侧移动步法：与向右侧移动步法相同，方向相反。

5. 起跳腾空步法：为了争取时间高点击球，用单脚或双脚起跳，居高临下，凌空一击的方法叫起跳腾空击球，主要采用并步加蹬跳步，这种步法在两侧突击进攻时较多使用。

6. 后退移动步法

从中心移动到后场各个击球点的位置上击球的步法称为后退步法。

7. 正手后退（右场区）步法：一般采用侧身后退步法，有利于到位后挥拍击球，多采用并步加跳步。

8. 头顶击球（左场区）步法：一般采用侧身后退步法，移动上网是向左后场，采用后交叉加跳步步法。

9. 前后场连贯移动步法

连贯移动是指两个或两个以上击球动作之间的移动是连贯的。原因一般有两种，一是战术目的明确或预测判断有十分把握的情况下步法移动迅速；另一种是双方互相还击的球速都比较快，如接杀、抽、放网、勾、推这样一类技术，运动员跑起来步法之间衔接很快，也被认为是连贯的。其实无论什么情况，两个技术动作之间的步法必然会稍有停顿现象。只要运动员节奏掌握好，就不为人所注意。

击球动作与步法之间、步法与步法之间的节奏应如何掌握？击球以后急急忙忙赶回中心位置，站在那里静止等待着对方的来球，这样并不好，因为从静止到运动既消耗体力又难以起动。这样的停顿是不可取的（有时也不可避免，尤其在双打，挑起高球后往往只好在那里等着，但双打防守范围较小），停顿的时间应该选择在对方即将击球的瞬间。总之，步法有一定的移动规律，掌握了这个规律，在场上就显得轻松自如。但来球的落点是千变万化的，步法还要随机应变，灵活调整。这种调整并不破坏步法的规律性，而是使步法更灵活。

第三节　羽毛球运动基本战术

羽毛球战术是选手在比赛中为充分发挥自己的竞技水平，根据对手的技术特点、体力和心理素质等因素采取的为争取比赛胜利的对策。

一. 单打基本战术及应用

（一）单打基本战术

1. 发球抢攻战术

发球不受对方干扰，发球者可以根据规则，随心所欲地以任何方式将球发到对方接球区的任意一点。善于利用多变的发球术，能先发制人，取得主动。以发平快球和网前球配合，争取创造第三拍的主动进攻机会，组成了发球抢攻战术。

2. 攻后场战术

采用重复打高远球或平高球的技术，压对方后场两角，迫使对方处于被动状态，一旦其回球质量不高，便伺机杀、吊对方的空当。

3. 逼反手战术

一般说来，后场反手击球的进攻性不强，球路也较简单。对于后场反手较差的对手要毫不放松地加以攻击。先拉开对方位置，使对方反手区露出空当。然后把球打到反手区，迫使对方使用反拍击球。例如：先吊对方正手网前，对方挑高球，我方便以平高球攻击对方反手区。在重复攻击对方反手区迫使其远离中心位置时，突然吊对角网前。

4. 打四点球突击战术

以快速的平高球，吊球准确地打到对方场区的四个角落，迫使对方前后左右奔跑，当对方来不及回中心位置或失去重心时，抓住空当和弱点进行突击。

5. 吊、杀上网战术

先在后场以轻杀配合吊球把球下压,落点要选择在场地两边,使对方被动回球。若对方还击网前球时,便迅速上网搓球或勾对角快速平推球;若对方在网前挑高球,可在其后退途中把球直接杀到他身上。

6. 先守后攻战术

这一战术可用来对付那种盲目进攻而体力又差的对手。比赛开始,先以高球诱使对方进攻,在对方只顾进攻疏于防守时,即可突击进攻。或者在对方体力下降、速度减慢时再发动进攻。这是以逸待劳,后发制人的战术。

(二) 单打进攻战术的应变

1. 发球抢攻战术的应变

发球抢攻是比赛的重要得分手段,发球可根据对手的站位。回击球的习惯球路、反击能力、打法特点、精神和心理状态等情况,运用不同的发球方法,以取得前几拍的主动权。通过这一战术的运用,打乱对方的整个战略部署,造成对方措手不及。特别是在关键时刻,运用发球抢攻战术能达到不同的效果。在相持时可以用它来打开僵持的局面,力争主动;领先时可以用它来乘胜追击,一鼓作气战胜对手;落后时可以用它来做最后的拼搏,力挽狂澜,反败为胜。

(1)发前场区抢攻战术

发前场区球有发 1 号区球,1、2 号之间区球、发追身球三种。

发前场区球的目的主要是为了限制对方马上进行攻击,另一个目的是通过准确、有意识地判断对方的回击球路,从而组织和发动快速强有力的抢攻,达到直接得分或获得第二次攻击机会。发前场区球在一般情况下要以发 1、2 号区之间的球和追身球为主,这样比较稳妥,不至于造成失误。

(2)发平高球抢攻战术

发平高球有发 3 号区,发 4 号区,发 3、4 号区之间三种。

发平高球抢攻战术和发前场区抢攻战术的不同点在于发前场区抢攻可直接抓住战机进行抢攻,而发平高球抢攻则要通过守中反攻的手段才能获得抢攻的机会。

发平高球的目的一是为了配合发前场区球抢攻,二是让对手进行盲目进攻或在我方判断的范围之中进攻,使发球方能从防守快速转入进攻,三是造成对方由于失去控制而直接失误。

(3)发平射球(主要是发 3 号区平射球)

发平射球战术的目的:一是为了偷袭,如对方反应慢或站位偏边线,3 号区空隙大时,偷袭 3 号区成功率可能大;二是为了逼对方进行平抽快打的打法;三是为了把对方逼至后场区而造成网前区的空隙。

2. 接发球抢攻战术的应变

接发球抢攻战术是接发球战术中最易得分、最有威胁的一种战术。但是,前提是对方发球的质量欠佳。如发高球时落点不到位;发前场区球过网时过高;发平射球时速度不快,角度不佳;发平高球时节奏、落点、弧度不佳等都会给接发球抢攻造成机会。

离开了这一前提条件而盲目地进行抢攻,效果就差,成功率就低。除此以外,还要有积极的、大胆的抢攻意识。要获得抢攻战术的成功(得分)还得根据自己的技术特点和身体条件,同时结合对方的技术特点、身体条件和心理素质。例如,当对方从右场区发一平高球落点欠佳,已造成我方发动抢攻的极好时机,就要运用自己最擅长的技术,抓住对方的弱点,果断大胆地抢攻。

抢攻战术的完成大都要由两三拍抢攻球路的组织才能奏效。所以一旦发动抢攻就要加快速度,扩大控制面,抓住对方的弱点或习惯路线一攻到底,一气呵成完成。

3. 单个技术的进攻战术应变

(1)重复平高球进攻战术

这种战术的特点是以重复平高球进攻对方同一个后场区,甚至可连续重复数拍,以求达到置对方于死地或逼对方击出一半场高球,以利我方进行最后一击。这种战术对回动上网快,控制底线球能力差,以及侧身步法差的对手很有效果。

(2)拉开两边平高球进攻战术

这是使用平高球或挑球连续攻击对方两边后底线,以求获得主动权,或逼对方转为被动,以利于我方最后一击的战术。采用这种战术,要求击球方控制高球的出手速度、击球的准确性和动作的一致性等都比较好。这种战术对回动上网快,两底线攻击能力较弱的对手是很有效果的。

(3)重复吊球战术

重复进行吊两边或吊一边,以求获得主动攻击权。这种战术对于我方吊球技术较好,并能掌握假动作吊球者,对待对方上网步法差,或对方找底线球不到位,而急于后退去防守我方的杀球者最为有效。

(4)慢吊(软吊)结合快吊(劈吊)战术

所谓慢吊(软吊)是指球从后场吊球至网前的速度较慢,且弧度较大,落点离网较近,采用这种技术结合平高球是为了达到拉开对方站位的目的,有时也可得分。所谓快吊(劈吊)是指球从后场吊球至网前的速度较快,出球基本成一直线,落点离网较远。这是当对方站位被拉开,而身体重心失去控制的一瞬间,所采用的一种战术。

(5)重复杀球进攻战术

当遇上一位防守时经常习惯反拉后场球的对手时,就可采用重复杀球的进攻战术。采用这种战术首先要了解对手的这一情况,然后先运用轻杀或短杀,此时,我方不能急于上网,而要调整好自己的位置,以利于采用重复杀的战术。

(6)长杀结台短杀(点杀、劈杀)的进攻战术

长杀结合短杀(点杀、劈杀)战术,概括地说,就是“直线长杀,对角短杀”。它比起“直线短杀结合对角长杀”效果会更好。因为“直线长杀结合对角短杀”造成对方接杀时,需要移动的距离比较远,增加了防守的难度。

(7)重杀与轻杀的进攻战术

半场重杀,后场轻杀是这一战术的概括。当我方通过拉吊创造出半场球的机会时,应该采用重杀战术。反之球在后场我方还想采用杀球时,一般多用轻杀。因为半场球用重杀,哪怕是失去身体重心,也不至于造成控制不了网前的局面,但是,如果在后场采用重杀,万一失去身体重心,上网慢了就控制不住网前。而轻杀可使自己保持较好的身体重心位置,以利于下一步控制网前。

(8)重复搓球进攻战术

当碰到对方上网搓球之后习惯很快退后的对手时,我方就可采用重复搓球的战术,达到获得主动的机会及破坏对方后退进攻的意图。

(9)重复推球进攻战术

当碰到对方从后场拦网前球之后迅速回动至中心的对手时,我方就可采用重复推球的战术,特别是反手网前推直线球威胁更大。

(10)两边勾球进攻战术

当我方从网前勾对角网前球,对方回搓一直线网前并退后想进攻时,我方可以再勾一对角线球。运用这一战术来对付转体差的对手时更有效果。

4. 以路线和区域组成进攻战术的应变

(1)对角路线的进攻战术

无论采用什么技术,都以回击对角路线来组织战术。特别是当对方打直线球时,我方以对角路线回击之,对转体差或慢的对手是很有效的一种进攻战术。当然,采用这种战术不能太死板,一旦被对方发现规律,易产生不利于自己的局面。

(2)三角路线的进攻战术

采用这种战术的原则就是当对方回击直线球时,我方就打对角球,反之,对方回击对角球时,我方就打直线球。这种战术的特点是可以使对方移动的距离最远,难度较大,只要能准确地判断对方回球的路线,而采用“三角路线”是一种较有效果的进攻战术。

(3)攻后场反手区进攻战术

针对对方反手区有较大的弱点,如侧身步法差,回击头顶球之后位置易被拉开,反拍技术较差,头顶区球路死板等,对我方构不成太大的威胁,采用攻后场反手区进攻战术的成功率就会较高。

(4)攻后场正手区进攻战术

针对对方后场正手区有较大的弱点,如正手侧身步法差,回击正手区球后位置易被拉开,正手区的球路对我方构不成太大的威胁等因素,采用此战术效果较好。

(5)攻后场两边的进攻战术

针对对方后场两边有较大的弱点,如后退步法慢,后场手法差,进攻能力和防守能力都较弱等,采用重复压对方两底线战术效果较好。

(6)攻前场区进攻战术

针对对方前场区较弱,如上网速度慢,步法有缺陷,前场手法差,从前场击出的球路及质量对我方威胁不大,采用这一战术效果较好。

(三)单打防守战术的应变

1. 打两底线高远球的防守战术

打两底线平高球是属于进攻战术,而打两底线高远球是属于防守战术。平高球与高远球分别作为进攻与防守时使用的技术,在使用上一定不能混淆。防守时只能使用高远球,如用平高球去进行防守战术,不仅不能达到很好的防守目的,反而又增加了防守的难度,反之,不能用高远球作为进攻战术来使用。

2. 采用勾对角网前结合挡直线网前或半场球的防守战术

在防守中采用勾对角网前球战术是很有效果的,如再结合挡直线就使防守战术更灵活多变,对对方更有威胁性。当然,这需要能准确判断对方进攻的落点,反应到位,并具有灵活多变的手法,才能打出挡直线结合勾对角的球,达到“守中反攻”的目的。

二、双打基本战术及应用

1. 攻人(二打一)战术

这是一种经常运用的行之有效的战术。当发现对方有一个人的防守能力或心理素质较差,失误率比较高或防守时球路单调,就可采用这种战术,把球进攻到这个较弱者的一边。这种战术可集中优势兵力以多打少,以优势打劣势,造成主动或得分;有利于打乱对方防守站位,另一个不被攻的人,由于没有球可打,慢慢地站位会偏向同伴,形成站位上的空当,有利于我方突击另一线而成功;有利于造成对方思想上的矛盾而互相埋怨，影响其士气。

2. 攻中路战术

不论对方把球打到什么地方，我方攻球的落点都应集中在对方两人之间的结合部，并靠近防守能力较差者一侧，或在中线上。攻中路战术，可以造成对方抢球或漏球，可以限制对方挑出大角度的球路，有利于我方网前的封网。

3. 攻直线战术

即杀球路线和落点均为直线，没有固定的目标和对象，只依靠杀球的力量和落点来取得得分效果。当对方的来球靠边线时，攻球的落点在边线上；当对方的来球在中间区时，就朝中路进攻。这个战术在使用上较易记住和贯彻。杀边线球虽然难度高一些，但效果不错，便于网前同伴的封网。

4. 攻后场战术

遇到对方后场扣杀能力差的对手，可采用平高球、推平球、接杀挑高球等，迫使对方一人在底线两角移动。一旦其还击被动时，便大力扑杀。如另一对手后退支援时，即可攻网前空当。

5. 后攻前封战术

当本方取得主动攻势时，后场队员逢高必杀，前场队员积极移动封网扑打。

6. 守中反攻战术

防守时，对方攻直线球，我方挑对角平高球；对方攻对角球，我方挑直线平高球，以达到调动对方移动的目的。然后可采用挡或勾网前逼进对攻的战术，这在对付网前扑、推、左右转体不灵的对手，可以很快获得由守转攻的主动权。

7. 羽毛球双打战术运用的原则

(1)必须坚持“以我为主”“以快为主”“以攻为主”的指导思想。

(2)由于是两人在场上的默契行动，因此，互相间的战术配合至关重要，双打战术的默契配合犹如“两人三条腿走路”一样。

(3)赛前必须通过各种途径获取对手各种信息，做到“知己知彼”，方能“百战不殆”。

(4)为了使战术发挥正常，两人在技术上要互相信任和勉励。

(5)必须善于察言观色，及时发现对方的战术意图，并随机应变采用各种对付的战术，达到战胜对手的目的。

(6)必须发扬敢打敢拼的战斗作风，才能使运用的战术取得应有的效果。

第四节　羽毛球比赛主要规则

一、定义

1. 运动员：参加羽毛球比赛的人。

2. 一场比赛：由双方各一名或两名运动员进行的比赛，是羽毛球比赛决定胜负的基本单位。

3. 单打：双方各一名运动员进行的比赛。

4. 双打：双方各两名运动员进行的比赛。

5. 发球方：有发球权的一方。

6. 接球方：发球方的对手。

7. 回击：自球被发出至死球前的一次或多次连续对击。

8. 击球：运动员的球拍向前挥动一次。

二、场地和场地设备(略)

三、球速的检验

1. 验球时，运动员应在端线外用低手向前上方全力击球，球的飞行方向须与边线平行。

2. 一个具有正常速度的球，应落在场内距离对方端线 530 ~ 990 毫米之间的区域内。

四、挑边

1. 比赛前，双方应挑边。赢的一方将在下列规则(1)或(2)中做出选择。

(1)先发球或先接发球。

(2)在一个场区或另一个场区开始比赛。

2. 输方在余下的一项中做出选择。

五、计分办法

1. 除非另有规定，一场比赛采取三局两胜制；

2. 除规则 4 或 5 的情况外，率先得到 21 分的一方赢得当局比赛；

3. 对方"违例"或球触及对方场区的地面成死球，则该方胜这一回合并得 1

分；

4. 如果双方比分打成 20 比 20，获胜一方需超过对手 2 分才算取胜；

5. 如果双方比分打成 29 比 29，则率先得到第 30 分的一方取胜；

6. 首局获胜一方在接下来的一局比赛中率先发球；

六、交换场区

1. 以下情况运动员应交换场区：

（1）第一局结束。

（2）第二局结束（如果有第三局）。

（3）在第三局比赛中，一方先得分为 11 分时。

2. 如果运动员未按本规则，规定交换场区，一经发现，死球时应立即交换，已得分数有效。

七、合法发球

发球时球的任何部位在击球的瞬间要高于腰部，发球时任何一方都不允许非法延误发球。发球员和接球员都必须站在斜对角发球区内发球，脚不能触及发球区的界线；两脚比须都有一部分与地面接触，不得移动，直至将球发出。发球员的球拍必须击中球托，与此同时整个球要低于发球员的腰部，击球瞬间，球拍杆应指向下方，从而使整个拍头明显低于发球员的整个握拍手部，一旦双方运动员站好位置，发球员的球拍头第一次向前挥即为发球开始。发球开始后，发球员的球拍必须连续向前挥动，直至将球发出，发出的球必须在接发球员准备好后才能发球，如果不受截拦，应落入接发球员的发球区内。发球员必须在接发球员准备好后才能发球，如果接发球员以试图接发球则被认为已做好准备，发球开始，球被发球员的球拍触及或落地时候，即为发球结束。双打比赛时，发球员或接发球员的同伴站位不限，但不得阻挡对方发球员或接发球员的视线。

八、单打发球

发球员的分数为 0 或双数时，双打队员均应在各自的右发球区发球或接发球，当发球方的比分为单数时，双方运动员均应在各自的左发球区发球或接发球。

如“再赛”，发球员应以该局的总得分数的单数或者双数并按以上规定站位发球，球发出后，由发球员和接发球员交替对击直至“违例”或“死球”，接发球方违例或因球触及接发球场区内的地面而成死球，发球员就得一分，随后，接发球员再从另一发球区发球。相反，发球员失去球权，随后，接发球员转换为发球员，双方均不得分。

九、双打发球

一局比赛开始和每次获得发球权的一方，都应从右发球区发球，只有接发球员才能接发球；如果他的同伴去接球或被球触及，发球方得一分；自发球被回击后，由发球方的任何一人击球，然后由接发球方的任何一人击球，如此往返直至死球，自发球被回击后，运动员可以从网的各自一方任何位置击球，接发球方违例或因球触及接发球方场区内的地面而成死球，发球方得一分，原发球员继续发球，发球方违例或因球触及发球方场区内的地面而成死球，原发球员即失去发球权，双方均不得分，每局开始首先发球的运动员，在该局本方得分为0或双数时，都必须在右发球区发球或接发球；得分为单数时，则应在左发球区发球或接发球，每局开始首先接发球的运动员，在该局本方得分为0或双数时，都必须在右发球区接发球或发球；得分为单数时，则应在左发球区接发球或发球，对于他们的同伴则相反，如有“再赛”则以该局本方总得分的单数或双数，并按以上的站位方法分别发球和接发球，双方不得有任何顺序错误。一局胜方中的任一运动员可在下一局先发球，负方中的任一运动员可先接发球。

十、发球区错误

以下情况为发球错误：

(1)发球顺序错误；

(2)从错误的发球区发球；

(3)在错误的发球区准备接发球，且球已发出；

(4)发球区错误的处理；

(5)如果因发球区错误而“重发球”，则该回合无效，纠正错误重发球；

(6)如果发球区错误未被纠正，比赛也应继续进行，并且不改变运动员的新发球区和新发球顺序。

十一、违例

1. 发球不合法：发球员发球时未击中球；发球时，球过网后挂在网上或停在网顶；

2. 比赛时，出现下列情况是违例的：球落在球场界线外；球从网孔或网下穿过，球不过网；球碰屋顶、天花板或四周墙壁；球触及运动员的身体或衣服；球触及场外其他人或物体（由于建筑物的结构问题，必要时地方羽毛球组织可以指定羽毛球触及建筑物的临时规定,但其国家组织有否决权);球拍与球的最初接触点不在击球者网的这一方(击球者击球后,球拍可以随球过网)。

3. 比赛进行中,出现下列情况是违例的:运动员球拍、身体或衣服触及网或网的支撑物;运动员的球拍或身体从网下侵入对方场区,妨碍对方或使对方分散注意力;妨碍对方,如阻挡对方紧靠球网的合法击球。

4. 运动员故意分散对方注意力的任何举动,如喊叫、故作姿态等;击球时,球夹在和停滞在拍上紧接着又被拖带;同方两名运动员连续各击中球一次;球触及运动员球拍后继续向其后场飞行;运动员严重违反或一再违反规定。

十二、重发球

1. 由裁判员宣判"重发球",用于中断比赛。

2. 以下情况为"重发球":

(1)除发球外,球过网后挂在网上或停在网顶,应重发球。

(2)发球时,发球员和接发球员同时违例,应重发球。

(3)发球员在接发球员未做好准备时发球,应重发球。

(4)比赛进行中,球托与球的其他部分完全分离,应重发球。

(5)司线员未看清,裁判员也不能做出决定时,应重发球。

(6) 球撞网并挂在网上,或停在网顶。

3. "重发球"时,最后一次发球无效,原发球员重新发球,发球区错误除外。

十三、死球

1. 球撞网或网柱后开始在击球者这一方落向地面。

2. 球触及地面。

3. "违例"或"重发球"已被宣报。

十四、比赛连续性、行为不端及处罚

比赛从第一次发球至比赛结束应是连续进行的。

1. 在下列比赛中,每场比赛的第二局与第三局之间允许有不超过 2 分钟的间歇:国际比赛项目;国际羽联批准的比赛;在所有其他的比赛中。

2. 遇有不是运动员所能控制的情况,裁判员可根据需要暂停比赛。如果比赛暂停,已得分数有效,继续比赛时从该分数算起。

3. 不允许球员为恢复体力或喘息,或接受场外指导而中断比赛,所以在比赛时不允许运动员接受指导。

4. 在一场比赛中,运动员未经裁判员同意,不得离场。

5. 只有裁判员能暂停比赛。

6. 运动员不得有下列行为:故意引起比赛中断;故意改变球的速度;举止无礼;规则未述的其他行为。

7. 对违反规则规定任意中止比赛的运动员,裁判员应执行警告。

8. 对已被警告过的运动员判违例。

9. 对严重违犯或屡犯者除判违例外,并立即向裁判长报告,裁判长有权取消其比赛资格。

十五、国际羽联新计分规则

国际羽联新的计分规则最大变化是取消了发球得分制,实行每球得分制,另外将所有单项的每局获胜分统一定为21分。新的计分规则具体规定如下:

单打比赛

1. 每场比赛采取三局两胜制;

2. 率先得到21分的一方赢得当局比赛;

3. 如果双方比分打成20比20,获胜一方需超过对手2分才算取胜;

4. 如果双方比分打成29比29,则率先得到第30分的一方取胜;

5. 首局获胜一方在接下来的一局比赛中率先发球;

6. 当一方在比赛中得到11分后,双方队员将休息1分钟;

7. 两局比赛之间的休息时间为2分钟。

双打比赛特殊规则

1. 改双发球权为单发球权;

2. 后发球线保留,现行规则适用;

3. 比赛开始前,双方选手通过投掷硬币方式确定由哪一方来选择是先发球或后发球。

例子:

如果双方在A/B一对组合和C/D组合之间进行,A/B一方选择先发球。假如说A站在两人的右手区域,那么A先发球给对角线位置上的C(假设),如果A/B一方得分,那么A和B需要交换彼此的站位元区,还要由A来发球,将球发给D(A/B一方得分C和D两人不换位置);

如果此时C/D一方得分,那么双方四名队员都不换位置,发球权交给C/D一方,由刚才接发球的D来发球,D发球给对方刚才发球的选手A;

如果D发球后C/D一方得分,那么C和D交换位置继续由D发球给B;如果

D 发球后得分的是 A/B 一方，那么双方队员不用换位，发球权交给 B。

总的来说双打比赛除了改一方两次发球权为一次发球权之外，其他规则与原规则类似，没有较大变化，球迷看球时不会感到不适应，也许比赛进行速度和分数增长速度加快才是观众最初看比赛最不适应的。

第七章 毽 球

第一节 毽球史话

一、毽球的起源

毽球运动是在踢毽子的基础上发展而来,踢毽子在我国历史悠久,源远流长,据说在距今3000多年前的殷商时代,有一种祭神祈雨边跳边踢的舞蹈,这就是古代"蹴鞠"的雏形,"蹴"就是用脚步踢的意思,"鞠"就是用皮革缝制而成的球,内充毛发和茅草等物。在战国时代蹴鞠很盛行,而到汉代已有蹴毛丸和蹴鞠的区别了,蹴鞠须有鞠域,踢法与现代足球相似,而蹴毛丸和今天的踢毽子相似。

二、毽球的发展

毽球从我国古老的民间踢毽子游戏演变而来,是中国民族传统体育宝库中的一颗灿烂的明珠。它在花毽的趣味性、观赏性、健身性基础上增加了对抗性,集羽毛球的场地、排球的规则、足球的技术为一体,是一种隔网相争的体育项目,深受人民群众的喜爱。现代毽类运动包括毽球和花样踢毽两个项目,起步于二十世纪中期。

毽球运动从初兴就得到了政府及社会各界的积极倡导和大力支持,到二十世纪八十年代,现代毽球运动得到迅速普及,广泛开展于工厂、学校和机关事业单位中随着毽球运动的蓬勃兴旺,全国和地方性毽球组织相继成立,与此同时竞赛体制基本完善,全国锦标赛、职工赛、学生赛、国际邀请赛制度相继建立。进入九十年代,毽球运动又先后被列入全国农民运动会、全国少数民族运动会和全国中学生运动会等大型综合性运动会的比赛项目。同时,毽球运动跨出国门走向世界,先后在亚欧美等多个国家开展起来,并成立了国际毽球组织,建立了世界锦标赛制度。

(1)1984 年毽球被列入国家体委正式开展的体育比赛。

(2)1985 年 4 月首届全国毽球锦标赛举办。

(3)1995 年毽球进入全国少数民族运动会。

(4)1996 年毽球进入全国农民运动会。

(5)1999 年毽球进入全国中学生运动会。

每年的全国锦标赛、学生毽球赛和四年一届的全国民运会、农运会的毽球比赛已形成制度。

第二节 毽球的基本技术

一、盘踢

用足内侧互换踢毽,膝关节向外张,大腿向外转动,稍有上摆,不要过大,髋和膝关节放松,小腿向上摆,踢毽时踝关节发力,踢起的毽子一般不超过下颏。

练习方法

一般人的左足没有右足灵活,没有踢过毽子的人,右足也能踢一两次,所以,练习时左足先开始为宜,即先用左足踢起一次,要求垂直用手接住,右足再踢一次用手接住,较熟练后连续踢。左右足都可连续踢后改为左右两足各踢一次接住、各踢两次接住、各踢三次、各踢四次……接住灵活熟练后就不用再接,踢的次数越多越好。

二、磕踢

用两腿膝盖互换将毽子磕起的踢法。髋关节、膝关节放松,小腿自然下垂,膝关节发力将毽子磕起,大腿不要外张或里扣,踢起的毽子一般不超过下颏。

练习方法

练习时,用手抛起不超过下颏的毽子,用膝盖磕起,然后用手接住,同盘踢的练习方法一样,形成一磕一接熟练后不用手抛毽,改用盘踢,形成一磕一盘,协调后两膝互换,踢的次数越多越好。

三、拐踢

拐

用两足外侧互换踢毽，大腿放松，小腿发力向体后斜上方摆动，勾足尖，踢毽时大腿不得摆到体前，小腿向体后斜上方摆动不要过高，毽子和足外侧相碰的一刹那，踢毽脚的内侧离地面一般不越过三十厘米，踢起的毽子高度随意。

练习方法

练习时，可像盘踢一样，采用一踢一接的练习方法。为了避免动作出错误，练习时，踢毽脚一侧可向墙或树木等，身体与墙距离约与体宽相同，如果踢毽脚踢时碰到墙或树木，便是错误动作。

四、绷踢

绷

有的地方叫做“绷尖”，是用两足尖外三趾部分互换踢毽，单足踢毽也可以。绷踢能踢起即将落地的毽子，毽子被踝关节的发力一绷而起，所以叫绷踢。其动作是大腿向前抬起和身体成150°～160°夹角，小腿向前摆动，髋关节、膝关节要放松，踝关节的发力要在踢毽子的一刹间，足尖外三趾向上猛地用力，将毽勾起。踢起的毽子高低都可，但应避免忽高忽低，为以后的花样踢法打下基础。

练习方法

练习时，可采用盘踢的一踢一接的练习方法，但在开始练习时要踢得低一些，一般不超过腰部，再低一些更好，这样能踢的次数多一些。为了避免动作出错误，练习时可面向墙壁或树木，距离约与体同宽，如练习时踢毽脚碰到了墙或树木，便是错误动作，原因是膝关节没有放松，大腿抬得过高。

第三节　毽球比赛规则

第一条：场地

第一款 场地面积

比赛场地长11.88米，宽6.10米，场地上空6米以内（由地面计算）和场地四周2米以内不得有障碍物。

第二款 界线

比赛场地应按平面图(图1)画出清晰的界限,线宽4厘米,线的宽度包括在场地面积之内。较长的两条边界叫边线,较短的叫端线。连接场地两边线的中点与端线平行的的线叫中线。中线将场地分为均等的两个场区。在中线两侧各画一条与中线平行的线叫限制线(此线包括在限制区内)。中线至限制线的距离为2米。

第三款 发球区

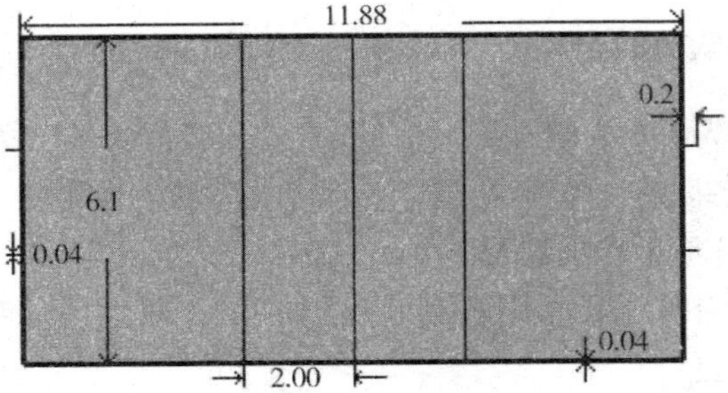

图1

距两端线中点两侧各1米处向场外各画一条长20厘米与端线垂直的短线叫发球区线(此线不包括在发球区内)。发球区线向后无限延长的区域叫发球区。

第二条:球网

第一款 球网的规格

球网长7米,宽76厘米,网孔2厘米见方。球网上沿缝有4厘米宽的双层白布,用绳穿起,将球网张挂在网柱上。球网必须挂在中线的垂直上空。球网为深绿色。网柱安在中线以外,距边线50厘米处。

第二款 球网的高度

球网的中部顶端距地面垂直高度为1.60米(男子),1.50米(女子)。网的两端距地面的垂直高度必须相等,两端的高度与中间的高度相差不得超过2厘米。

第三款 标志杆与标志带

在球网的两端,垂直于边线和中线交接处,各系有一条宽4厘米,长76厘米的白色带子,叫标志带。在球网上连接标志带外侧应系有两根有韧性的杆,叫标志杆。两杆内侧相距6米。标志杆长1.20米,直径1厘米,用玻璃纤维或类似的材料制成。标志杆应高出球网上沿44厘米,并用鲜明对比的颜色画上10厘米长的格纹。

第三条:毽球

毽球由毽毛、毽垫等构成。毽毛为四支白色或彩色鹅羽成十字形插在毛管内,每支羽毛宽3.20~3.50厘米。毽垫直径3.80~4厘米,厚1.30~1.50厘米。毛管高2.50厘米。

毽球的高度为13~15厘米。毽球的重量为13克(±0.5克)。

第四条:比赛队员的组成

第一款 比赛队由6人组成,上场队员3人,其中队长1人(左臂应佩带明显标志)。比赛前,各队应将参赛队员(包括替补队员)的姓名、号码登记在记分表上。未登记的队员不得参加比赛。

第二款 也可因时、因地、因人制宜,增加单人、双人毽球赛,队员经检录确认后,不得替换和变更。

第三款 教练员和替补队员应坐在指定的位置上。

第五条:队员的场上位置

第一款 双方队员必须站在本方场区内。站在靠近球网的两名队员从左至右分别为3号位和2号位队员,靠近端线的队员为1号位队员(图2)。场上队员的位置必须与登记的轮转顺序相符合。

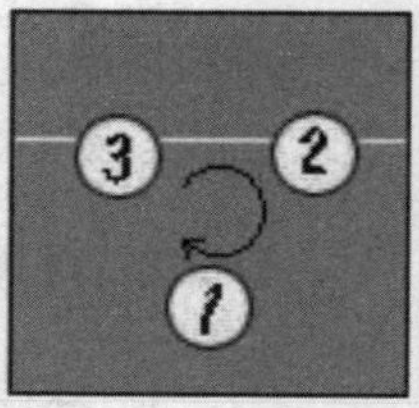

图2

第二款 发球的位置

发球的一方,2、3号位的队员在发球队员的前方,彼此间相距不得少于两米。球发出后,双方队员可以在本方场区内任意交换位置。(图2)

第三款 每局比赛结束之前,队员的轮转顺序不得调换。

第六条:教练员和队长

第一款 比赛成死球时,教练员和队长有权要求暂停或换人。在暂停时间内,教练员可以进行场外指导,但不得进入场区。

第二款 比赛进行中,场上队长有权向裁判提出询问或要求解释,但必须服从裁判的最终判决。

第七条:服装

第一款 比赛队员应穿着整齐划一的运动服和毽球鞋或运动鞋。

第二款 场上队员上衣的前后须有明显的号码,号码颜色须一致,并与上衣颜色有明显的区别。号码应清晰可见,背后的号码至少高 20 厘米,胸前的号码至少高 10 厘米,笔画至少宽 2 厘米,同队队员不得使用重复号码。队员不得穿戴任何危及其他队员的服饰。

第八条:比赛局数和场区选择

第一款 比赛采用三局两胜每球得分制。团体比赛每局 21 分,最高比分 29 分,其他各项每局 15 分,最高比分 21 分。

第二款 比赛前选择场区或发球权。第一局结束后双方交换场地和发球权。

第三款 决胜局开始前,正裁判员召集双方队长重新选择场区或发球权。决胜局比赛中,任何一队先得 8 或 10 分时两队应交换场地。交换时,不得进行场外指导。交换场区后,双方队员的轮转位置不得变换。经记录员查对后,由原发球队员继续发球。如未及时交换场区,一旦裁判员或一方队长发现时,应立即交换。比分不变。

第九条:暂停与公共暂停

第一款 比赛成死球时,教练员或队长可以向裁判员要求暂停。

第二款 暂停时,教练员可以在场地外进行指导,但场上队员不得出场,也不得与场外其他任何人讲话,场外人员不得进入场内。

第三款 每局比赛中,每队可以要求两次暂停,每次暂停时间不得超过 30 秒钟。某队在一局中请求第三次暂停,应判该队失发球权或对方得 1 分。

第四款 单人比赛任何一方先得 8 分时,增加一次 30 秒的公共暂停,允许双方队员在场内休息,但不准场外指导。公共暂停不记录在双方暂停次数内。

第十条:换人

第一款 在比赛中成死球时,教练员或队长可以向裁判员要求换人。换人时,场外人员不得向队员进行指导,场内队员不得离开场地。

第二款 每队每一局比赛中换人不得超过三人次。

第三款 替补队员在上场前,应在记录台附近做好准备,换人时间不得超过 15 秒钟,否则判该队一次暂停。如该队在该局已暂停过两次,则判该队失发球权或对方得 1 分。

第四款 教练员或队长要求换人时,应向裁判员报告下场和上场队员的号码。

第五款 比赛中因故被取消比赛资格的队员,不能继续参加该场比赛,可由替补队员替换。如该队在该局已换人三人次,或场外无人替换时,则判为负局。

第十一条:局间间隙

一局比赛结束,下局比赛开始前,中间最多可有 2 分钟时间,供两队交换场地、换人和记录员登记号码,双方教练员在不影响上述工作的情况下,可以进行场外指导。

第十二条:发球

第一款 球发

1. 发球队员须站在本方发球区内,用手持球,将球抛起,用脚踢向对方场区,使比赛进行。发球队员必须在发球区内发球,在球发出后才能进入场区。发球时 2、3 号队员不得有任何掩护动作,否则,判由对方发球。

2. 比赛各局若出现 20 平或 14 平,直至某队领先 2 分,方为胜一局。

第二款 发球失误

发生下列情况之一时,即判为发球失误:

1. 队员发球时,踏及端线或发球区线及其延长线;

2. 球未过网、触网或触及标志杆;

3. 球从网下穿过;

4. 球从标志杆及其延长高度以外过网;

5. 球触及任何障碍物,或在进入对方场区前触及本队队员;

6. 球落在界外;

7. 发球延误时间超过 5 秒钟;

8. 裁判员鸣哨后球坠落在地上。

第三款 当发球队失误时,应判失发球权,由对方发球。

第四款 重发球

发生下列情况之一时,须重发球:

1. 在比赛进行中,球挂在网上(最后一次击球挂网除外);

2. 在比赛进行中,毽毛和毽垫在飞行时脱离;

3. 在裁判员鸣哨之前发球;

4. 在比赛进行中,其他人或物品进入场区。

第五款 发球次序错误

当球发出后,裁判员发现某队发球次序错误,则判该队失发球权,并恢复正确位置。如犯规队已得分,应取消其因该次发球次序错误所得的分数。

第十三条:轮转顺序

第一款 某队取得发球权时,应先按顺时针方向轮转一个位置,然后由轮转到1号位队员发球。

第二款 新的一局开始前,可以变换本队队员的轮转顺序,并填好位置表交给记录员。

第十四条:比赛进行中的击球与附加动作

第一款 团体赛每队在将球踢入对方场区前,在本方场区最多只能有四次击球。双人、混合双人赛为三次击球过网,单人赛为二次击球过网。

第二款 每个队员可以连续击球两次。

第三款 不得用手、臂触球。但防守队员在手臂下垂不离开躯干的前提下,拦网时手球不判违例。

第四款 球不得明显地停留在队员身体的任何部位。

[罚则]违反第十四条第一至四款均为违例,判由对方发球或得1分。

第十五条:网上球

在比赛进行中球触及两标志杆以内的球网为好球,球触标志杆为失误。

第十六条:触网

第一款 比赛进行中,队员身体任何部位触及两标志杆以内的球网,均为触网违例。

第二款 队员击球后,触及标志杆或标志杆以外的球网、网柱、网绳或其他物体,不为违例。

第十七条:进入对方场区

第一款 过网击球为犯规。

第二款 比赛进行中,身体任何部位不得进入对方场区的空间。

第三款 队员若用头攻球时,必须在限制线以外,但落地时两脚可落在限制线以内。防守队员在限制区内,头部无意识触球过网不判违例。

第四款 在比赛进行中,除脚以外,身体任何部位不得触及中线。脚不得完全越过中线。

第十八条:死球与中断比赛

第一款 球触地及违例为死球。

第二款 中断比赛:其他人或物品进入比赛场区,更换损坏的器材,运动员发生意外事故等。发生以上情况,裁判员应鸣哨,中断比赛和恢复比赛。

第十九条:计胜方法

各项比赛先得 21 或 15 分的队为胜一局。如比分是 20 或 14 平时比赛应继续进行,直至某队领先 2 分,方为胜一局。

第二十条:判定和申诉

第一款 一场比赛中,正裁判员的判定是最终判决。

第二款 只有场上队长可以对裁判员的判罚当场提出询问或要求解释,正裁判员应及时予以解释。如有疑义,必须服从裁判,但可要求记录在案,并迅速恢复比赛。

第三款 比赛队必须服从裁判员的裁判,对裁判员的判罚有争议,比赛结束后 30 分钟内可向仲裁委员会提出书面申诉,同时交纳 500 元。若获胜,申诉费如数退还;若败诉,则不退申诉费。

第四款 无正当理由迟到 15 分钟为弃权,无故停止比赛 5 分钟为弃权。

第八章　健美操

本章包括健美操的概述,健美操动作术语、基本动作及练习方法,以及健美操的基本套路和特殊课程的简单介绍,为学生学习健美操提供理论及技术指导。

第一节　健美操运动概述

一、健美操运动的概念与分类

（一）健美操运动的概念

健美操运动是在音乐伴奏下,以身体练习为基本手段,以有氧运动为基础,以追求身心健康、塑造形体和娱乐为目的的一项体育运动。它既有广泛的适应性、兼容性和健身性,又有很强的感染力和较高的欣赏价值,符合"以人为本,健康第一"的大众需求。

（二）健美操运动的分类

健美操运动是一项深受广大群众喜爱的、普及性极强的,集体操、舞蹈、音乐、健身、娱乐于一体的体育项目。根据不同的分类标准,健美操运动可分为以下形式:

不同分类标准的健美操运动的分类形式

分类标准	分类形式
练习的主要目的和任务	健身健美操、表演健美操、竞技健美操
练习形式	徒手健美操、轻器械健美操(哑铃、踏板、球、圈、绳等)专门、器械健美操(自行车、水中等)
练习者的性别特征	女子健美操和男子健美操
练习者的年龄特征	幼儿健美操、儿童健美操 少年健美操、青年健美操 中年健美操、老年健美操

（续表）

分类标准	分类形式
人体解剖结构特征	头颈部健美操、肩部健美操、臂部健美操、胸部健美操、腰腹健美操、髋部健美操、腿部健美操、足踝健美操
动作的内容特征	形体健美操、姿态健美操、跑跳健美操、垫面健美操（瑜伽、普拉提等）
健美操的风格特征	传统有氧健美操、爵士健美操、踏板健美操、搏击健美操、武术健美操、瑜伽健美操、街舞、拉丁、迪斯科健美操等

在我国，人们通常根据健美操练习的主要目的和任务，可将健美操运动分为健身健美操、表演健美操和竞技健美操。

1. 健身健美操

健身健美操以增进健康，通过全面身体活动，提高有氧代谢能力，增强体质，促进人体健美形体，达到娱乐身心陶冶情操的目的。健身健美操运动强度和难度相对较低，具有重复性，而且对运动场地要求不高，几乎适合所有年龄层次的人群选用练习。

2. 竞技健美操

竞技健美操以竞技为目的，强度和难度都很大，而重复动作较少，有特定的竞赛规则和评分办法，是展示人体健、力、美和全面素质的竞赛项目。

3. 表演健美操

表演健美操以演出表演为目的，是我国所特有的，其运动强度和难度介于健身健美操和竞技健美操之间，表演队形变换较多，还具有一定的风格，一般在 3 ~ 5 分钟。

二、健美操运动的特点与功能

（一）健美操运动的特点

健美操具有实效性、强烈的节奏性、创新性、力度性和广泛的群众性。

（二）健美操运动的功能

1. 健美运动与身体健康

健美操运动能增强体质，增进健康，提高运动系统的功能，提高呼吸系统的机能水平，促进心血管系统，改善消化系统，塑造健美形体，培养端庄体态，提高神经系统的灵活性、均衡性。

2. 健美运动与心理健康

健美操运动能陶冶美好情操，提高审美能力和艺术修养，培养情商和智力发展，丰富人的情感体验和促进意志品质，好的音乐和动作可以抵御心理障碍。

3. 健美操运动与社会适应能力

健美操运动有助于强化学生规范意识，促进良好的语言的理解和使用能力以及与人沟通的能力。

第二节　健美操运动基本动作

健美操的基本动作包括基本步伐和上肢动作两部分。

一、健美操运动的基本步伐

根据脚与地面接触时，地面给身体冲击力的大小来划分，健美操运动基本步伐可分为无冲击力步伐、低冲击力步伐和高冲击力步伐。

（一）无冲击力步伐

无冲击力步伐是指两脚始终接触地面的动作，一般在练习的准备阶段和放松阶段使用。

1. 膝弹动

动作要领：身体保持正直，膝关节有节奏地屈伸。

2. 提踵

动作要领：两脚并拢，身体保持直立，两脚脚跟抬起，落下脚跟稍时屈膝缓冲。

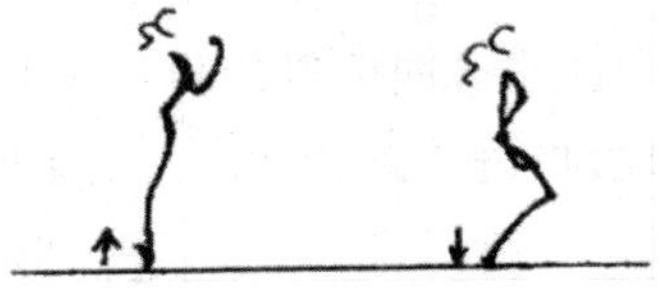

提踵

3. 弓步

动作要领：两腿前后分开，两脚平行站立，蹲下、起来。半蹲时，后腿膝关节向下，重心始终在两脚之间。

弓步

4. 半蹲

动作要领:两腿有控制地屈和伸。分腿半蹲时,两腿左右分开稍宽于肩(或与肩同宽),脚尖稍外展,屈膝时关节角度不得少于90°,膝关节对准脚尖方向,臀部向后45°方向下蹲,上体保持正直。

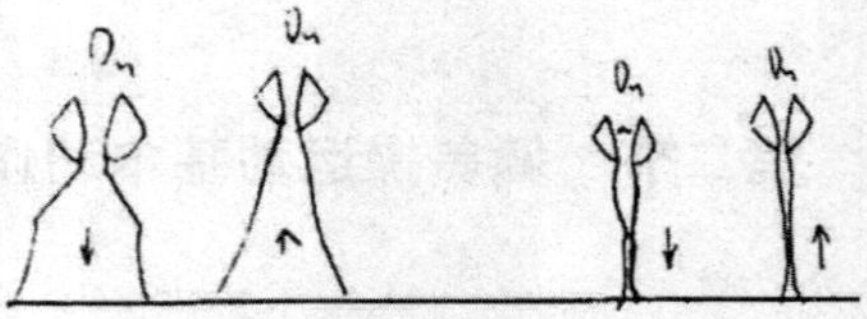

半蹲

(二)低冲击力步伐

1. 踏步

动作要领:两腿原地依次抬起,依次落地。腿抬起时,大腿抬平,小腿自然下垂。下落时,前脚掌过渡到全脚掌,踝、膝髋关节依次有弹性的缓冲。两臂屈肘前后自然摆动,身体保持正直,抬头挺胸。

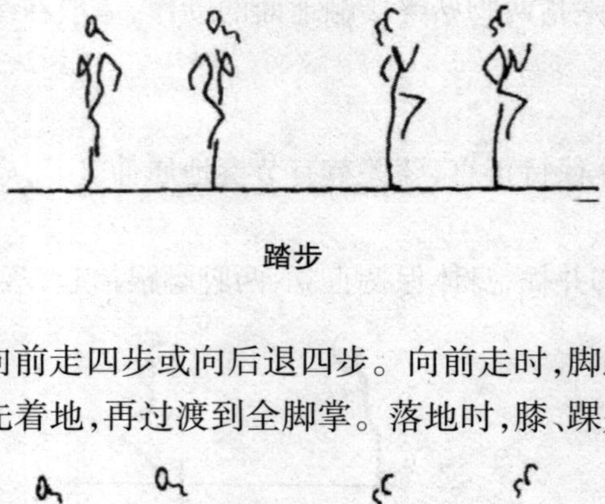

踏步

2. 走步

动作要领:迈步向前走四步或向后退四步。向前走时,脚跟先着地,过渡到全脚掌,向后走时脚尖先着地,再过渡到全脚掌。落地时,膝、踝关节有弹性的缓冲。

走步

3. 一字步

动作要领:一脚向前一步,另一脚并于前脚,再向后一次还原。向前迈步时,先脚跟着地,过渡到全脚掌,向后退时,脚尖先着地,过渡到全脚掌。前后均要有并腿过程,每一拍动作要膝关节都要有弹性的缓冲。

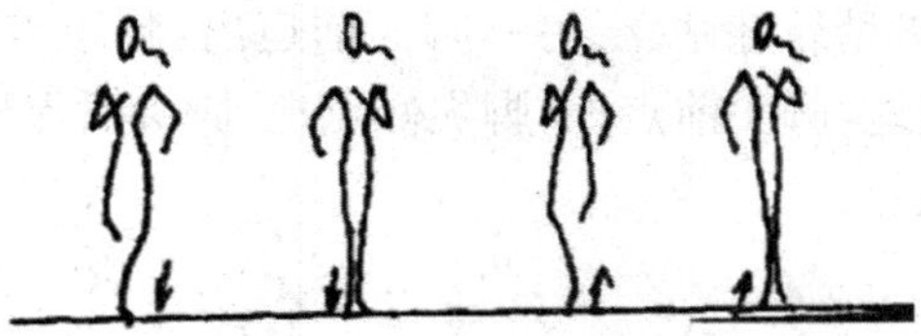

一字步

4. V 字步

动作要领:一脚向前侧方迈一步,另一脚随之向前另一方向迈一步,两脚开立,屈膝成半蹲,重心在两腿中间,然后再一次退回原位。

V 字步

5. 曼步

动作要领:一脚向前迈出,屈膝,重心随之前移,另一脚稍抬起,然后再原地落下。或者一脚向后撤一步,重心后移,另一脚稍抬起,然后再原地落下。两脚始终保持交替落地,身体重心随动作前后移动,但始终在两脚之间。

曼步

6. 侧并步

动作要领:一脚向侧迈出,另一脚随之并拢屈膝点地。另侧相同。两膝始终保持弹动,动作幅度和力度可随风格而定。

侧并步

7. 点地

动作要领：一脚稍屈膝站立，另一脚向前迈出，脚跟点地，再迈回。原地腿屈膝弹动。脚跟前点地，脚尖前点地，脚尖侧点地，脚尖后点地，脚尖交叉侧前点地，脚尖交叉侧后点地等。

点地

8. 迈步点地

动作要领：一脚向侧迈出，重心移至两腿中间，另一脚原地或者向前向后点地，两膝同时保持弹动，上体不要扭转。

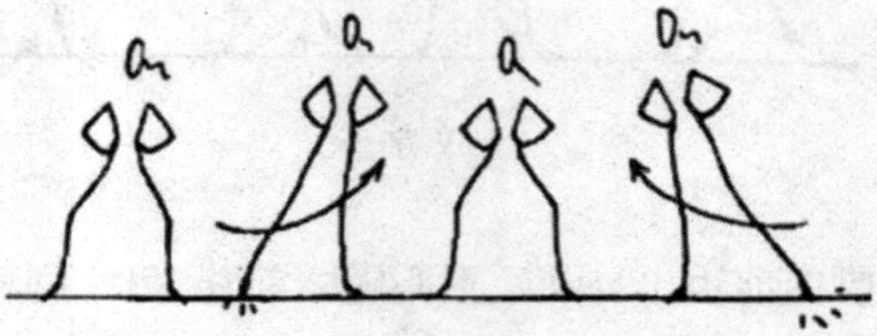

迈步点地

9. 迈步吸腿

动作要领：一脚迈出一步，另一腿屈膝抬起。动作要经过屈膝半蹲。

迈步吸腿

10. 迈步后屈膝

动作要领：一脚迈出一步，另一腿后屈，然后反方向迈步。动作经过屈膝半蹲，支撑腿稍屈膝，后屈腿大腿与地面垂直，将小腿尽量折叠，脚跟靠近臀部，脚尖绷直。

迈步后屈膝

11．交叉步

动作要领：一脚向侧迈一步，另一脚向右脚后交叉，随之第一脚再向侧迈出，另一脚跟上并拢，屈膝点地。身体重心随脚步移动而变化，保持膝、踝关节的弹动。

交叉步

12．摆腿

动作要领：一腿抬起向侧摆动，落下还原。抬腿角度要低，脚尖绷直，上体正直。摆腿时要有控制，上体保持正直。

摆腿

13．踢腿

动作要领：一腿稍屈膝站立，另一腿抬起，然后还原。抬起腿不需要很高，但要有控制，保持上体正直。

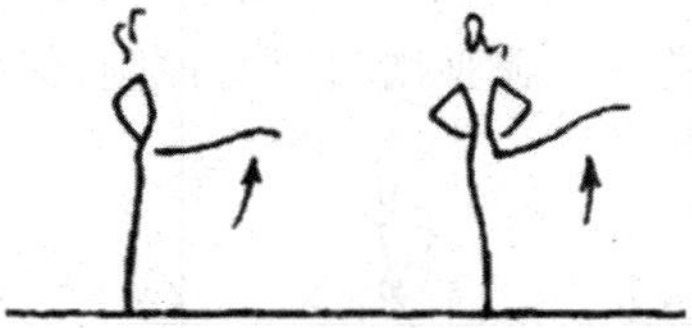

踢腿

（三）高冲击力步伐

1．单腿起跳类

（1）后踢腿跑

动作要领：一腿站立（跳起），另一腿向后屈膝，两腿快速交替进行。支撑腿保持弹性，后踢腿小腿折叠，脚跟靠近臀部，绷脚尖，大腿垂直地面。

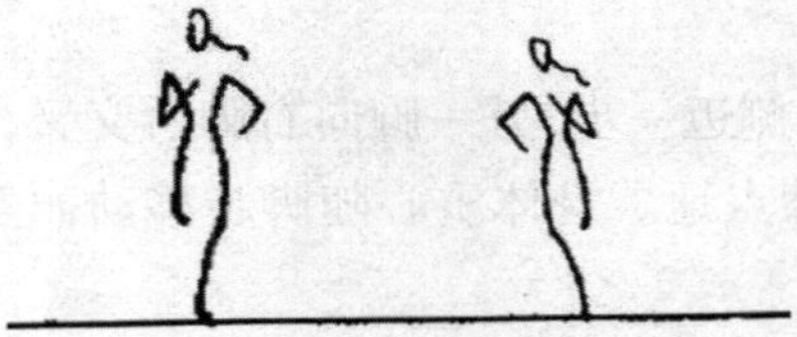

后踢腿跑

（2）并步小跳

动作要领：一脚向侧迈跳，另一脚蹬地起跳，向前一脚靠拢，脚尖点地。

（3）吸腿跳

动作要领：一腿屈膝抬起，另一脚蹬地。抬起腿大腿抬过水平，脚面绷直，支撑腿屈膝弹动，上体保持正直。两腿交替进行。

吸腿跳

（4）踢腿跳

动作要领：一脚蹬地脚尖支撑，同时另一脚蹬地向前、侧、后直腿踢出，绷脚尖，两脚交替进行。

（5）弹踢跳

动作要领：一脚站立（跳起），另一腿先向后屈，然后向前下方弹踢，同时站立脚再跳一下。两脚交替进行。腿弹出时要有控制，保持上体正直。

弹踢跳

2. 双脚起跳类

双脚起跳类是指双脚起跳，双脚落地的步伐。

（1）并脚跳

动作要领：两腿并拢跳起，落下。落地缓冲要有控制。

（2）分腿半蹲跳

动作要领：两腿分腿站立屈膝半蹲，向上跳起，分腿落地，屈膝缓冲。半蹲时，大、小腿夹角不要小于90°，空中注意身体的控制。

分腿半蹲跳

（3）开合跳

动作要领：并腿跳起，分腿落地，分腿跳起，并腿落地，落地屈膝。分腿屈膝蹲时，髋部、脚尖外展，膝关节沿脚尖方向屈。

开合跳

（4）弓步跳

动作要领：两脚同时蹬地跳成弓步，脚尖向前，再跳成立正姿势。注意弹动缓冲。

二、健美操运动的上肢动作

（一）常用手型

1. 五指并拢掌

五指伸直，相互并拢。大拇指末关节收回，指关节贴于食指旁，手掌是小臂的延伸。

2. 五指分开掌

五指伸直充分张开。

3. 推掌

手掌用力上屈，成立掌式，五指自然弯曲。

4. 立掌

五指伸直，相互并拢。大拇指末关节收回，指关节贴于食指旁，手掌立起，与前臂垂直。

5. 西班牙舞手势

五指用力，小指、无名指、中指自掌指关节处依次屈，拇指稍内扣。

6. 芭蕾舞手势

五指微屈，后三指并拢、稍内收，拇指内扣。

7. 实心掌

四指卷握，大拇指末关节压在食指、中指的第二关节上，握成实心状。

8. 空心拳

四指卷曲，大拇指末关节压在食指、中指的末关节上，握成空心拳。

9. 竖拇指

四指卷握，握成实心状，大拇指竖起。

10. V 指

小指和无名指卷屈，大拇指贴于无名指中节，其余两指伸直，充分张开。

11. 响指

小指和无名指卷屈，大拇指指腹和中指指腹紧靠在一起，食指自然弯曲，大拇指指腹滑向食指指腹的外侧。

（二）常用上肢动作

1. 举臂 伸直向某方向抬起。

2. 屈臂 前臂与上臂角度小于 180°。

3. 推掌 立掌，向各个方向推出，至伸直。

4. 冲拳 屈臂握拳，由腰间猛力向前冲拳。

5. 摆动 以肩关节为轴，手臂在 180°以内的运动。

6. 绕和绕环 以肩关节为轴，手臂在 180°至 360°之间的运动为绕，360°及以上的圆周运动为绕环。

7. 合掌 两掌心相对，合实。

8. 交叉 两臂重叠成 X 形。

第三节　健美操运动组合套路范例

一、肩颈运动范例

二、力量运动范例

上肢力量练习

腰腹背肌练习

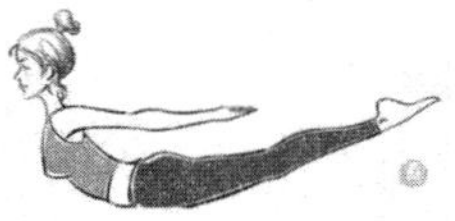

下肢力量练习

三、第三套大众健美操一级二级动作(图略)

第四节 健身操运动特殊课种的介绍

健身操是一项轻松、优美的健身运动，在增强人体健康的同时，带给人们艺术的享受，使人心情愉快。其种类有动感强烈的有氧健身操和节奏较缓慢的瑜伽及普拉提，本章节主要介绍节奏较缓慢的特殊课程。

一、瑜伽

（一）瑜伽的简介和注意事项

瑜伽起源于印度，经历了几十个世纪的发展，产生过众多的流派。现代的瑜伽有着独特的塑身理论，讲究自然、平衡与协调，是一种安全、有效的塑身练习。瑜伽练习能帮助人保持一个健康的精神系统，有助于伸展肌肉、灵活关节，轻柔地按摩和伸展身体，会使身体每一部分受益。

练习瑜伽的最好时间是饭后的三四个小时，练习结束30—40分钟后方可进食。选择一块合适的垫子，厚薄、软硬适中，要支撑好自己的脊柱。在做瑜伽动作时不要过分牵拉韧带，以伸展到最舒服的位置为宜。

（二）瑜伽的基本动作

莲花盘坐

树式

战士二式

山式

下半身转动式

舞蹈式

船式

兔式

战士二式

二、普拉提

（一）普拉提的简介和注意事项

普拉提是一种舒缓全身肌肉和提高人体躯干控制能力的运动形式，加上伸张肌肉、腹式呼吸，使身体获得适当协调的有氧运动。普拉提运动与其他有氧运动最大的不同点在于：它是静态的，讲究呼吸协调，可以边运动边听柔和的音乐，从而进入冥想境界。普拉提运动能增强肌肉力量，改善肢体柔韧性，发展身体核心力量。

普拉提练习时，注意力要集中，身体要准确控制，但要注意个体差异，可以根据自己的身体情况和锻炼目的，合理安排练习的次数。

（二）普拉提的基本动作

单腿画圈

侧卧抬腿

单腿伸展

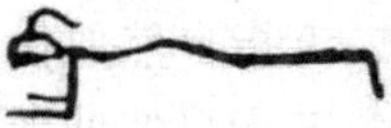

身体控制

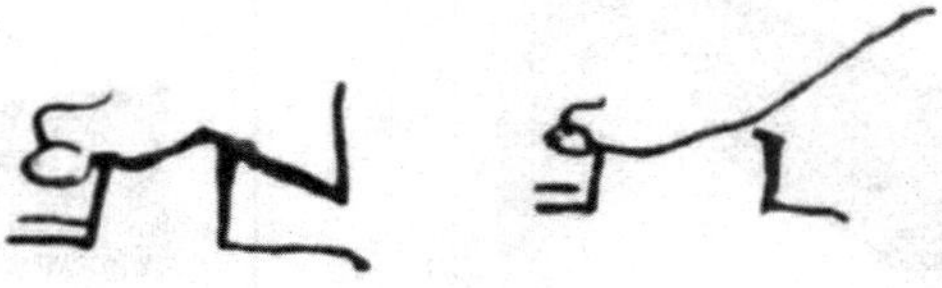

单腿伸展

第九章 武 术

学拳悟道 修心养性

第一节 杨氏太极拳一段技术图解

一、基本形态

(一)静型

1. 手型

(1)掌

①虚掌:五指自然放松,掌心内凹涵空,意念吸引力量(如图1)。

②实掌:五指自然伸展,掌心微向前撑,意念按压力量(如图2)。

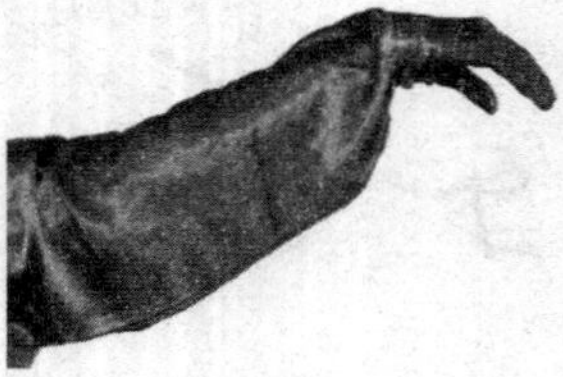

图1 虚掌

图2 实掌

(2)拳(锤):四指内卷,拇指压在食指、中指的中节,握拳舒松而内含力量(如图3)。

(3)勾:屈腕,五指第一指节捏拢(如图4)。

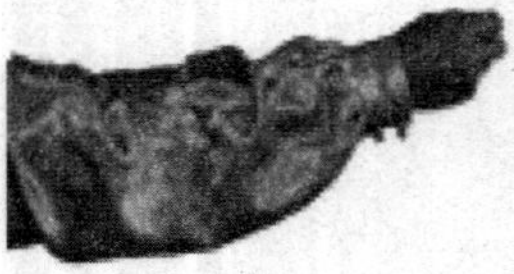

图3 拳(锤)

图4 勾

2. 步型：

(1)弓步：两脚前后分开，前腿屈，小腿与地面垂直，后退舒展蹬地，不可绷直。(如图5)

(2)坐步：松腰、敛臀、落胯，重心偏于后脚(如图6)

图5　弓步

图6　坐步

3. 身型

(1)立身：自然站立，身体中正安舒，支撑八面。重心移动与转换时用此身型(如图7)。

(2)松身：松腰敛臀，命门后突。化劲时用此身型(如图8)

(3)直身：背部上拔，顶劲上引。蓄劲待发时用此身型(如图9)

图7　立身

图8　松身

图9　直身

(二)动态

1. 手法

(1)掤：上架并引化(如图10)。

(2)捋：左右格挡并引化(如图11)。

图 10 掤

图 11 捋

(3)挤:两臂撑圆前抵(如图 12)。

(4)按:下压并引化(如图 13)。

图12 挤

图13 按

(5)搬:前臂由内向外格(如图 14)。

(6)拦:手掌向前推按(如图 15)。

图14 搬

图15 拦

(7)直掌(直锤):拳眼朝上,向前打击(如图 16)。

(8)穿掌:掌心斜向上,指尖朝前(如图 17)。

图16　直拳

图17　穿掌

(9)封:两手由内向外分(如图18)。

(10)闭:两手由外向内合(如图19)。

图18　封

图19　闭

(三)步法

(1)上步:后脚向前迈步(如图20-1、20-2)。

(2)退步:前脚向后撤步(如图21-1、21-2)。

图20-1　左弓步

图20-2　右弓步

图21-1　左坐步

图21-2　右坐步

二、单练套路

(一) 动作名称

预备式:并步直立

第一小节

1. 单边起势,2. 右捋按势,3. 左捋按势,4. 右进步搬拦捶,5. 左进步搬拦捶。

第二小节

6. 退步双穿左按掌,7. 退步双穿右按掌,8. 如封似闭,9. 十字手收势。

图22 并步直立

(二)动作图解

预备式:并步直立(如图22)

1. 单鞭起势

(1)左脚向左侧出步,两脚开立,与肩同宽(如图23)。

(2)两臂体前上举,高于肩平,手心向下(如图24)。

(3)两腿微屈,两掌下落,按于胯前(如图25)。

图23

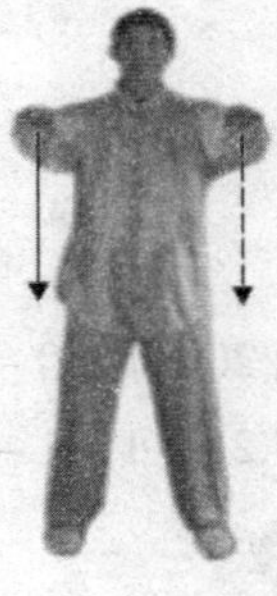

图24

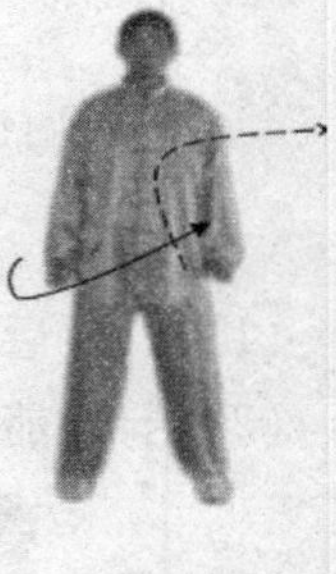

图25

(4)重心移至左腿,右脚向右前方斜出45°,脚跟着地,左手于体前经右向上划弧至左侧,右手移至左腹前(如图26)。

(5)重心移至右腿,左腿屈膝回收,右手向上划弧至右侧,左手划下弧至右前胸前(如图27)。

(6)右手成勾手,上体左转,左手胸前划弧,左脚向前出步,脚跟着地(如图28)。

(7)右勾手保持不变,重心前移成左弓步,左掌翻掌前推(如图29)。

动作要领:屈膝、松腰、敛臀,促进两臂放松;然后,利用蹬腿拔腰的力量带动手臂上举;沉气、落胯,利用身体的沉劲,促进两手下按。推掌时,利用后腿蹬地的力量。

图26

图27

图28

图29

2．右捋按势

(1)重心移至左腿，右脚虚提，左手移至右肩前，右手向下划弧至左腹前，两手合抱(左抱球)(如图30)。

(2)右脚上步成右弓步，左手按于左胯侧，右手上捌，高与肩平(如图31)。

(3)重心后移，身体右转，右手捋掌引至身体右侧(如图32)。

(4)重心前移成右弓步，右掌前推(如图33)。

(5)与(3)的动作相同(如图34)。

(6)与(4)的动作相同(如图35)。

动作要领：从单鞭至上捌，动作要连贯，捋要转腰，推掌劲力下沉。

图30

图31

图32

图33

图34

图35

3．左捋按势

(1)重心后移，右脚上提，右手向后捋带，左手收抱于体前(如图36)。

(2)右脚退步成左弓步,左臂经胸前上掤,右手下按于右胯旁(如图37)。

(3)重心后移,上体左转,右坐步,左手向后捋带(如图38)。

(4)左掌翻转前推,重心前移成左弓步(如图39)。

(5)同(3)(如图40)。

(6)同(4)(如图41)。

图36

图37

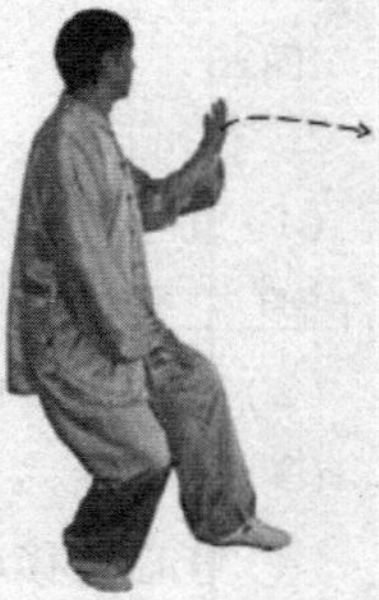
图38

图39

图40

图41

4. 右进步搬拦捶

(1)重心前移至左腿,左手后引至右肩前,右手移至左腹前(如图42)。

(2)右脚上步,脚跟着地,右手握拳向右侧搬,左手掌附于右肘内侧(如图43)。

图42

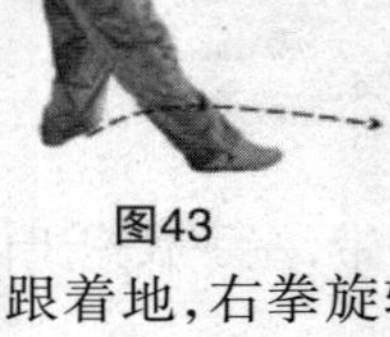
图43

图44

图45

(3)左脚上步,脚跟着地,右拳旋转抽回至右腰间,左手经侧弧形向前推按

(如图 44)。

(4)重心前移成左弓步,右手冲拳,拳眼朝上,左掌收回附于右肘内侧(如图 45)。

动作要领:搬时,右手臂要有旋转下压的力量;左手拦掌,要在柔化中向前推按;出拳用后腿蹬地的力量。

5. 左进步搬拦捶

(1)重心后移至右腿,右手抽回至腰间,左手向左侧搬(如图 46)。

(2)右脚上步,脚跟着地,左拳旋转抽回至左腰间,右手经侧弧形向前推按(如图 47)。

(3)重心前移成右弓步,同时左拳由腰际向前上击出,右掌回收至左肘位置(如图 48)。

动作要领:同上动右进步搬拦捶。

图46

图47

图48

6. 退步双穿左按掌

(1)重心后移至左腿,左拳收回腰间,右拳向右侧搬(如图 49)。

(2)重心前移成右弓步,右拳变掌下按,左掌经右手背上方前穿(如图 50)。

(3)重心后移至左腿,左手翻掌下按,右掌经左手背上方前穿(如图 51)。

(4)右腿退步,重心落于右腿,右手收于腰间,左掌经左弧形下按(如图 52)。

动作要领:穿掌经过手臂上方前穿,穿掌与喉部齐高。

图49

图50

图51

图52

7. 退步双穿右按掌

(1)重心前移成左弓步,右手向前上方穿掌,左手回收胸前(如图53)。

图53

图54

图55

(2)重心后移成右坐步,左手向前上方穿掌,右手体前由下至上划弧(如图54)。

(3)左腿退步,身体左转,左手回收至腰际,右掌由上前伸下按(如图55)。

动作要领:同上动退步双穿右按掌。

8. 如闭似封

(1)重心前移成右弓步,左手移至右臂下,两手合抱(如图56)。

(2)重心后移至左腿,两手外分,收至胸前(如图57)。

(3)重心前移成右弓步,两掌前推(如图58)。

动作要领:后引用开劲,前推先下沉。

图56

图57

图58

9. 十字手收势

(1)右腿退步,重心右移成右侧弓步,右手向右拉平,两臂成一直线(如图59)。

(2)重心左移,右脚收回成开立,两手经下交叉合抱于胸前(如图60)。

(3)两掌向前平伸(如图61)。

(4)两手下落至身体两侧(如图62)。

(5)收左腿,并步(如图63)。

动作要领:重心移动时,注意脚下的外摆与内扣的调整。

图59

图60

图61

图62

图63

二、拆招

1. 捋按势拆招

(1)甲乙并步直立(如图64)。

(2)乙方右脚上步,右手推甲方胸部(如图65)。

(3)甲方右脚上步,右手腕接住乙方右手腕部,向右侧引化(如图66)。

(4)甲方右手按住乙方右腕部,向前推逼,然后发劲(如图67)。

动作要领:接手要柔软,引化要连贯,利用转腰与手臂的滚动;按推前先要身体下沉,压住对方的手臂,使其身体发硬;如果遇到对方的力量反抗,要引带出对方,使其落空,重心不稳;如果对方身体柔软,要顺势进逼,造成对方的背势,使其无法活动;发劲前要抓住对方的落空点。

图64

图65

图66

图67

2. 搬拦捶拆招

(1)甲乙并步直立(如图68)。

(2)乙方右脚上步,右手直拳击打甲方胸部(如图69)。

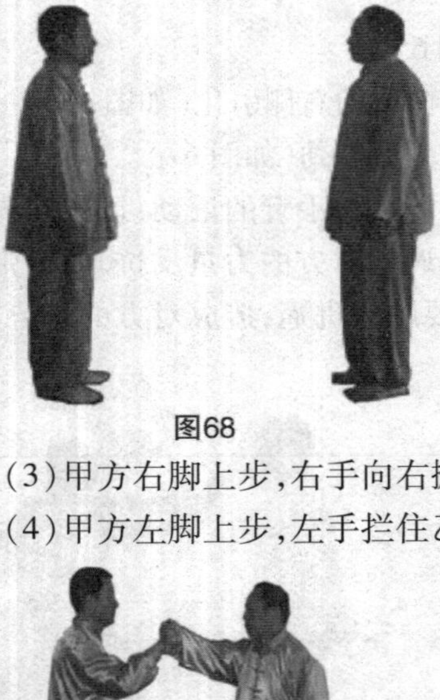

图68

图69

(3)甲方右脚上步,右手向右搬乙方的腕部(如图70)。

(4)甲方左脚上步,左手拦住乙方的右上臂(如图71)。

图70

图71

(5)甲方右拳击打乙方的胸部或面部(如图72)。

图72

动作要领：先让对方的拳头进入手臂的防守圈内；搬手要柔和，利用手臂的滚动下压，使对方的打击力滑落，而不可用碰撞力格开对方；搬时要有牵引力，使对方的双臂难以收回；左手拦时要迅速，使对方不能变化；右拳打击时要学会选点，同时左手配合，以暴露其打击点。

3．穿掌拆招

(1)甲乙并步直立(如图73)。

(2)乙方右脚上步，右手直拳击打甲方胸部(如图74)。

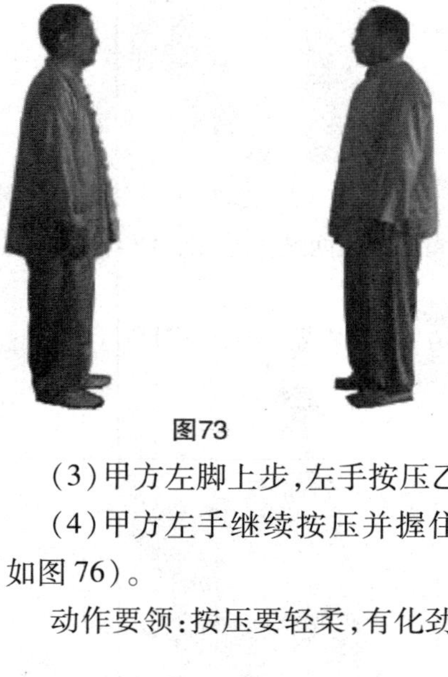
图73

图74

(3)甲方左脚上步，左手按压乙方的右臂(如图75)。

(4)甲方左手继续按压并握住乙方的右臂，同时右手的掌指戳乙方的喉部(如图76)。

动作要领：按压要轻柔，有化劲；指戳时，左手继续压住；按压、穿掌要连贯。

图75

图76

4. 如封似闭拆招

(1)甲乙并步直立(如图77)。

(2)乙方右脚上步,双手推扑或掌击甲方的胸部(如图78)。

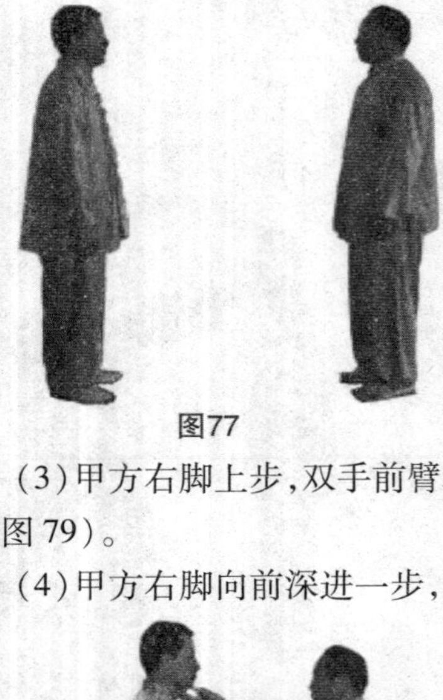
图77

图78

(3)甲方右脚上步,双手前臂粘贴乙方手臂内侧,向两侧引化,使其力点落空(如图79)。

(4)甲方右脚向前深进一步,双手推按乙方的双臂或胸部(如图80)。

图79

图80

动作要领:封手要把对方的攻击力打断,使对方在攻击路线上找不到目标,手臂要轻柔而内含分劲;甲方后引时,要用粘贴劲拨起乙方的脚跟;前进时,身体要收缩,使其继续落空;发劲时要对准对方重心,力量干脆而有穿透力。

第二节　杨氏太极拳二段技术图解

一、基本形态

1. 楼手:手掌由下向上内弧形捋或手掌由上向下向外弧形捋(如图81)。

2. 云手:一手由身体异侧腹前向上划弧至肩侧,另一手由肩侧向下划弧至身体异侧腹前,两手交替成圆形运动(如图82)。

3. 分脚:脚由下向上弹踢,力达脚背(如图83)。

4. 蹬脚:脚由提膝开始前蹬,力达脚跟(如图84)。

图81

图82

图83

图84

二、单练套路

(一) 动作名称

预备式

第一小节

1. 单鞭起势,2. 右双手捋按势,3. 左双手捋按势,4. 右云手(右圆手),
5. 左云手(左圆手),6. 左搂膝拗步,7. 右玉女穿梭(右穿掌架打)。

第二小节

8. 右分脚,9. 转身左分脚,10. 转身右蹬脚,11. 右穿掌,
12. 如封似闭,13. 十字手收势。

(二) 动作图解

预备式:并步直立(如图85)。

1. 单鞭起势:同一段单练套路(如图86)。

图85

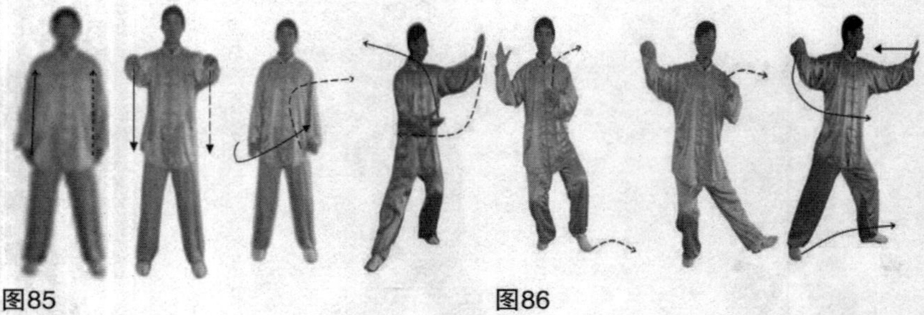

图86

2. 右双手捋按势

此势与第一段单练套路右捋按势的动作过程基本相同,仅在第三个掤时为双手挤出,之后动作是双手推挽。

(1)右脚上步与左脚内侧虚提,双手体前合抱(如图87)。

(2)右脚上步,右臂上掤,左手附于右肘旁(如图88)。

图87

图88

图89

图90

(3)左手微前伸,右手移至左肘内侧,重心后移,身体右转,两手向右捋(如图89)。

(4)身体转正后两掌置于胸前(如图90)。

(5)成右弓步,重心前移,两掌前推(如图91)。

(6)重复(3)(4)(5)(如图92、93、94)。

图91

图92

图93

图94

动作要领:捋时,先左掌前移,成拗步捋势,两手如同抚摸雀尾一样。

3. 左双手捋按势

(1)右脚退步,左手经胸前上掤,右手附于左肘内侧,成左掤势(如图95、96)。

(2)重心后移,身体左转,两手向左捋(如图97)。

(3)身体转正后两掌置于胸前,重心前移,两掌前推,成左弓步(如图98、99)。

图95

图96

图97

图98

（4）重复（2）（3）（如图 100、101、102）。

图99

图100

图101

图102

4. 右云手

（1）重心后移微沉，右脚尖外撇，左手向左侧划弧，右手移至左腹前（如图 103）。

（2）重心移至右腿，左脚尖里扣，身体右转，右手经胸前划弧至身体右侧，左手向下划弧至右腹前（如图 104）。

动作要领：蹬腿、转腰、带臂，连贯协调；两手交替练习时，状如盘球，绵绵不绝。

图103

图104

5. 左云手

重心左移，身体左转，右脚上步，左手经胸前划弧至身体左侧，右手向下划弧至左腹前（如图 105、106）。

图105

图106

6. 左搂膝拗步

(1)左脚上步,脚跟着地,左手搂至左腹前,右手划弧至右耳侧(如图107、108)。

(2)重心前移成左弓步,左手下搂至左胯旁,右掌前推(如图109)。

动作要领:搂手后,左掌下按,肘不过肋,身体转正再推掌。

图107

图108

图109

7. 右玉女穿梭

(1)重心后移,左手上架(如图110)。

(2)重心前移成左弓步,右掌前推(如图111)。

动作要领:架掌用掤劲后引,再前推,劲向前合。

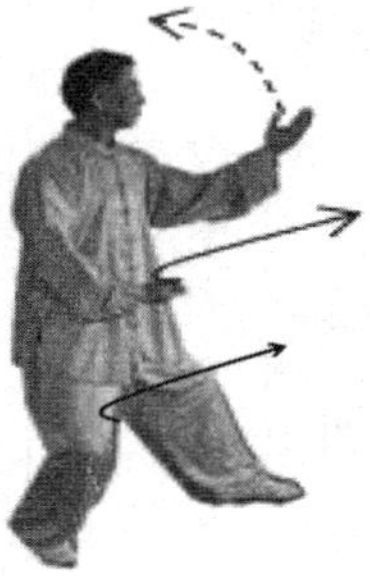
图110

图111

8. 右分脚

(1)重心后移,左掌搂砍(如图112)。

(2)重心前移至左腿,右手移至左手下,两手成十字上架(如图113)。

(3)两掌向两侧劈出,右脚向右前侧弹踢(如图114)。

动作要领:分掌、弹踢、配合用力,力达脚面。

图112

图113

图114

9. 转身左分脚

(1)右脚交叉落于左脚外侧,脚尖点地(如图115)。

(2)身体左转,两掌十字合抱,重心移右(如图116)。

(3)两手分掌,分别向两侧劈出,左脚弹踢(如图117)。

图115

图116

图117

10. 转身右蹬脚

(1)左脚交叉落于右脚外侧,脚尖点地(如图118)。

(2)身体右转,重心移至左腿,右脚提起,两掌十字合抱(如图119)。

(3)两手向两侧推,右脚向右前方蹬出(如图120)。

动作要领:推掌、蹬脚,配合用力,力达脚跟。

图118

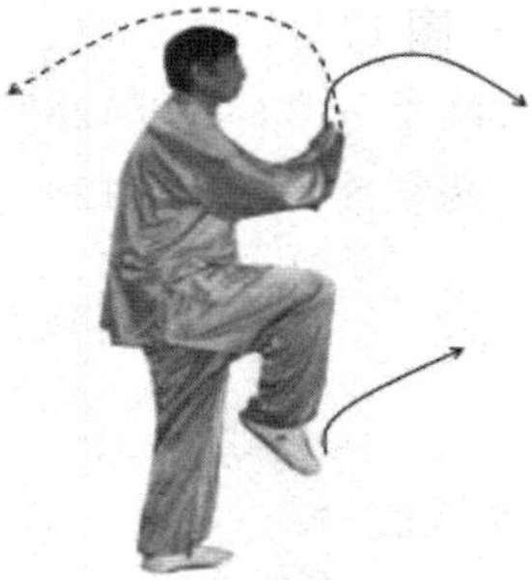

图119

图120

11．右穿掌

(1)右脚后落,右手收至腰间,左掌下按(如图121)。

(2)重心前移成左弓步,右掌前穿(如图122)。

动作要领:穿掌时,掌心向上,经左手臂上方前穿,指尖朝前。

图121

图122

12．如封似闭

(1)左弓步,左掌前伸,右掌稍回(如图123)。

(2)重心后移成右坐步,右捋掌(如图124)。

图123

图124

图125

图126

(3)身体转正,两手下按(如图125)。

(4)重心前移成左弓步,两掌前推(如图126)。

(5)左弓步,两手合抱(如图127)。

(6)重心后移成右坐步,两手分掌(如图128)。

(7)重心前移成左弓步,两掌前推(如图129)。

图127

图128

图129

13. 十字手收势:同一段单练套路(如图130-134)。

图130

图131

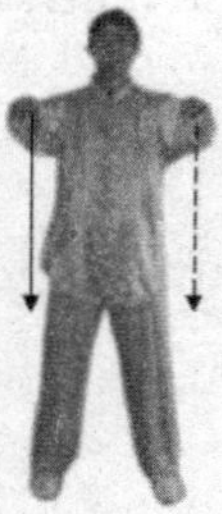
图132

图133

图134

三、拆招

1. 双手捋按势拆招

(1) 甲乙并步直立(如图135)。

(2)乙方右脚上步,双手推甲方胸部(如图136)。

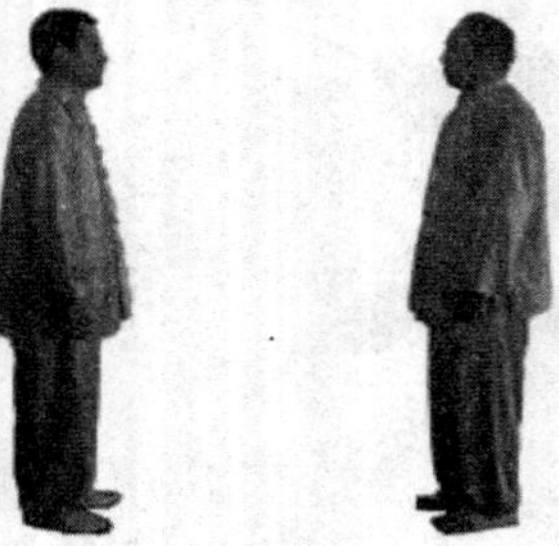
图135

图136

(3)甲方右脚上步,右手前臂接住乙方双手,左手移至乙方右臂肘部,两手配合,向右侧引化。(如图137)。

(4)甲方右手按住乙方右腕,左手按住乙方右臂的肘部,重心前移,两手向前推送,然后发劲(如图138)。

图137

图138

动作要领:双手捋按的要点与单手捋按的要点基本相同,甲方接手时,要一手控制乙方腕部,一手控制乙方肘部。

2. 云手拆招

(1)甲乙并步直立(如图139)。

(2)乙方右脚蹬甲方腹部(如图140)。

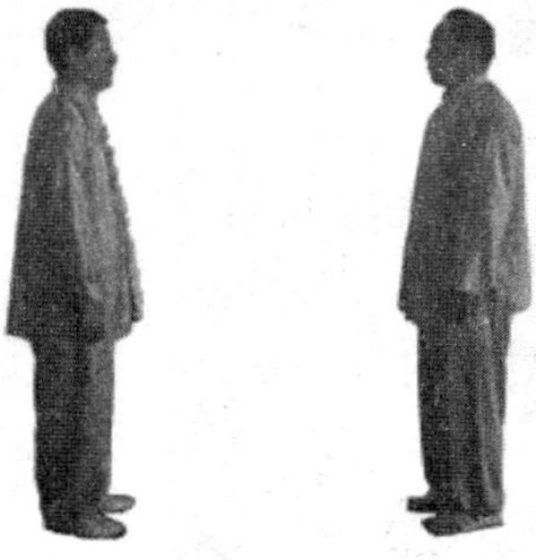
图139

图140

(3)甲方右脚向右侧后方退步,左手抄抱,右手压住乙方右腿踝关节外(如图141)。

(4)甲方两手上推乙方右腿(如图142)。

动作要领:手臂要让对方的脚进入防守圈内,下格与上抱配合,协调连贯。

图141

图142

3. 搂膝拗步拆招

(1)甲乙并步直立(如图 143)。

(2)乙方右脚上步,右手直拳攻击甲方胸部(如图 144)。

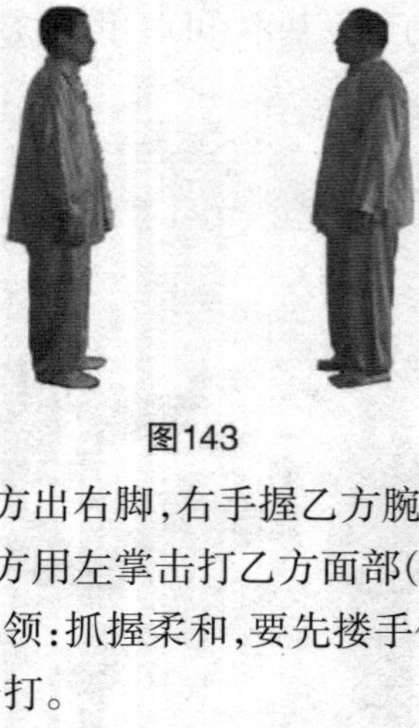

图143

图144

(3)甲方出右脚,右手握乙方腕部,向右侧引带(如图 145)。

(4)甲方用左掌击打乙方面部(如图 146)。

动作要领:抓握柔和,要先搂手化劲,然后抓握;向斜下方引带,使乙方身体成背势时再击打。

图145

图146

4. 分脚拆招

(1)甲乙并步直立(如图 147)。

(2)乙方右脚上步,右手直拳攻击甲方胸部(如图 148)。

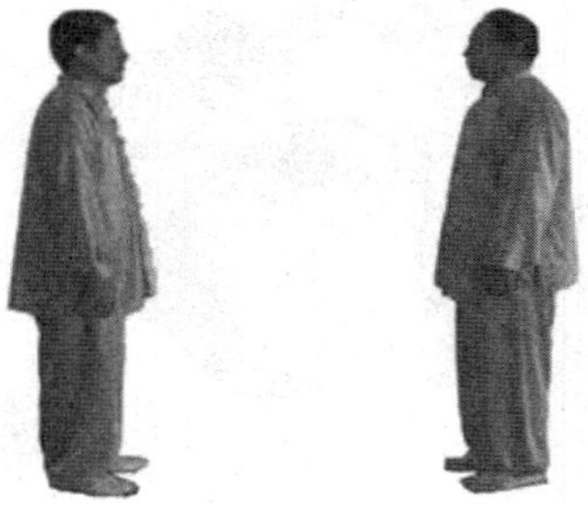

图147

图148

(3)甲方左脚向左前方上步,右手握乙方腕部,向右侧下採(如图 149)。

(4)甲方右脚弹踢乙方腹部(如图 150)。

动作要领:下採使对方身体前俯,弹踢对方小腹,採手、弹踢配合。

图149

图150

5. 蹬腿拆招

(1)甲乙并步直立(如图 151)。

(2)乙方右脚上步,右手直拳攻击甲方胸部(如图 152)。

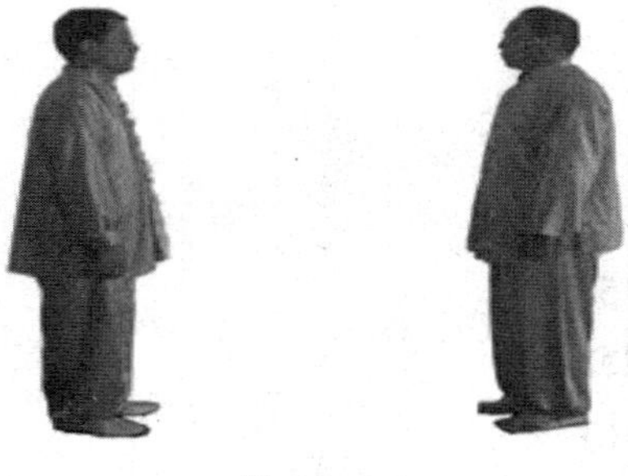

图151

图152

(3)甲方左脚向左前方上步,右手上架乙方右臂(如图 153)。

(4)甲方右脚蹬踢乙方腹部(如图 154)。

图153

图154

动作要领:上架时为蹬腿让出空间,架掌、蹬腿要连贯。

第三节 杨氏太极拳三段技术图解

一、基本形态

(1)架掌:掌由下向上翻掌架于头上方,掌心斜向上(如图 155)。
(2)托掌:掌由下向上托起,掌心朝上(如图 156)。

图155

图156

(3)披拳:拳由上向下劈,力达拳背(如图 157)。
(4)披掌:掌由上向下劈,力达掌背(如图 158)。
(5)独立:一腿支撑,另一腿屈膝提起(如图 159)。

图157

图158

图159

二、单练套路

（一）动作名称

预备式：并步直立

第 1 小节

1. 单鞭起势，2. 右揽雀尾（右四正手），3. 左揽雀尾（左四正手），4. 提手上势，5. 海底针（下插、採），6. 闪通背（翻掌架打），7. 左金鸡独立（左独立），8. 转身摆莲（转身摆腿），9. 弯弓射虎（拧臂打拳）。

第 2 小节

10. 右野马分鬃（右上下横分势），11. 海底针（下插、化），12. 白蛇吐信（左披掌），13. 退步右推掌，14. 指裆捶，15. 退步捋，16. 如封似闭，17. 十字手收势。

（二）动作图解

预备式：并步直立（如图 160）。

1. 单鞭起势：同一段单练套路（如图 161－167）。

图160

图161

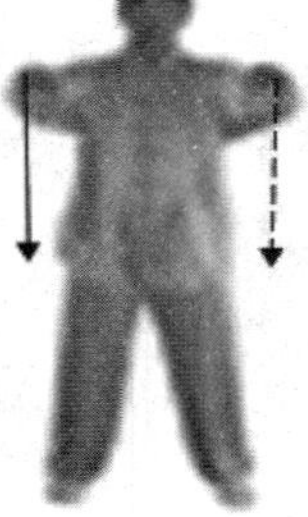
图162

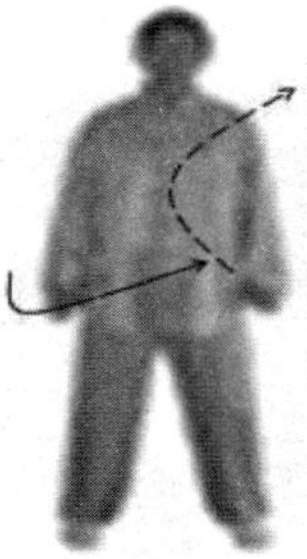
图163

图164

图165

图166

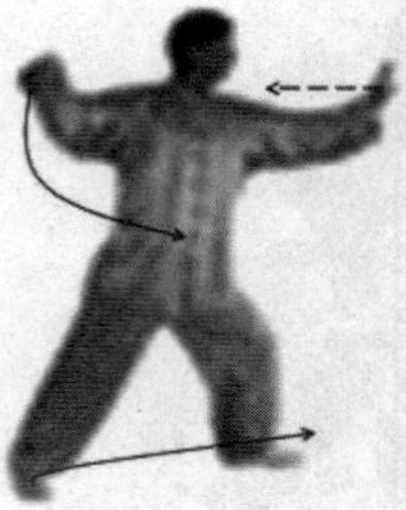

图167

2. 右揽雀尾

(1)同二段单练套路中右双手捋按势(如图168、169)。

(2)双手微伸,左手移至右肘内侧,重心后移,身体微左转,用左手臂外侧,右手掌向左捋(如图170)。

(3)身体右转至正,右臂屈肘折回,左手附于右腕旁,随即,重心前移成右弓步,右臂前挤(如图171)。

图168

图169

图170

图171

(4)重心后移至左腿,两手收至胸前;随即,重心前移成右弓步,两手前推(如图172、173)。

图172

图173

动作要领:分清掤、捋、挤、按四种手法,这是太极拳的基本手法,掤在钻臂,捋在转腰，挤在沉身。前推胯先进。

3. 左揽雀尾

(1)重心移至右腿，左手向下划弧至右腹前，右手向下划弧至左肩前，成右抱球式(如图174)。

(2)出左腿，重心前移成左弓步，左手向左向外掤(如图175)。

(3)重心后移成右坐步，上体右转，双手向右捋(如图176)。

(4)重心前移成左弓步，右手推左腕向前挤(如图177)。

(5)重心后坐，双掌下按，重心前移成左弓步，双掌前推(如图178、179)。

图174

图175

图176

图177

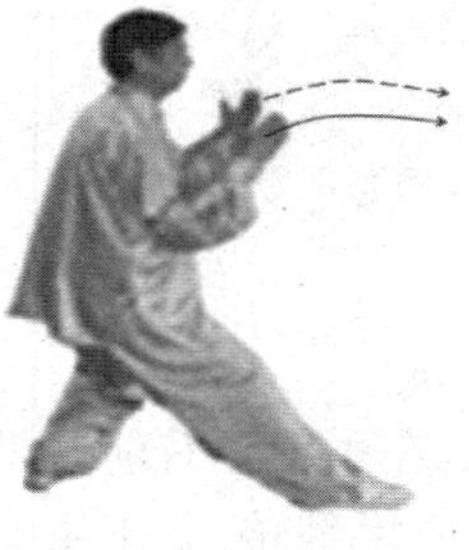

图178

图179

4. 提手上势

(1)左脚退步，左手移至右肘旁(如图180)。

(2)身体后坐，两手左捋(如图181)。

(3)右脚后撤半步，左手引至腹前，右手引至胸前，两手合劲(如图182)。

(4)右脚前出，脚跟着地，两手向前上方推送(如图183)。

动作要领：此式是擒拿动作，提手时要左手含採，拧之劲，右手含沉，按之劲，两手配合，往里对称用力，合住劲，向上提拔，再向前上方推送。

图180

图181

图182

图183

5. 海底针

(1)右脚退步,身体右转,左手搂至左胯旁,右手提至右耳旁(如图184、185)。

(2)身体下沉,左手下按,右手向前下方插出(如图186)。

动作要领:下插时,要身体端正,劲向下沉,不可身体前倾。

图184

图185

图186

6. 闪通背

(1)身体微起,右手上托,左手提至右前臂内侧(如图187)。

(2)左脚前出成左弓步,右手翻转,架于头上方,左掌前推(如图188)。

动作要领:右手上托后,手掌翻转,上架是一个拧的动作。

图187

图188

7. 左金鸡独立

(1)重心略后移,左脚尖外撇,身体左转至正,左弓步前挑,右手后落(如图189)。

(2)重心前移至左腿,右腿屈膝提起,左手下按左胯旁,右手向前方上挑(如图190)。

动作要点:独立前,重心要前移,下沉。

图189

图190

8. 转身摆莲

(1)右脚前落,脚跟着地,右手移至左腋下,左手移至右肩前(如图191)。

(2)左脚贴地扫摆(低扫腿)。左手向左摆掌(如图192)。

(3)以两脚掌为支点,身体右转至右肩侧对前方,右手向右侧摆掌,左手移至右胸前,随即,左腿支撑,右脚向上外摆,两手拍打右脚面(如图193、194)。

(4)左腿独立,右腿提膝,左掌摆至左侧,右掌摆至左胸前,目视左掌前方(如图195)。

动作要领:扫腿与拨掌配合用力,发力后要重心升高,以便于身体继续旋转,转体后重心下降,将身体稳住,摆腿拍脚要利用身体的摆动力。

图191

图192

图193

图194

图195

9. 弯弓射虎

(1)右脚向右前方下落,脚跟着地,左手前伸,右手移至左肘旁,两手向下向右捋(如图196、197)。

(2)重心前移成右弓步,右手经下向后,向上架与头上方,左拳向斜前方冲打(如图198)。

动作要领:右手拧转,左手打拳,右脚下落的方向为右前方45°,出拳的方向是左前方45°。

图196

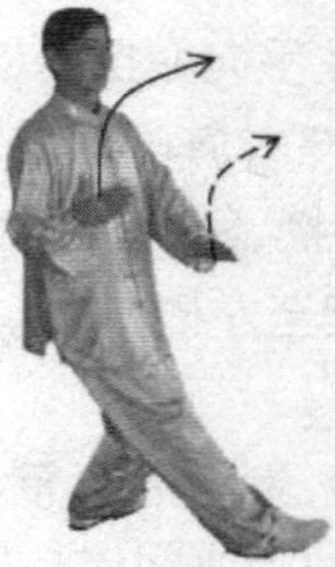

图197

图198

10. 右野马分鬃

(1)左脚上步,左手前伸,右手落于左臂侧(如图199)。

(2)重心前移,右脚前出,左手至右肩前。右手下落至左腹前,两手合抱(如图200)。

(3)落右脚,重心前移成右弓步,身体右转至正,左手下按至左胯旁,右手向下,向右横拨,掌心斜朝内(如图201)。

动作要领:两手配合,右臂用拧劲。

图199

图200

图201

11. 海底针

（1）右脚退步，成左虚步，左手搂，右手提至右耳旁（如图202、203）。

（2）身体下蹲，右手下插（如图204）。

图202

图203

图204

12. 白蛇吐信

（1）左脚退步，右手向右弧形上提，左手向后划弧（如图205）。

（2）右脚继续退步，重心落于右腿，左脚微提后，脚跟着地，右手按于左胸前，左手由右臂内侧反掌前披（如图206、207）。

图205

图206

图207

动作要领:披掌要沉身鞭打。

13. 退步右穿掌

(1)左脚提起后撤,左掌下按(如图208)。

(2)左脚后落,成右弓步,右手经左掌上方前穿(如图209)。

动作要领:穿掌时,掌心向上,指尖朝前。

图208

图209

14. 指裆捶

(1)右脚退步,左手上搂,右手向后划弧,握掌收于腰间(如图210、211)。

(2)左脚微前移成左弓步,左手按至左胯旁,右拳向前下方冲出(如图212)。

动作要领:右拳指向前下方,与小腹齐高。

图210

图211

图212

15. 退步捋

(1)左脚退步,右手弧形前伸,左手划弧至右肘前(如图213)。

(2)重心后移左腿,两手向左捋(如图214)。

图213

图214

16. 如封似闭

(1)重心前移成右弓步,左手按右腕内侧前挤(如图215)。

(2)重心后移,两手外分,后引(如图216)。

(3)重心前移成右弓步,两掌前推(如图217)。

图215

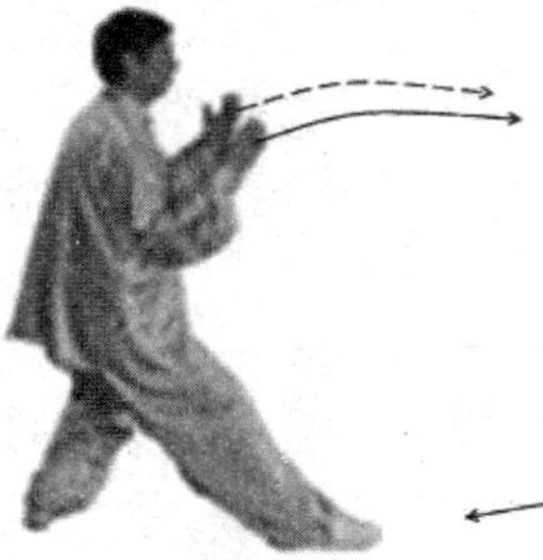

图216

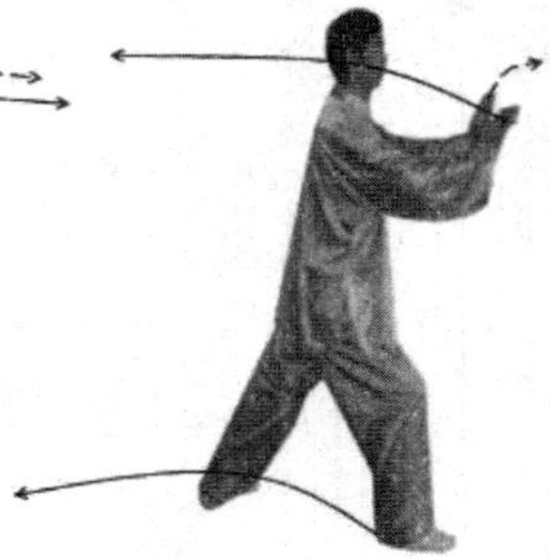

图217

17. 十字手收势:同一段单练套路(如图218－222)。

图218

图219

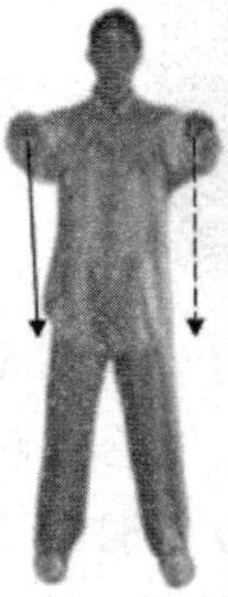

图220

图221

图222

三、拆招

1. 揽雀尾(四正手)拆招

(1)掤的拆招

①甲乙并步直立(如图223)。

②乙方右脚上步,双手向前推甲方的胸部(如图224)。

③甲方右脚上步,右手前臂架住乙方双手,后引如图225)。

④甲方两手向前上方推乙方上臂,使乙方身体后仰(如图226)。

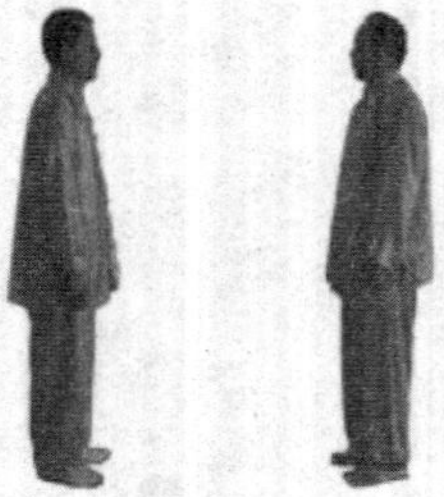
图223

图224

图225

图226

动作要领:手臂滚动,手指领劲,向上钻。

(2)捋的拆招

①甲乙并步直立(如图227)。

②乙方右脚上步,双手向前推甲方胸部(如图228)。

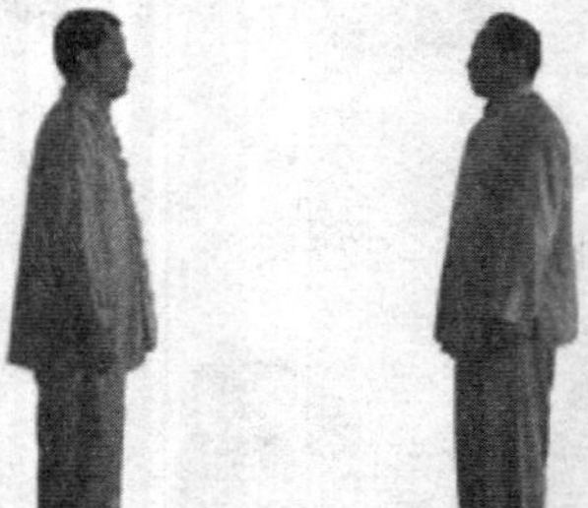
图227

图228

③甲方右脚退步,右手前臂接住乙方双手(如图229)。

④甲方右脚踏实,左手抚乙方右肘后引,身体右转,两手配合,将乙方的右手引向身体右侧,使乙方身体扭转,重心浮起(如图230)。

动作要领:用抽丝劲牵引对方。

图231

图232

(3)挤的拆招

①甲乙并步直立(如图231)。

②乙方右脚上步,双手向前推甲方的胸部(如图232)。

③甲方右脚上步,两手右捋,就势用左前臂抵住乙方的右上臂(如图233)。

④甲方右臂向前推送,使乙方向后跌出(如图234)。

动作要领:顺势用整劲前抵。

图231

图232

图233

图234

(4)按的拆招

①甲乙并步直立(如图235)。

②乙方右脚上步,双手向前推甲方的胸部(如图236)。

③甲方右脚上步,两手由上向下按乙方的两手上臂,使用、乙方身体前倾(如图237)。

④在乙方重心不稳时,甲用沉劲前推(如图238)。

动作要领:按式用沉坠的方法下压,使对方前倾,或后坐倒地。

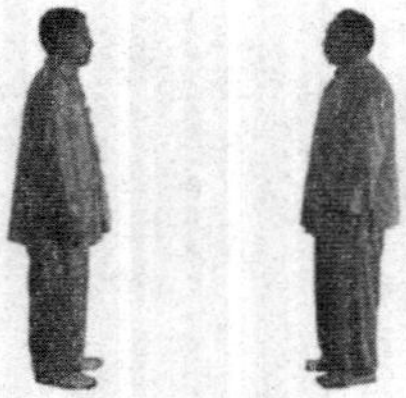

图235

图236

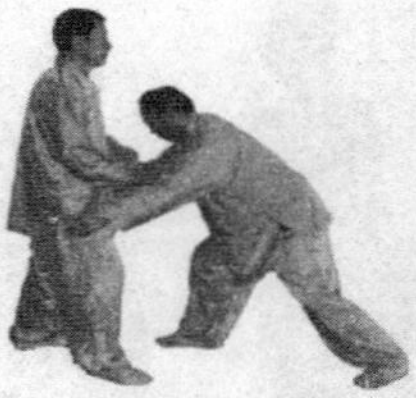

图237

图238

2. 提手上势拆招

(1)甲乙并步直立(如图239)。

(2)乙方左脚上步,左手直拳击打甲方胸部(如图240)。

(3)甲方右脚上步,左手外旋拧转乙方的左腕(如图241)。

(4)甲方右手捋乙方的左肘向上提带乙方的肘部(如图242)。

(5)甲方两手向上提起乙方的左臂,左脚上步向前推送(如图243、244)。

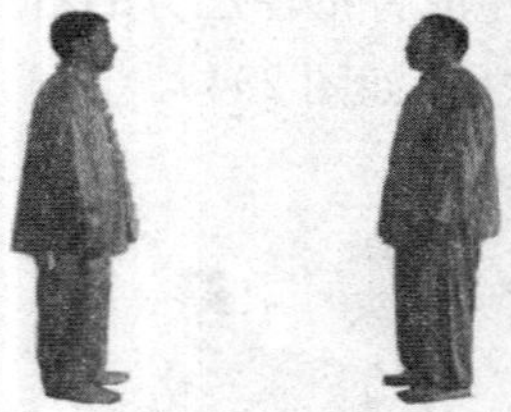

图239

图240

动作要领:甲方两手配合,拧转乙方的左臂,然后再向下捋;提手时,两手要合住劲,把对方引向自己的身体,拿住乙方后,再向前提送。

图241

图242

图243

图244

3. 闪通背拆招

(1)甲乙并步直立(如图245)。

(2)乙方右脚上步,右手直拳击打甲方胸部(如图246)。

图245

图246

(3)甲方右脚、左脚依次上步,右手抓握乙方右腕,向内翻腕,拧转乙方右臂,同时向上推送,左手推托乙方的右臂(如图247、248)。

图247

图248

图249

(4)甲方左手托住乙方右肘,右手下压乙方的右臂,拆断乙方肘关节(如图249)。

动作要领:甲方要弧形上翻,拧转乙方的右臂;乙方的肘关节被推出后,再托住肘部,右手下压。

安全提示:用力要轻,点到为止,防止肘关节受伤。

4. 海底针拆招

(1)甲乙并步直立(如图250)。

(2)乙方右脚上步,右手直拳击打甲方胸部(如图251)。

(3)甲方右脚退步,右手抓握乙方右腕,左手抓住乙方上臂(如图252)。

(4)甲方身体下沉,两手下採(如图253)。

动作要领:甲方下採前,手要先往上领,两手配合用劲,以右手为主,身法端正,用向下的沉坠力量,不可身体前倾。

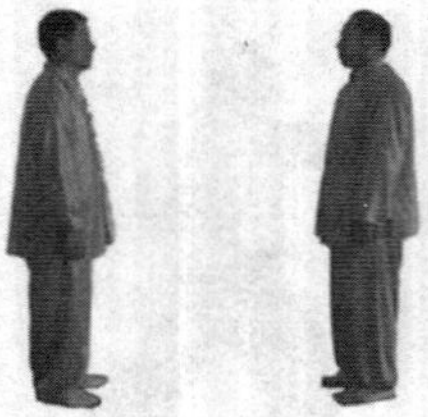
图250

图251

图252

图253

5. 金鸡独立拆招

(1)甲乙并步直立(如图254)。

(2)乙方右脚上步,右手直拳击打甲方胸部(如图255)。

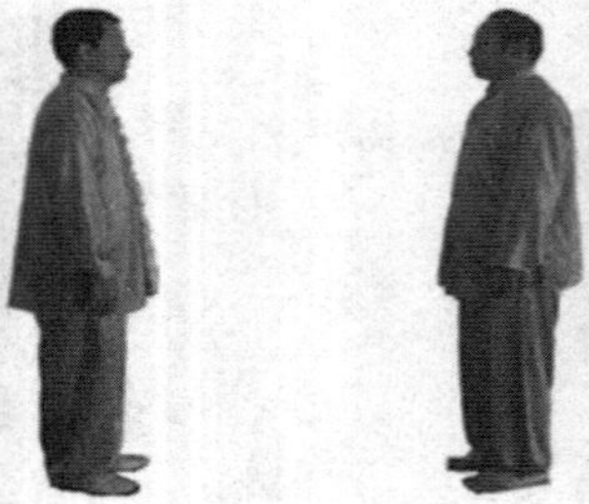
图254

图255

(3)甲方左脚上步,左手下按乙方右腕(如图256)。

(4)甲方右手勾住乙方颈部,右腿提膝,顶撞乙方腹部(如图257、258)。

动作要领:採手与勾颈配合,控制住对方,使其身体俯冲,然后再顶膝。

图256

图257

图258

6. 野马分鬃拆招

(1)甲乙并步直立(如图259)。

(2)乙方右脚上步,右手直拳击打甲方胸部(如图260)。

图259

图260

(3)甲方右脚上步,右手抓住乙方右腕,向右拨(如图261)。

(4)甲方左脚进步套住乙方右脚,右手採住乙方右腕,左手插进乙方右腋下(如图262)。

(5)甲方向左侧横拨(如图263)。

动作要领:甲方推手与进步要配合协调,套步要迅速;甲方发劲时,要配合敲腿,横向发劲。

图261

图262

图263

7. 白蛇吐信拆招

(1)甲乙并步直立(如图264)。

(2)乙方右脚上步,右手直拳击打甲方胸部(如图265)。

图264

图265

(3)甲方右脚上步,左手按压乙方右腕(如图266)。

(4)甲方右掌由左臂内侧向前反掌击打乙方面部(如图267)。

图266

图267

动作要领:甲方要用鞭打力打击乙方。

8. 低扫腿拆招

(1)甲乙并步直立(如图268)。

(2)乙方右脚上步,右手直拳击打甲方胸部(如图269)。

(3)甲方右脚上步,右手抓住乙方右腕,向右拨(如图270)。

(4)甲方左脚勾踢乙方右踝,左掌横砍乙方颈部(如图271)。

动作要领:甲方右手牵引要破坏乙方的稳定,勾踢时要带有扫腿的力量。

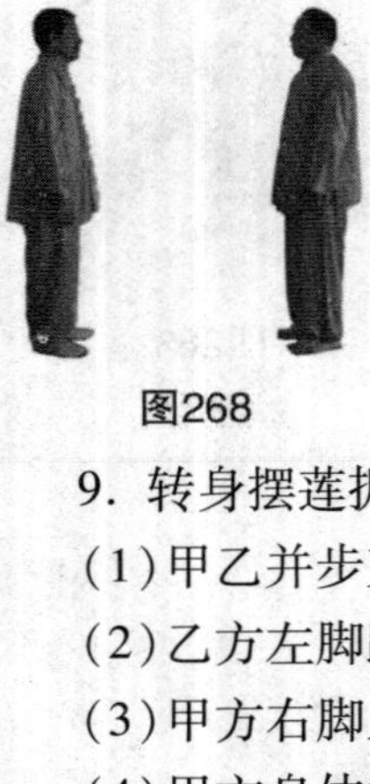
图268

图269

图270

图271

9. 转身摆莲拆招

(1)甲乙并步直立(如图272)。

(2)乙方左脚蹬踢甲方腹部(如图273)。

(3)甲方右脚上步,右手向左拨乙方左腿(如图274)。

(4)甲方身体左转,左脚外摆,击打乙方躯干(如图275)。

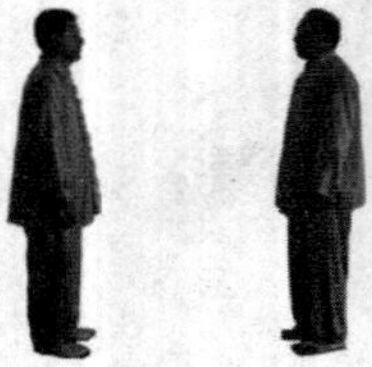
图272

图273

图274

图275

动作要领:甲方格挡时,身体已经预摆;击打要利用身体的惯性力。

10. 弯弓射虎拆招

(1)甲乙并步直立(如图276)。

(2)乙方右脚上步,左手直拳击打甲方胸部(如图277)。

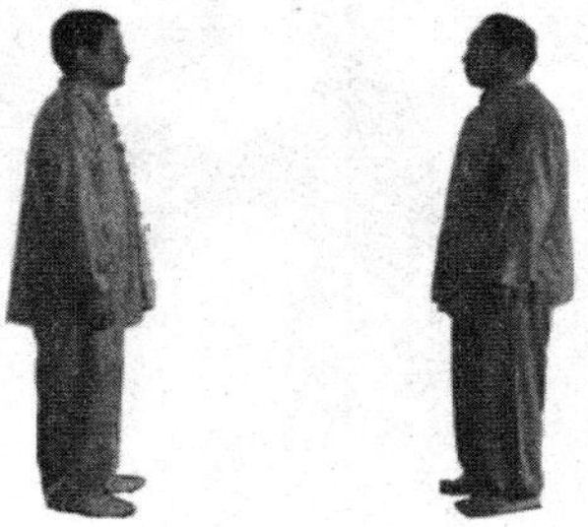

图276

图277

(3)甲方右脚侧上步,右手拧转乙方左腕(如图278、279)。

(4)甲方左手击打乙方面部(如图280)。

动作要领:接手要准,拉手、击打配合用力。

图278

图279

图280

11. 指挡锤拆招

(1)甲乙并步直立(如图281)。

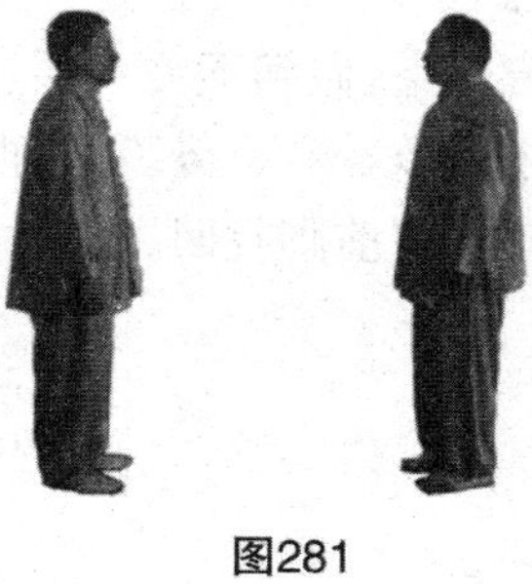

图281

图282

(2)乙方右脚踢蹬甲方腹部(如图282)。

(3)甲方左脚上步,左手搂乙方右腿(如图283)。

(4)甲方左手上挑乙方右腿,右拳击打乙方裆部(如图284)。

图283

图284

动作要领:搂手、挑腿、上步动作连贯。

第四节 拓展内容

太极推手是两人对练,有定步单推手;定步双推手,也叫四正推手,掤、捋、挤、按;活步双手推手;行步双手推手;活步大捋推手,也叫四隅推手,采、挒、肘、靠。在这里仅简单介绍定步单推手和定步双推手。

一、第一式:定步单推手(右)

单推手有立圆和平圆两种。甲乙两人相对站立,相距各一步,各自向前迈出右脚一步,两脚内侧相对,同时各伸右手,以右手手腕背相接掤住,甲按乙化,乙按甲化,甲向乙方胸部中心按去,乙化掉甲方来力使其落空。甲方在向前按时,后腿蹬,前腿弓,一定由后脚掌发力,通过腿到腰送到手,上下一致,是一个整劲。乙方向后引化时,要含胸坐胯,转腰顺势引化使对方落空,做到不丢不顶。乙方向甲方胸部按去,甲方顺势引化使其落空,与上势要求一致。右手势练完,再换左手势练习,如此往复练习,这是练习推手的基础,停止时,将前脚收回,恢复原位。

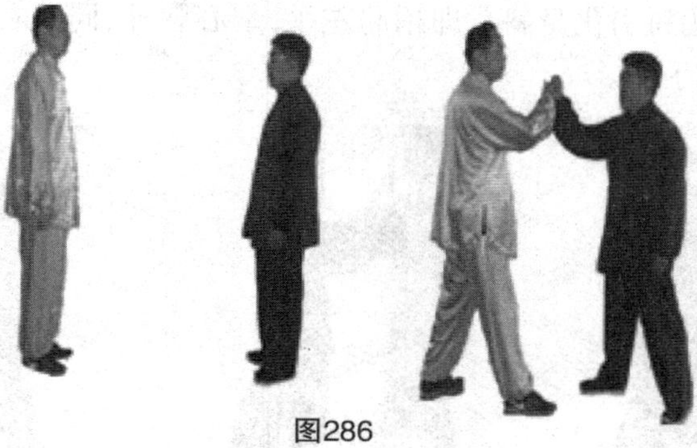

图286

图287

图288

图289

图290

图291

二、第二式:定步双推手(右)

也叫四正推手,掤、捋、挤、按。甲乙两人相对站立,相距各一步,各自向前迈出右脚一步,两脚内侧相靠,同时各伸右手,以右手腕背相接掤住,左手附贴对方右肘,如果甲方双手臂前按,乙方含胸、坐胯、转腰,右手掤住引化,同时左手向后捋，甲方被乙方掤捋引化身斜。即抬起左手，掌心朝外，同时右掌心翻朝里，用左手掌心挤自己右手腕。

图292

图293

图294

两手臂掤圆，向对方挤出，随挤随分手，以左手掤接对方双手，右手附贴乙方左臂，含胸、坐胯，往后引化，使其来力落空，再双手按出，击打对方胸部，双方可以换手不换步，也可以换步不换手，来回练习，在前按时与单推手一样，前腿弓，后腿蹬，发力于脚，形于腿，主宰于腰，达于手，是一个整劲。向后引化时，也是含胸、转腰、坐胯。如此往复练习，停止时，将前脚收回，恢复原位。

图295

图296

第五节　军体拳

预备姿势

当听到"军体拳第一套——预备"的口令后，在立正基础上身体稍向左转，同时右脚向右前撤一步，两脚略成"八字形"，体重大部分落于右脚，两手握拳，前后拉开，屈肘，左拳与肩同高，拳眼向内上，右拳置于小腹前约 10 厘米处，拳眼向上，自然挺身，目视前方。如下图。

一、弓步冲拳

动作要领：右拳从腰间猛力向前旋转冲出，拳心向下，同时左拳收于腰际，成左弓步。用途：击腰、胸、腹部。如下图。

二、穿喉弹踢

动作要领：左拳变掌并向前上猛插，掌心向上，右拳收于腰间，右脚蹬直同时抬右腿，大腿略平，脚尖向下绷直，猛力向前弹踢，并迅速收回。用途：插喉、弹踢裆或小腿。如下图。

三、马步横打

动作要领:右脚向前落地成右弓步,同时左手前伸变八字掌,右拳自然后摆;左转身成马步的同时,左手抓拉收于腰间,右拳由后向前猛力横击,臂微屈,拳略高于肩,拳心向下。用途:击头、肋、腰部。如下图。

四、内拨下勾

动作要领;右转身成弓步,同时右臂内拨后摆,左手由后向前上方猛击,拳与下颌同高,拳心向内,左脚自然向左移动。用途:击喉、下颌、腹、裆部。如下图。

五、交错侧踹

动作要领:右转身,右脚尖外摆,抬左腿,大腿略平,脚尖里勾,两臂在胸前交错;左脚向左侧猛踹,并迅速收回,同时两臂上下外格,右臂屈肘,拳横架于头前上方。拳眼向后,左臂自然后摆,拳心向后。用途:踹膝关节。如下图。

六、外格横勾

动作要领:左脚向前落地,左转身成弓步,同时左臂上挡、外格、后摆,右拳以扭腰送胯之合力由后向前猛击,拳与眼同高,拳心向下。用途:击头、面部。如下图。

七、反击勾踢

动作要领:左脚尖外摆,起右脚脚尖里勾,两手在胸前交错;右脚由后向左猛力勾踢,同时两臂猛力外格,左臂屈肘,拳与头同高,拳眼向后,右臂自然后摆,拳心向下。用途:勾踢脚跟、脚腕部,将对方摔倒。如下图。

八、转身别臂

动作要领：右转身，右脚尖外摆并猛力下踏；上左脚成弓步，同时右手向前上挑，左手抓握右小臂；右后转体成右弓步的同时右拳变掌屈肘下压，两小臂略平置于腹前。用途：别臂压肘。如下图。

九、虚步砍肋

动作要领：收右脚成右虚步，同时两手变掌，由外稍向里猛砍，大臂夹紧，小臂略平，掌心向上，两掌约距 20 厘米。用途：砍肋、腰部。如下图。

十、踢裆顶肘

动作要领：两掌变拳收于腰间。掌心向上，左脚蹬直同时抬右脚，脚尖向下绷直，猛力向前弹踢平迅速收回；右脚落地成弓步，同时右臂置于左胸前，两手合力将右肘向前推顶，右大小臂夹紧略平，掌心向下。用途：脚踢裆、腹部，肘顶心窝、头部。如下图。

十一、反弹侧击

动作要领:右掌向前反弹,掌心向内上;左掌沿右臂下向前猛挑成立掌,同时收右拳于腰间成右虚步,右脚向前滑动,左转身成马步,同时左手抓拉变掌收抱于腰间,右拳向右侧冲击,拳眼向上,拳与肩同高,目视右拳。用途:反弹面部。左手挑掌解脱,右拳击肋或腹部。如下图。

十二、弓步靠掌

动作要领:上体左移,体重大部分落于左脚,两拳变掌交叉于裆前,右脚微收成右虚步;右转身,右脚猛力下踏的同时,起左脚自然屈膝,两掌上下反拔,收于右肋前,掌心向前左脚向前落地成左弓步同时两掌合力向前推出,左手在上,右手在下,掌心向前,两手腕自然靠拢,目视前方。用途:推胯、肋,将对方摔倒。如下图。

十三、上步砸肘

动作要领:右脚向前上步成右弓步的同时右拳后摆、左手成抓拉姿势,虎口向右;左转身成左弓步的同时,右手抓拉收于腰间,挥动右臂屈肘向左下猛砸,大臂夹紧,小臂略平,拳心向上。用途:砸、压肘关节。如下图。

十四、仆步撩裆

动作要领:左膝深屈,右腿伸直,右拳变立掌置于左胸前,左拳抱于腰间,上体倾成左仆步;右手变勾,经右脚面向后搂手外拨后摆转身成右弓步,同时左手变掌由后向前猛撩,掌心向上,目视前方。用途:勾手搂腿,撩掌打裆。如下图。

十五、挡击绊腿

动作要领：左脚向前上步，左手变拳上挡护头，拳高于头，拳眼向下，身体稍下蹲的同时，右拳向前下猛力冲出，拳心向下，右腿自然跟上屈膝；左拳变掌砍切右手腕的同时，右脚前扫，右拳收于腰间，拳心向上；右腿后绊成左弓步，同时右拳变掌下按，掌心向下，虎口向里，同时左掌变拳收于腰间。用途：击裆、腹部，推胸弹腿。如下图。

十六、击腰锁喉

动作要领：右掌变拳屈臂上挡外格，右脚向前上步，同时左拳向前猛力冲出，拳心向下；右拳变掌前插，左手抓握右手腕的同时，右掌变拳，两手合力回拉下压，右肩前顶，成左弓步，目视前下方。用途：由后击腰锁喉。如左下图。

结束姿势：左转身，右脚靠拢，成立正姿势。如右下图。

第六节　学生防身术

一、击鼻顶裆

(1)甲方单手抓着乙方手腕往里带,意图把乙方往怀里拽(如图1)。

(2)乙方借力顺势快速上步,抬臂起手狠出掌,照准甲方鼻子猛拍击(如图2)。

(3)紧接提膝再顶裆,致其疼痛,迅速逃离(如图3)。

图1

图2

图3

二、插喉顶裆

(1)甲方单手抓着乙方小臂往里带,意图把乙方往怀里拽(如图4)。

(2)乙方借力顺势快速上步,抬臂起手狠出掌,照准其喉猛插击(如图5)。

(3)紧接提膝再顶裆,致其疼痛,迅速逃离(如图6)。

图4

图5

图6

三、击裆砍颈

(1)甲方单手抓住乙方大臂往里带,意图把乙方往怀里拽(如图7)。

(2)乙方借力顺势快速上步,向前撩掌狠击甲方裆部(如图8)。

(3)接着乙方可以扬臂挥掌,再次砍击甲方颈部,致其疼痛,迅速逃离(如图9)。

图7

图8

图9

四、撞鼻部

(1)甲方双手抓住乙方手腕,意图把乙方往怀里拽(如图10)。

(2)乙方借力顺势快速上步,用额头猛击甲方鼻面(如图11)。

(3)紧接提膝再顶裆,致其疼痛,迅速逃离(如图12)。

图10

图11

图12

五、弹踢击裆

(1)甲方双手抓住乙方小臂,意图把乙方往怀里拽(如图13)。

(2)乙方双臂屈肘往外格(如图14)。

(3)借劲提腿狠踢甲方裆部,致其疼痛,迅速逃离(如图15)。

图13

图14

图15

六、砍颈顶裆

(1)甲方单手正面抓乙方肩,意图把乙方往怀里拽(如图16)。

(2)乙方借力顺势快速上步,扬臂挥掌狠砍甲方颈部(如图17)。

(3)紧接提膝再顶裆,致其疼痛,迅速逃离(如图18)。

图16

图17

图18

七、撩掌击裆

(1)甲方单手正面抓乙方肩,意图把乙方往怀里拽(如图19)。

(2)乙方借力顺势快速上步,挥臂撩掌狠击甲方裆部,致其疼痛,迅速逃离(如图20)。

图19

图20

八、横肘击颈(侧面抓肩)

(1)甲方侧面单手抓乙方肩,意图把乙方往怀里拽(如图21)。
(2)乙方借力顺势快速上步,抬臂屈肘横击对方颈部(如图22)。
(3)紧接提膝狠顶甲方裆部,致其疼痛,迅速逃离(如图23)。

图21

图22

图23

九、顶肋砍颈

(1)甲方侧面搂乙方肩,意图抱乙方并往怀里带(如图24)。
(2)乙方顺势借力往里靠,抬臂屈肘狠顶甲方肋部(如图25)。
(3)乙方扬臂挥掌再砍对方颈部,致其疼痛,迅速逃离(如图26)。

图24

图25

图26

十、横肘击颈(正面抓肩)

(1)甲方正面搂乙方头,意图抱乙方并往怀里带(如图27)。
(2)乙方顺势借力快速上步,屈臂横肘猛击甲方颈部(如图28)。
(3)乙方接着猛然提膝再顶甲方裆部,致其疼痛,迅速逃离(如图29)。

图27

图28

图29

十一、俯身撩掌

(1)甲方从乙方身后掐乙方喉咙,意图逼乙方就范(如图30)。

(2)乙方双手反扣甲方双掌,猛力弯腰前俯身体(如图31)。

(3)然后,乙方挥臂向后狠撩掌,击甲方裆部,致其疼痛,迅速逃离(如图32)。

图30

图31

图32

十二、折腕踢裆

(1)甲方从乙方背后抓乙方头发,意图将乙方向后拉倒(如图33)。

(2)乙方顺势双掌扣紧甲方手腕,俯身低头向右后转身,挺腰抬头顶其手腕(如图34)。

(3)迫其肘直反折腕,迅速起腿狠踢裆部,致其疼痛,迅速逃离(如图35)。

图33

图34

图35

十三、撩掌击裆

(1)甲方从乙方背后锁乙方喉,意图凶残地逼乙方就范(如图36)。

(2)乙方身体下沉,拉甲方手臂并迅速低头,使其手臂放松,身体前倾(如图37)。

(3)乙方挥手向后猛击甲方裆部,致其疼痛,迅速逃离(如图38)。

图36

图37

图38

十四、咬手击裆

(1)甲方从乙方背后捂乙方嘴,意图逼乙方就范(如图39)。

(2)乙方低头扣手,迅速张口,对准甲方手狠劲咬(如图40)。

(3)接着,乙方进一步挥手向后狠击甲方裆部,致其疼痛,迅速逃离(如图41)。

图39

图40

图41

十五、撑肘击裆

(1)甲方从乙方背后锁臂抱乙方,意图对乙方图谋不轨(如图42)。

(2)乙方屈膝下沉,双肘上撑,使甲方卸力,双臂放松(如图43)。

(3)接着,乙方向后顶肘狠击甲方腹部,至其疼痛,迅速逃离(如图44)。

图42

图43

图44

第十章　体育游戏

体育课上的体育游戏,是让学生在游戏当中提高自身的身体素质,培养学生吃苦耐劳,坚韧意志的有效教学手段。

第一节　游戏一

一、贴鼻子

一张硬纸板,上面画一个没有鼻子的大象,再用一块硬纸板,画一个象鼻子。在距大象 2 米远的地方画一白线,作为起点线。

游戏开始,游戏者手拿象鼻子,站在白线外,然后用毛巾蒙住眼睛。蒙好后,向大象走去,走到自认为可以摸到大象的地方站好,然后把手中的象鼻子向大象头上贴去,只能贴一次。把鼻子准确地贴在鼻子的位置上可得奖票 1 张。

二、蒙眼示标

在相距 5 米远的两地各画一条线,游戏者分别站在两条线上相对而立,左手各拿一钹。游戏开始,用毛巾或大脑壳将游戏者的眼睛蒙上,然后发令前进。在相遇时,由发令人发令击钹。游戏者同时用左手的钹向对方的钹击去,击中了,各得奖票 1 张。

三、拉人角力

动作价值:发展提高引体向上的专项臂力。

动作方法:两人相对站立,各出脚相抵,各出手相拉。然后互相用力拉引,看谁能把对方拉向自己这一边来。将对方拉过来者为胜。

注意事项:对拉时,双方的一脚要始终相抵,不能移动位置,手握紧不能松,以免摔倒跌伤。练习完一臂以后,再练另一臂,两个臂都要练。

四、拉起比劲

动作价值:发展提高引体向上的专项臂力。

动作方法:两人面对坐下,两脚相抵,两双手拉紧。然后两人同时用力向后拉,将对方拉起者为胜。

注意事项:听统一口令后,双方同时用力拉。互拉时任何一方不得松手,松手者为失败。练习最好在松软的土地上或草地上进行。

五、拉绳比赛

动作价值:发展提高引体向上的专项臂力。

动作方法:两人面对站立,脚前各画一条线,相距 50 至 60 厘米,两人同时握紧一根结实的短绳。然后两人同时用力后拉,将对方拉过线者为胜。

注意事项:听统一口令后,双方才能用力拉。互拉时不许松手,以防摔倒对方,松手者为失败。

六、仰卧起坐比快

动作价值:发展仰卧起坐的力量、速度、耐力。

动作方法:身体仰卧,两手手指交叉置于脑后抱头,两腿屈膝,大小腿成直角,由同伴按住双脚。动作时,收腹屈背,上体前倾坐起,两肘内收触及双膝,然后再成仰卧预备姿势。比赛时,按脚的同学计数,一人发令并计时间。可做 30 秒至 1 分钟,在此时间内看谁做得多,多者为胜。

注意事项:可在床上或垫子上进行,比赛时动作要准确,不准确的动作不计次数。听发令开始比赛,听统一口令结束。

第二节 游戏二

一、游戏作用

游戏有助于培养学生机智勇敢,顽强拼搏的精神,提高学生的竞争意识和群体意识,增强学生的心肺功能与奔跑能力。

二、游戏方法

将学生分成人数相等的甲、乙两队,通过抽签决定进攻队和防守队。如果甲队为防守队，则甲队再将本队队员分成人数相等的两组，分别站在长方形场地的两侧。乙队学生站在起跑线后准备“闯关”。当教师发出进攻开始的信号后，乙队队员迅速向终点冲击；甲队队员则用自制的雪球（或沙包）向乙队队员投击，被击中的乙队队员就算闯关失败而被淘汰出局，未被击中的队员冲过终点线者，算闯关成功，统计闯关成功人数。然后交换攻防角色，最后看哪个队过关的人数多。

三、游戏场地

关隘宽 15 米，长 25 米。

四、游戏规则

1. 进攻队员闯关时，前后队员应保持 2 ~ 3 米的距离；

2. 进攻队员被击中后，必须自觉地从两侧退出比赛场地，不得掩护同队队员闯关；

3. 防守队员应在限制线外投掷雪球；

4. 防守队员只能击打进攻队员胸部以下的部位。

五、教法提示

此游戏还可改为计时比赛，在规定的时间内，进攻队员被击中后可以从场外跑回本队排尾继续参加游戏，闯关成功的队员得分后（1 人过关 1 次计 1 分），亦可从场外跑回本队排尾继续参加游戏。规定时间到后统计最后得分，然后交换攻防角色。

第三节　攻　城

一、游戏目的

“攻城”游戏的目的在于培养学生机智勇敢、勇于拼搏的精神。

二、游戏方法

把全班分成人数相等的甲、乙两队。每队的进攻队员与防守队员人数自行安排，当听到教师发出“开始”信号后，双方进攻队员想尽办法按照本方进攻路线到达对方行进营集结，然后向对方大本营发起攻击。先触及对方司令部的一方获胜。双方的防守队员在比赛开始后可用推拉的办法将对方的队员推出或拉出其行进通道，使其出局（以该队员脚所踏的位置裁定，只要其踏入行营即为安全）。当对方进攻队员攻入本方大本营时，防守队员可用推、抱的方法将其驱逐，同时进入对方大本营的进攻队员也可将其防守队员向外驱逐，目的是触及对方司令部。裁判员由教师和见习学生担任。

三、游戏规则

1. 双方队员必须在听到信号后才能行动。
2. 在行营区双方都是安全的。
3. 裁判员必须及时宣布出局队员的名字，并提示其马上撤出。
4. 游戏过程中队员只可用推、拉、抱的方法，不得击打对方。
5. 每方的进攻的防守队员可以互换。

第四节 游泳游戏——熟悉水性的趣味练习

游泳教学中，可利用引进趣味练习进一步加深学生在水中的平衡。游泳可以分散学生对水的紧张感，有利于更快地熟悉水性。

一、群龙戏珠

方法：几人分为一组，2 至 3 组在水中抢充气塑料球或水球，持球人传球给自己组的同伴，其他组的人防守并抢球，比一比哪组持球时间长。

目的：进一步掌握水中平衡及水中平卧起身技术。

二、水下拾宝

方法：距学生 5 米处，齐腰深的水中，扔若干彩色的小橡皮。口令下达后，学生们以最快的速度去捡，每次只准捡一块，捡到后要回到原出发点交给教师再去捡，看谁捡得多，本游戏可分快慢两组。用橡皮 10 块。

目的：加强水中平衡能力及水中观察能力。

三、水下猜拳

方法：两人一组，蹲坐于水下进行，水要没头，三局两胜才可出水。

目的：巩固憋气及闭气技术。

四、水中抓鱼

方法:水中进行。一人当渔翁,众人当鱼,口令下达后,渔翁开始抓鱼,必须抓住鱼的腰部才算,而后角色互换,游戏继续。注意:年龄小的学生,不许抓脚,以免被踢伤。

目的:进一步熟悉水性,加强与水的亲和力。

五、大鱼网

游戏说明:

1. 开始时由一位同学进行抓人,抓到一位时,两人手拉手成"网"继续抓。
2. 每抓到一人,"网"增加一人,直到抓完所有的人,为游戏完成。

第五节　趣味游戏——"踩踩"猫

一、游戏方法

准备时,两人(也可多人)面对面两脚前后开立站,重心在两脚之间;游戏开始时,两人以剪刀石头布方式或猜拳等方式决胜负,胜的同学以较快的速度用前脚去踩对手的脚,相反,负的同学则快速躲闪但每次双方只能动一只脚或动一步;可以一次一局,也可以连续进行。

二、注意事项

1. 分组时应注意考虑不同个体的反应差异,照顾较慢者;
2. 游戏开始前应清楚游戏意义,防止恶意踩踏。

第六节　民族健身游戏 12 则

我国是一个统一的多民族国家,在 56 个民族中流传着许许多多健身益智、好玩有趣的体育游戏,下面介绍一组经过整理或改编,比较适合中小学生活动的民族健身游戏。

一、雄鸡斗架

在地上画个直径为2米的圆圈，两名游戏者蹲着进圈，互相用手对推，谁使对方的手、臂部着地就算胜了。规则是不能站、跑或坐着，也不能躲出圈或踩线，否则判为失误。

二、大象拔河

把一根结实的长绳两头打结，由两人各自将绳套在胸部，从裆下拉过，背对背各朝一方，双手扶地。主持人在中间的地上画三条线，线的间距为80厘米，把悬吊绳上的红布条对准中线。发令后，模仿大象动作，相互爬拉，先把红布条拉过自己一方的横线为胜。

三、穿袋摔跤

选择草地、松软的沙地或在垫子上作为游戏场地。游戏者把双腿套在麻袋（或蛇皮袋）中，袋口用绳子系于腰间。发令后，双方只能靠上肢用力把对方摔倒，既要保持平衡，又要摔到对方，姿态各异、妙趣横生。

四、母鸡生蛋

游戏参加者人数以5、6人为宜。1人当母鸡，进入圆圈的中间，双手撑地，双脚成弓步，守护在地上的3只小沙袋（代表鸡蛋），其他人当取鸡蛋者。发令后，取蛋者想方设法把“鸡蛋”取出来，但不能被“母鸡”的两条腿触及，否则暂停活动。在规定的时间里取蛋多者为胜，如果取不完“鸡蛋”则判“母鸡”胜利。

五、跳花盆

通过猜拳确定两人当“花盆”，相对而坐，游戏开始，依次用单腿、双腿单手、双腿双手搭出不同高度的障碍，让大家依次助跑跳过去，谁要是碰着“花盆”就算失误，互换角色，接着重新再跳。

六、三人狩猎

每队3人，各自背上1个筐子，预备时排成横队相对而站，相距10米，把裁判员发给的1只小沙袋在背后任意传递给谁。发令后，双方冲上前，运用声东击西、夹击、快速传递等战术，先把小沙袋投进对方队的任何一只背筐中即可得一分。接着各自返回原处，发令后再进行，在规定的时间内积分多的队为优胜。在进行中，如果小沙袋未进筐而落地，可以争抢再投，次数不限。

七、赛龙舟

每组5人，排成一路纵队，队尾背向而站当舵手，5人两侧手同握一根3米长的竹竿，组成一艘龙舟，发令后，齐心协力从起点出发，以中途不散架先跑到终点者为优胜。

八、穿藤圈

把游戏者等分成甲、乙两方，甲方手持藤圈在一条直道上来回抛滚，乙方站在直道两侧8米外的线后用细竹竿和带有绳索的小沙袋投掷，若能穿过藤圈（不碰到圈），即可得分。双方机会均等，互换角色做，最后以积分多的一方为优胜。

九、扭棍子

取一根长约1米的结实木棍，两名游戏者各持棍的一端，发令后互相用双手朝相反方向使劲扭动，身体不准碰触木棍，先将木棍扭转一周者为胜。

十、拔腰

两人互相侧身反抱对方腰部，双脚不许移动，发令后尽力将对方抱起，以将对方的双脚抱离地面为胜。可采取三局两胜制，人多时可采取淘汰制进行。

十一、打尺寸

参加者2至5人，在空地上画一个直径为1.5米的圆圈，先猜拳决定游戏的先后。游戏开始，一人持一根1尺长的棍子站在圈内，用棍子击打一个大约12厘米长的竹条，其他人即可在前面奔接，接到竹条者和持棍者互换角色，未接到的可把竹条捡起来向圈内投去，持棍者可用手接也可用棍再将其击出。若竹条投进圈而未被接住或击出，投中者就和持棍者互换角色，持棍者若接住或击出竹条，就可得到10尺或击出竹条距离的实际尺寸，在约定的时间内，获得尺寸多者为优胜。

十二、象步虎掌

在地面上画两条相距50厘米的平行线，两人各站线的一边，站定后双脚不能移动，然后伸出双掌相抵。发令后，双方用巧力向前推出或向后缩让，使对方脚掌移离原位即可得分。

第七节 “呼啦圈”游戏五则

一、跳流星

1. 规则及方法：学生围成一直径为6米的圆，一名学生站在中央，手持用绳系的呼啦圈，手臂压低，做顺时针转动（也可变方向），速度可快可慢，呼啦圈在经过游戏者脚下时要跳起，游戏者不能被呼啦圈碰到，如碰到被视为失败，换圈中人继续进行。

2. 注意事项：精神集中，反应快，弹跳要有弹性，跳得高，空中滞留时间尽量长。

3. 目的：增强弹跳能力及快速反应能力。

二、开火车

1. 规则及方法：四人一组，站成一路纵队，用呼啦圈将学生连成一排，逆时针跑，追前面一组学生，追上一列“火车”得5分，在1分钟内追到“火车”多的队为胜。圆的大小，可根据场地和学生人数决定。

2. 注意事项：不能只靠圈拉住身体，学生应双手搭肩，并注意安全。

3. 目的：培养快速奔跑能力及吃苦耐劳，团结互助的集体主义精神。

三、过河

1. 规则及方法：将学生分成四小组，每小组间距10米，面对面站好，每组排头学生持两个呼啦圈，教师发令后，将一圈抛出，然后跳进呼啦圈内，将另一呼啦圈放到前面，再跳进第二个呼啦圈内，转身将第一个呼啦圈拿起再抛向前方，如此反复，直至跳至对面学生处，其他学生依此法进行。

2. 注意事项：抛呼啦圈时不能抛太远，应在自己弹跳的能力之内，双脚始终不能离开圈外，否则返回重新进行。

3. 目的：发展下肢弹跳及手脚相互配合能力，培养勇于拼搏，力争上游的精神。

四、抓害虫

1. 规则及方法：将学生分成两组，一组面对面站在相距4米的两直线后，每人两个呼啦圈,另一组双手背在身后,跳过通道,两侧学生用呼啦圈套田中的“害虫”,每套到一个得一分,被套到的“害虫”即出田,最后比一比哪组的累计分多。

2. 注意事项:“害虫”跳的时候双脚并跳,不能用手挡呼啦圈。

3. 目的:发展下肢弹跳力及机敏的反应能力。

五、“8”字滚圈

1. 规则及方法:每人两个呼啦圈,用一个圈推另一个圈进行行进间滚圈,绕场地变换方向滚圈,转弯时身体重心转移。

2. 注意事项:练习中让学生摸索两圈接触的位置及方向改变时的双手用力力度。

3. 目的:发展身体协调性,提高上臂的灵活性。

图书在版编目（CIP）数据

健康与体育 / 杜喜亮主编. -- 济南 ：山东人民出版社，2016.9（2021.8重印）
SBN 978-7-209-09880-9

Ⅰ. ①健… Ⅱ. ①杜… Ⅲ. ①健康教育－教材②体育－教材 Ⅳ. ①G807.4②G647.9

中国版本图书馆CIP数据核字(2016)第219577号

健康与体育
杜喜亮　主编

主管单位　山东出版传媒股份有限公司
出版发行　山东人民出版社
社　　址　济南市英雄山路165号
邮　　编　250002
电　　话　总编室（0531）82098914
　　　　　市场部（0531）82098027
网　　址　http://www.sd-book.com.cn
印　　装　济南万方盛景印刷有限公司
经　　销　新华书店

规　　格　16开（169mm×239mm）
印　　张　21.5
字　　数　360千字
版　　次　2016年9月第1版
印　　次　2021年8月第5次
印　　数　8001-11500
ISBN 978-7-209-09880-9
定　　价　36.00元